A Transfiguração do Político

A Tribalização do Mundo

A Transfiguração do Político

A Tribalização do Mundo

Michel Maffesoli

Tradução de
Juremir Machado da Silva

Editora Sulina

© Éditions Grasset & Fasquelle, 1992
© Editora Meridional/Sulina, 1997

Título original: *La Transfiguration du politique*

Capa: Vitor Hugo Turuga
Projeto gráfico: FOSFOROGRÁFICO / Clotilde Sbardelotto e V. H. Turuga
Editoração: Clotilde Sbardelotto
Revisão: Gabriela Koza
Revisão gráfica: Miriam Gress

Editor: Luis Gomes

Dados internacionais de Catalogação na Publicação (CIP)
Bibliotecária responsável: Denise Mari de Andrade Souza CRB 10/960

M187t   Maffesoli, Michel
          A transfiguração do político: a tribalização do mundo /
       Michel Maffesoli; tradução de Juremir Machado da Silva.
       4ª ed. – Porto Alegre: Sulina, 2011.
        230 p.

        Título original: *La transfiguration du politique*
        ISBN 978-85-205-0615-8

        1. Sociologia. 2. Ensaio Francês. 3. Sociologia Avançada.
      I. Silva, Juremir Machado da. II. Título.
                           CDU: 316
                                  840-4
                         DDD: 301
                                  844

Todos os direitos desta edição reservados à
EDITORA MERIDIONAL LTDA.
Av. Osvaldo Aranha, 440 – conj. 101
CEP: 90035-190 – Porto Alegre – RS
Tel.: (51) 3311-4082   Fax: (51) 3264-4194
sulina@editorasulina.com.br
www.editorasulina.com.br

Julho/2011
Impresso no Brasil / Printed in Brazil

Sumário

Advertência 11

I. O político e seu duplo 21
 1. A força «imaginal» do político – 23
 2. A «perfeição» do Uno – 35
 3. Os proprietários da sociedade – 44
 4. A implosão da sociedade programada – 57

II. A socialidade alternativa 65
 1. Potência da utopia – 67
 2. Liberdades intersticiais – 78
 3. *Secessio plebis* – 91

III. A cultura do sentimento 103
 1. Ambiência, ambiência... – 105
 2. A força viva do sentimento – 115
 3. O supérfluo necessário – 126

IV. O ritmo social 133

V. O «nós» comunitário 151
 1. O estar-junto antropológico – 153
 2. A comunidade religiosa – 168
 3. O corpo político – 178
 4. A identificação estética – 187

Abertura 205

Apêndice 213
 Notas – 215
 Índice Onomástico – 227

*Helenae
uxori dilectae*

Mas os que controlam
o longínquo futuro
assistem
sorrindo docemente
a todas as batalhas,
como monges
que puseram em segurança
o tesouro do convento.
Só lhes resta vigiar.

R. M. Rilke
Diário Florentino

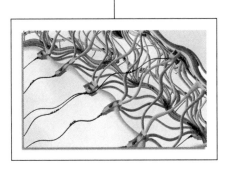

ADVERTÊNCIA

Surpreendeu-me muitas vezes
que a grande glória de Balzac
fosse de passar por observador;
sempre me parecera
que o seu principal mérito
era o de visionário,
e visionário apaixonado.

Charles Baudelaire

Inventa-se um mundo cada vez que se escreve. Trata-se, na realidade, indo ao encontro da etimologia, *invenire,* de fazer vir à luz do dia o que já existe, vivido amplamente na experiência cotidiana, embora os hábitos de pensar impeçam-nos de vê-lo. Nesse sentido, um livro nada ensina o que já não se saiba, ou o que já não se deveria saber. Basta que dê a pensar, sirva de acompanhamento à reflexão, favoreça a ruminação face ao mundo misterioso circundante. Efetivamente, é fatigante querer sempre dizer a verdade sobre uma época. Por que não enumerar, de preferência, os enigmas postos e assim fazer um livro em congruência com ela? Em alguns dos seus trabalhos, Sigmund Freud destaca «o elemento de dúvida que comportam» suas análises. E precisa: «Fiz disso a minha divisa»; comparando essas análises a uma «dançarina na ponta dos pés», ele não deixa de perseverar, o que lhe dá o aspecto performático conhecido.[1] Num momento em que o *frívolo* encontra acolhida nada desprezível, talvez não seja inútil ser essa dançarina da teoria sabendo prestar atenção ao ritmo específico elaborado, na atualidade, na vida social.

De resto, numerosos são os que não hesitam mais em analisar a sociedade do ponto de vista estético, acentuando as emoções comuns e a eficácia delas. Assim, no prolongamento de um livro anterior, e parafraseando Nietzsche, direi que esta obra prossegue, para a pós-modernidade, o mesmo objetivo: «Examinar a ciência na ótica do artista, mas a arte na da vida».[2] Tal perspectiva pode, caso não explique, ao menos dar conta de uma vida empírica, não mais orientada para a busca da Verdade, no que esta tem de intemporal, de único, de universal; ela toma consciência do pluralismo cultural, da multiplicidade de verdades parciais e sucessivas e, do jeito que pode, a isso se adapta. Há relativismo no ar. Convém a partir daí, na ordem do pensamento, colocar igualmente o relativismo em prática e isso nos dois sentidos possíveis do termo: o que tempera o dogmatismo, seja qual for, e o que põe em relação, por vezes conflitual, essas verdades parciais.

Excesso de luz escurece. Esse aforismo pascaliano pode servir-nos, ao contrário, para aceitar o claro-escuro induzido pela ambiência emocional e as contradições que lhe são inerentes. Esse clima emocional é particularmente perceptível na implosão, em cadeia, que atinge o Estado-nação e os grandes impérios ideológicos. Uns e outros estão cedendo lugar a confederações que, de maneira mais leve, cimentam comunidades, de proporções diversas, repousando mais sobre um sentimento de vinculação que sobre a moderna noção de contrato social, ao qual se atrela uma conotação racional ou voluntária.

Da mesma forma, o indivíduo não é mais uma entidade estável provida de identidade intangível e capaz de fazer sua própria história, antes de se associar com outros indivíduos, autônomos, para fazer a História do mundo. Movido por uma pulsão gregária, é, também, o protagonista de uma ambiência afetual* que o faz aderir, *participar* magicamente desses pequenos conjuntos escorregadios que propus chamar de *tribos (O tempo das tribos,* 1988).

Numerosos são os indícios que, nacional ou internacionalmente, exprimem esse sentimento de vinculação comunitária ou tribal. Regiões, cidades, departamentos, levantam-se contra o centralismo jacobino, em torno de um herói epônimo: prefeito, notável local, estrela esportiva ou personalidade de renome afirmam um imaginário que os constitui como tal. O mesmo vale nos quatro cantos do mundo, a partir de uma reivindicação étnica, de uma especificidade cultural ou de um fanatismo religioso. Em cada um desses casos, afirma-se o que Wittgenstein chamava de «semelhança de família». Desde en-

---

* As terminações em "al", como no neologismo afetual, implicam para Michel Maffesoli a ênfase no caráter orgânico dos fenômenos ou sentimentos (N. T.).

tão, não é mais possível pensar nessas pequenas sociedades fragmentadas com os conceitos de instituição, de estrutura e de relação entre eles, conceitos elaborados em três séculos de modernidade homogeneizadora. Talvez seja até mesmo necessário pensar fora da História, pois o que tende a predominar é da ordem das pequenas histórias locais, dos acontecimentos, do que acontece, de maneira mais ou menos efervescente, em estado puro.

Certamente não se pode silenciar sobre o que provoca incômodo e incompreensão. Alguns tratam disso com sucesso e, com frequência, universitários, jornalistas, políticos preferem dissertar ou tagarelar, de acordo com as circunstâncias, sobre assuntos preestabelecidos com ideias prontas. A realidade empírica, porém, continua ali, incontornável, e deixa estupefatos os que não souberam mudar a tempo de ideias. Quanto aos outros, tão próximos da farsa e da hipocrisia, empregam-se, com constância, a deturpar o sentido do acontecimento para fazê-lo entrar, pela força, *no prêt-à-porter* de uma verdade dogmática elaborada para a circunstância.

E, contudo, agora, trata-se de um segredo de polichinelo, o rei está nu: passou o tempo da política. No máximo, ela pode seduzir com exibições à americana ou ser objeto de derrisão em espetáculos de variedades. A «distinção entre inteligência e política», tão cara a Paul Valéry, atingiu um ponto sem retorno. É essa separação que se precisa inteligentemente pensar. Não basta mais, em realidade, incriminar os jogos políticos, as receitas eleitorais e outras «maracutaias» do mesmo saco. Pois, se a política torna-se objeto de desconfiança geral, o político não parece mais capacitado para enfrentar os desafios do momento. Se, no século XIX, num eco ao «Deus está morto» (Nietzsche), respondia a forma substitutiva da «política como forma profana da religião» (Marx), atualmente o atestado de óbito diz mesmo respeito à prótese divina. Essas duas entidades perderam a força de atração, pois não dá mais resultado o adiamento do gozo: a espera messiânica do paraíso celeste ou a ação urdida para um amanhã que canta, ou outras formas de sociedades futuras reformadas, revolucionadas ou mudadas. Somente o presente vivido, aqui e agora, com outros, importa.

Presente, um pouco pagão, que se exprime a cada dia através de uma religiosidade ambiente. Vetor de *religação,* alimenta todas as formas menores do sagrado que florescem nas sociedades, das mais desenvolvidas às «subdesenvolvidas», das que ostentam o estandarte do progressismo ocidental às que continuam ainda condicionadas por mitologias tradicionais. Isso pode incitar-nos a pensar que, além ou aquém das diversas racionalizações e legitimações políticas, há, no fundamento de todo estar-junto, um conglomerado de emoções ou de sentimentos partilhados. Para retomar uma temática clássica: a *Einfühlung,* a empatia, a fusão, opondo-se à abstração da ordem mecânica. Ainda que seja uma banalidade dizê-lo, é preciso lembrar que o direito se constitui a partir dos costumes; o instituído nada é sem o instituinte; o poder deve tudo à potência que lhe serve de suporte. Existem momentos em que a *potência subterrânea* explicita sua força e sacode tudo no seu caminho. Trata-se de onda violenta que pode ter modulações bastante diferentes de acordo com os lugares: explosões brutais, indiferença política, reserva astuciosa, reivindicações étnicas, tribalização excessiva; em todo caso, afirma com força a vinculação comunitária e a irreprimível dinâmicade um nós que funde.

Busco descrever esse processo nas páginas seguintes, fazendo, antes de tudo, uma genealogia do político e mostrando a força «imaginal» que lhe serve de suporte (capítulo I, 1) e é, de qualquer modo, o seu duplo, um recurso utilizável quando o instituído tende, em demasia, a enrijecer-se. Assim, na marcha em espiral das histórias humanas, quando a abstração racional tende a triunfar, e a sociedade torna-se propriedade de alguns, assiste-se à sua implosão (capítulo I, 2, 3, 4), causa e efeito de uma utopia cotidiana, o que proponho designar como a procura das liberdades intersticiais ou mesmo de uma *secessio plebis* de consequências incalculáveis (capítulo II, 1, 2, 3).

É a partir disso que tento analisar a emergência de uma cultura do sentimento (capítulo III) na qual predominam o ambiente, a vivacidade das emoções comuns e a necessária abundância de supérfluo que parece estruturar a socialidade pós-moderna. Essa cultura permite compreender a *transfiguração do político* em esboço sob os nossos olhos. De fato, quem diz sentimento partilhado, diz pluralização, pois se declina ao infinito a atração ou a repulsão que me liga, ou separa, ao outro, do outro. Isso, o político, por natureza normativo, tendendo sempre para o estado (Estado) de direito, não pode compreender, *a fortiori* admiti-lo. Não é mais decretando o que *devem ser* a sociedade e o indivíduo que se consegue entendê-los ou conhecer, em realidade, suas transformações. De onde o despertar brutal de alguns fenômenos, suscitados pela afirmação da identidade étnica, pela *semelhança de família,* aos quais está atrelada a classe política em seu conjunto.

Acontece de, como é frequente o caso quando se assiste à *saturação* de determinada civilização, tal uma contaminação viral, essa metamorfose se acelerar brutalmente. A episteme do burguesismo, isto é, o conjunto de representações e de modos de organização social, pouco diferentes, enfim, na totalidade do mundo ocidental (Oeste e Leste incluídos), desaba por blocos inteiros. O que dá novo ritmo social (capítulo IV), frenético, bárbaro, no qual o *stacatto,* à imagem da música dominante, nada mais tem a ver com a harmonia sinfônica dominante até então. A metáfora musical é, aqui, de grande utilidade para compreender um tempo contraditório, por vezes cacofônico, engendrando sintonias parciais que conseguem, mal ou bem, se ajustar num conjunto fractal pertinente ao espírito do tempo. Apesar da ausência de *unidade* rígida, fechada, identitária, como a da instituição, do Estado-nação ou do império ideológico, tal ritmo é revelador da *unicidade* flexível que agrega numa harmonia conflitual as *tribos* mais diversas, etnias diferentes ou confederações, numa constelação onde há lugar para todos.

Pois existe mesmo, mais ou menos realizada, ou de maneira tendencial, uma forma de solidariedade orgânica em instalação. À imagem do barroco, estabelecendo uma sinergia entre elementos diferentes, até mesmo opostos entre eles, está-se frente a uma estruturação societal à qual se ajustam, mal ou bem e *a posteriori,* todos os elementos heterogêneos citados antes. De onde a necessidade de fazer uma nova genealogia, a do *nós* comunitário que está na base dessa organicidade (capítulo V). Para isso, seguirei os percursos do estar-junto antropológico (V, l), da comunidade religiosa, da origem do «corpo» político (V, 2, 3), tudo isso desembocando na identificação estética (V, 4), que parece ser a marca da pós-modemidade. A estética, enquanto *aisthésie,* isto é, vivido emocional comum, parece ser de fato a forma alternativa ou a realização acabada da transfiguração do político.

À guisa de abertura, pode-se assinalar que, mesmo em *status nascendi,* a lógica societal em implantação está agora suficientemente plasmada nela mesma, o que permite falar dela. Talvez não a explicar, mas ao menos descrever-lhe os contornos e constatar as suas características fundamentais. Dito isso, cabe indicar que, em função do aspecto nebuloso da constelação da qual falei, a atitude do observador social deve ser das mais modestas: só se pode propor um conjunto de hipóteses, esperando que sejam pertinentes e prospectivas. Lembrarei, entretanto, a fim de relativizar meu propósito, o que o coloca em relação e serve-lhe de nuança, que se é mais pensado por uma época do que se é capaz de pensá-la. É preciso certa empatia com o objeto de estudo. Ao mesmo tempo, não pretendo exprimir uma convicção pessoal, um juízo de valor, mas me contentar com uma análise de fato, traindo o menos possível o espírito do tempo. Há, portanto, na apreciação a ser feita deste, subjetividade. Ao fundamentá-la com base num vasto corpo teórico – sociológico, filosófico, história das religiões –, ilustrando-a com pesquisas em andamento ou já elaboradas, enraizando-a nas constatações de bomsenso fornecidas pela atualidade, pode-se esperar, sem descartar totalmente o risco, que a apreciação não seja um simples sonhar acordado. Em todo caso, emprego-me ao longo desta reflexão para que a subjetividade em obra esteja o mais próximo da «tipicalidade» (A. Schütz); se não conseguir exprimir todo o seu tempo, ao menos indique uma tendência importante. Assim, espero participar da elaboração do que chamarei de «empirismo especulativo», cuja ambição consiste na produção de uma razão sensível, capaz de considerar os elementos mais diversos da prática social.

Tudo isso exige que se saiba exercitar um pensamento arrojado capaz de correr riscos. Mas o interesse do conhecimento merece-o. Tal sensibilidade teórica adapta-se mal às abordagens convencionais que, de maneira geral, dominam a produção intelectual. De onde o aspecto por vezes insólito do procedimento e das vias escolhidas aqui. Estas podem chocar ou desencorajar. Mas, afinal de contas, o mesmo acontece com os fatos que tento descrever. Com audácia, sacodem as certezas e não se dobram aos clichês dogmáticos de qualquer ordem. Como esses fatos, é preciso saber ser teimoso, perseverar, andar, caso necessário, na contramão, pois as histórias humanas nos ensinam que os pensamentos *inatuais* estão mais aptos a dar conta e a compreender o que as teorias estabelecidas percebem com dificuldade.

À imagem de uma socialidade caótica, o lento trabalho do pensamento recorre à perambulação, aos recuos, às redundâncias, às múltiplas digressões. É preciso saber aceitar esses meandros de uma vida efervescente e empática que não se deixa encurralar, *a priori,* num sistema de verdades preestabelecidas. Proporei, na minha ótica *formista,* apenas algumas «formas», isto é, quadros de análise tendo por única ambição fazer a epifania do que é, surge e não pretende impor nenhum tipo de *dever-ser.* Serei eloquente quanto aos princípios e conciso sobre os fatos concretos. Diante das numerosas análises de circunstância e aos não menos numerosos discursos bem-intencionados, prefiro ficar nos *princípios,* deixando a cada um, conforme suas luzes, a tarefa de pensar por conta própria. Eis o verdadeiro procedimento iniciatório passível de levar à compreensão dos «mistérios» que, como indica a etimologia do termo, unem os *iniciados,* protagonistas da vida social. Nesse sentido, de acordo com o desafio deste livro, deveremos compreender que em determinados momentos, em todos os domínios, político, intelectual, religioso, cotidiano, a potência do instituinte sacode, sem dificuldade, todos os poderes estabelecidos.

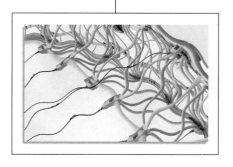

I

O POLÍTICO E SEU DUPLO

Todos os políticos leram a História,
mas se poderia dizer
que só o fizeram para dela extrair
a arte de reconstituir as catástrofes.

Paul Valéry
Meu Fausto

1

A força «imaginal» do político

As «coisas» eternas, o amor, a morte, a sociedade, sofrem as modificações mais importantes. O político pertence à categoria das que perduram em todas as épocas sendo, ao mesmo tempo, sempre diferentes. Da mesma forma que para essas «coisas eternas», não é certo que possamos analisá-lo com originalidade. Nessa matéria, a sabedoria desencantada do *Eclesíastes* mantém-se atual: *qui novi sub sole?* A resposta é «nada», claro. Em todo caso, podemos lembrar algumas banalidades básicas como ponto de apoio sólido para ajudar a pensar o aspecto passível de tomar a política em nossos dias. Não se trata de ser útil. Essa preocupação não diz respeito ao erudito. Mas diante de tanta incompreensão, de más interpretações, de contradições de todas as ordens, é importante dizer, aos que podem compreender, qual é o drama dessa «forma» chamada político, nem que seja para mostrar suas evoluções.

Pois se trata mesmo de uma *forma,* pelo que tem de envolvente e também de necessário, isto é, o mais próximo do ensinamento de Simmel, uma configuração anterior às existências individuais. Ou, para ser mais preciso, que lhes serve de condição de possibilidade. Assim como a morte é necessária à vida, dando-lhe sentido e especificidade, o político é uma instância que, na sua acepção mais forte, determina a vida social, ou seja, limita-a, constrange-a e permite-lhe existir.[3]

Talvez isso permita compreender a surpreendente longevidade do que La Boétie chamou justamente de *servidão voluntária*. E é verdade que não deixa de ser impressionante essa curiosa pulsão que força à submissão, a «entregar-se» ao Outro; aceitar chefes e, conforme a necessidade, procurá-los. Em realidade, múltiplas são as expressões da submissão, com retornos cíclicos lancinantes e fascinantes. Pode-se dizer quanto a isso que há um efeito de estrutura ou uma lei natural e inexorável que incita a dobrar a espinha e a aceitar de alguém ou de alguns a lei: o bem, o verdadeiro, o desejável, e o contrário disso tudo, evidentemente.

Eis o alfa e o ômega do político. Ao menos, é isso que o constitui quando reina absoluto (pois, como mostrarei, nem sempre acontece assim). Mas para o imediato, reconheçamos que a coerção é mesmo a sua marca essencial. Coerção que de resto nem sempre é física. Pode-se mesmo afirmar que, com mais frequência, é moral ou simbólica. Durkheim vê um problema essencial na investigação, «através das diversas formas de coerção exterior, dos diferentes tipos de autoridade moral correspondentes». Problema essencial, pois para ele a «pressão social» é uma das características maiores dos fenômenos sociológicos.[4]

Existe portanto uma força, em muitos aspectos imaterial, direi *imaginal*, que funda o político, serve-lhe de garantia e de legitimação ao longo das histórias humanas. Depois de Max Weber, apareceram numerosas análises sobre o tema da «dominação legítima», seja ela carismática, tradicional ou racional. Trata-se de uma boa tipologia, passível de resto de ser completada, com a vantagem de destacar a dimensão *mental* do político.

É importante insistir sobre isso, pois se trata de uma dimensão, em geral, muito pouco tomada em consideração pelos políticos e pelos cientistas políticos, mas da qual mediremos cada vez mais o impacto. Acrescentarei que essa dimensão, como um fio condutor, percorre as diferentes fases da humanidade, sendo fácil traçar-lhe a genealogia. Assim, no seio de uma mesma coletividade, o que se chama de ponto de vista intraespecífico, pode-se dizer que é a aceitação geral de um certo *status quo* fundador das diversas estratificações sociais. Que essas estratificações sejam os «estados» medievais, a tri ou quadripartição que os historiadores ou antropólogos tantas vezes salientaram, as classes ou as castas, há na origem uma *ideia* fundadora. Esta pode ser mito, história racional, fato legendário, pouco importa no caso, ela serve de cimento social. Tal ideia vale de substrato à dominação legítima do Estado.

Essa mesma ideia funda também o resultado do político: a violência interespecífica, violência entre entidades distintas. A guerra sagrada, feita em nome do Estado-nação, a luta de classes, as diversas *vendettas* e outros conflitos de honra, a lista é longa das manifestações da agressividade vivida e exercida em consciência, e de boa-fé. Ao mapear pares de oposição funcional no interior das tribos primitivas, Durkheim chega a falar de «hostilidade constitucional» entre elas.[5] Expressão judiciosa traduzindo bem o funcionamento de um efeito de estrutura que ultrapassa os indivíduos portadores, ou acreditando ser os atores. Essa «hostilidade constitucional» nos permite pensar o político como a soma de uma série de necessidades fatais, das convulsões políticas aos diferentes ódios sociais, sem esquecer, claro, as inimizades particulares, o quinhão de toda e qualquer sociedade.

Estamos atrelados a tudo isso, e o termo político descreve-lhe bem a amplitude. Traduz a tensão paradoxal, tanto exterior, interespecífica, quanto interior, intraespecífica, responsável pela relação com o outro. Mas o próprio do paradoxo, justamente, é de ser, senão imprevisível, ao menos de se encontrar sempre fora do lugar onde se espera que esteja. Quero dizer com isso que se podemos concordar com Julien Freund para reconhecer a existência de uma «essência do político», delimitadora da órbita da relação com o Outro absoluto, ou com os outros relativos, esta não é intangível e pode ter, conforme as épocas, significações diferentes.

A esse respeito, propus, há mais de uma década, explicar essa tensão paradoxal pela dialética Poder-Potência.[6] Não retomarei os detalhes de minha análise. Como ela servirá de base para o meu raciocínio, basta dizer que por aí se explica o drama do político: ao mesmo tempo tributário da base que lhe serve de suporte e permanentemente conduzido a abstrair-se da mesma. De um lado, o social, sua vitalidade, sua desordem fundadora, em suma, a sociedade «sem qualidades»; de outro, o Estado, sob as suas diversas modulações, sua ordem mortífera e sua razão monovalente. Não se trata de falar, como se pôde fazer, da «Sociedade contra o Estado», nem mesmo de postular a sociedade sem Estado. Basta dizer que a *força imaginal* em ação na vida social se investe de maneira diferencial: pode aceitar (e mesmo se reconhecer na) a *libido dominandi* de um só, de uma casta ou de uma classe; pode também se diluir no corpo ou nos menores corpos sociais e dessa forma se libertar de todos os procedimentos de delegação, representação, característicos da modernidade. Trata-se de um drama em episódios, merecedor de alguma atenção. Mas se soubermos seguir o bom fio, é possível vencer esse percurso labiríntico.

Temos o ponto de partida desse labirinto: coação, hostilidade, animosidade, litania que se pode prosseguir à vontade, resumida na expressão violência fundadora. Toda agregação social, vale lembrar, começa com ela. O outro em si mesmo é violência. O outro me nega, e devo acomodar-me a essa negação, compor com ela. Desde aí começa o político. Retomo aqui uma excelente definição de Julien Freund para quem o político é «instância por excelência do desdobramento, da gestão e da solução dos conflitos».[7] Em poucas palavras, tudo está dito, salvo talvez que a *solução* é sempre precária e, mesmo supondo sua exequibilidade, integra na maior parte do tempo o domínio da utopia. Com certeza *Polemos* é a entidade divina que domina o destino da natureza humana, quase nada escapando da sua influência. No trabalho, nas instituições civis, na religião, no mundo intelectual, no comércio, mesmo no comércio amoroso, ele está, com maior ou menor discrição, sempre e por toda parte presente, presidindo as coisas do tempo.

Ora, o conflito é, na maior parte do tempo, nada menos do que racional, mas preferencialmente transpassado pelo afeto, o que é singularmente negado ou renegado pela maioria dos observadores sociais. Denegação ainda mais curiosa por sabermos como a produção de ideias é, com mais frequência, engendrada pela polêmica e que, em particular, o pensamento político tem tendência a se definir em termos de pró ou contra; de tal maneira que parece estruturar-se por «simpatia (ou antipatia), e não por lógica».[8] Isso não é infamante, pois o ideal da ataraxia, ser sem paixão, está longe de aparecer como o quinhão do comum dos mortais.

Forçosamente, quanto à luta cotidiana, que é toda a vida social. A paixão desempenha aí um papel relevante. Não se trata do centro da minha análise, mas estabelecerei como postulado que ela está na própria origem do conflito, íntimo, familiar, grupal ou mesmo amplamente público; logo, se concordamos com o que foi dito acima, está na origem de toda vida política. Numerosos são os exemplos nesse sentido. P. Ansart, falando com muita pertinência a propósito da «gestão das paixões políticas», mostra a partir do exame da monarquia de Luis XIV o quanto este reforça «o poder pela gestão das paixões» e como, por um movimento cíclico infinito, essa administração suscita as paixões convenientes ao fortalecimento do poder. Em outro domínio cultural, P. Clastres mostrou que igualmente para a comunidade dos índios Guayakis o chefe só pode ser reconhecido enquanto tal se sabe influenciar os sentimentos, os desejos, direi o imaginário coletivo. De resto, é quando está em sintonia com a paixão comum do povo que o chefe Guayaki emerge como tal e alcança o reconhecimento na função.

Remeto a essas análises pertinentes,[9] contentando-me em chamar a atenção para o aspecto ao mesmo tempo difuso e não menos penetrante dos sentimentos e das paixões coletivas. Pode-se, por um tempo, esquecer a eficácia deles, mas eles não deixam de manifestar-se com força quando menos se espera. Já tive a ocasião de empregar tal metáfora, mas se pode dizer que a paixão comum é como um lençol freático que sustenta toda vida em sociedade e permite-lhe ser o que é. Os políticos mais atentos são os que, conscientemente ou de maneira instintiva, souberam tirar partido dessa situação. Desse ponto de vista, *a gestão das paixões* é certamente a arte suprema de toda boa política.

Mas para poder aceitar ou ao menos reconhecer isso, é preciso não ter ilusões sobre a *construção* da sociedade e relativizar a opção simplesmente racional hegemônica durante toda a modernidade. Ao usar o termo «construção», deve-se lembrar que esta é, em boa parte, simbólica. As tribos ditas primitivas, as civilizações não ocidentais, souberam guardar essa dimensão simbólica. Assim, participavam plenamente de uma concepção aleatória da vida humana e por isso mesmo relativizam a importância da ação sobre o curso da História. Tal sensibilidade é encontrada em Maquiavel, esse grande pensador do político. Para ele, a História é um rio, sendo vãs as tentativas de mudar-lhe o curso. No máximo, podemos aproveitar os períodos calmos para tentar, «com diques, barragens e outras medidas, corrigi-lo, de tal maneira que, quando suas águas subirem», ele seja menos violento e menos temível.[10] Judiciosa sabedoria, relativismo de bom alvitre, no qual os políticos, que reclamam dele, deveriam inspirar-se!

Se insisto sobre o impacto muito relativo da ação humana na construção social, é para bem ressaltar que o que chamei de paixão comum ou sentimento coletivo nos introduz num simbolismo geral: a comunidade é parte integrante de um vasto conjunto cósmico do qual não passa de um elemento. De fato, no sentido mais simples do termo, é próprio da paixão comum sentir com outros, experimentar-se com outros; coisas que nada têm a ver com o racionalismo ocidental, mas que se integram bem no aspecto global, holístico, da matriz natural. Ecologia contra economia, por assim dizer.

Pode-se, de resto, relembrar a origem *ecológica* do poder. Os historiadores, antropólogos, teólogos concordam com tal fundamento. Assim como a ordem social faz parte da ordem cósmica, e só pode ser compreendida dessa forma, a cosmogonia serve de base teórica à realeza. Logo, com muita frequência, ao morrerem, os reis voltam a ser o que são por essência: pais fundadores. Na tradição egípcia, tornam-se deuses ctonianos, divindades do sol, da terra, e servem por isso de raízes ao conjunto social; integram-no a um lugar determinado e fazem com que este se torne laço.

Ao mesmo tempo, essa contextualização «ecológica» do poder político é uma boa maneira de relativizá-lo, e logo de se proteger dele. É por permitir a «conexão» com o cosmos que o chefe deve responder sobre ele. Observou-se com frequência que o chefe é responsável pela miséria, pelas secas ou por intempéries naturais.

Eis o que parece paradoxal ou ao menos bastante primitivo. Mas se sabe que tal pensamento mágico sobrevive através dos tempos e que, mesmo contemporaneamente, imputam-se aos governantes fatos e malfeitorias que os ultrapassam.

No *Orpheus,* um clássico da história das religiões, S. Reinach fala a esse respeito da «incapacidade mágica» do rei, incapacidade que podia custar-lhe a vida ou, ao menos, o trono. De seu lado, Max Weber sublinha que a intempérie pode ser interpretada como a consequência dos pecados do chefe, o que torna a sua supremacia «muito precária». Lévi-Strauss, por sua vez, dá outros exemplos nesse sentido.[11] O que se pode reter de tudo isso é a dimensão comunal da estruturação social. O espaço é um nicho, um abrigo, e a chefia tem o papel de assegurar-lhe o bom funcionamento. Qualquer que seja o nome com o qual se condecora, o detentor do poder cristaliza a energia interna da comunidade, mobiliza a *força imaginal* que a constitui como tal e assegura o bom equilíbrio entre esta e o meio circundante, tanto social quanto natural. Trata-se, claro, de uma atitude que atinge o apogeu no poder carismático, mas que se expressa até na racionalidade e na funcionalidade da burocracia.

Ainda aí podem ser encontradas expressões bem diferentes, mas o fato de que o líder esteja a serviço da sociedade é uma característica bastante analisada. Sabe-se que o conceito romano de ministério é que dá à Igreja católica a base mesma de sua estrutura hierárquica. Mostrei, por meu turno, que estava igualmente na origem da ideia de «serviço público», cuja importância conhecemos, para a França, a partir do século XIX. Mas menos destacado é que tal concepção se acha no direito tomista mais rigoroso, assim como nas diversas tradições anarquistas, por exemplo, na tradição libertária ou «espiritual» oriunda de Joachim de Flore. Ora, dos utópicos medievais a Marx, longa é a lista dos que foram, conscientemente ou não, influenciados pelo joachinismo.

Nessa perspectiva, originária do direito romano, a autoridade é um serviço, o que faz crescer. Dito de outro modo, retomando o exposto antes, é o que se integra na harmonia cósmica e social. E, aliás, de Santo Tomás de Aquino a Joachim de Flore, com ênfases, claro, diferentes, se a autoridade não assume esse papel, tem-se direito, em nome da «liberdade cristã», à insurreição.[12] Seja o que for, através de todas essas modulações, quer-se ressaltar a existência, na origem do poder político, da necessidade de assegurar proteção, de permitir o bom funcionamento e a regularidade do crescimento social. A submissão é apenas o correlato da proteção. O líder tem por característica essencial assegurar um recurso, ser a garantia do equilíbrio. De resto, é isso que engendra a submissão fatalista ou, ainda, a passividade da massa que, conforme os regimes, procuraremos ou temeremos. Na base dessa passividade, está o fato de que se cede a outros o cuidado de assegurar a tranquilidade do conjunto. Claro, essa delegação tomará formas bastante diferentes, da democracia ativa à tirania totalitária, passando pela aceitação tácita contida na abstenção; a natureza, porém, é idêntica: aquele que *responde* pelos outros, para os outros, na harmonia natural ou social, tende a pedir ou a impor a servidão.

Ao retomar a expressão de La Boétie, indicada acima, é preciso contudo ter em mente que se trata mesmo de «servidão voluntária», isto é, que a coerção moral ou a proteção impostas pelo líder, a paixão comum ou o enraizamento cósmico utilizados por ele, são causa e efeito da *força imaginal* necessária a toda vida em sociedade. Em outras palavras, mais clássicas: não há política sem *religião*. Religião no sentido estrito: o que une as pessoas partilhando um conjunto de pressupostos comuns. Pode-se exprimir isso de diversas maneiras, a exemplo do «divino social» de Durkheim, ou ainda da «política como forma profana da religião», de Marx; certo é que toda vida em sociedade repousa sobre uma necessidade fatal, a do descomprometimento consigo mesmo, de submeter-se, de «entregar-se» aos outros. Evidentemente, esse descomprometimento exige uma legitimação encontrada no grande Outro. Divindade qualquer na maior parte do tempo, mas de múltiplos avatares: Estado, Partido, Progresso, Ciência, Moral, Serviço etc. Longa é a lista dos substiutos ou das modulações de Deus.

Uma observação de Talleyrand, grande conhecedor da coisa política, pode esclarecer-nos: «Não existe império que não esteja fundado sobre o maravilhoso». É verdade que o sagrado ocupa um lugar relevante na estrutura política, como se pode verificar em dois polos essenciais. Antes de tudo, do lado do líder. Centro da união, disse, assegura a ligação entre o meio social e o meio natural, o macrocosmo e o microcosmo. Fáceis são os exemplos nesse sentido. Assim, entre os Alurs, de Uganda, «o domínio das forças vitais... justifica o domínio sobre os homens» (G. Balandier). Vale precisar imediatamente que o campo do sagrado domina igualmente os depositários do poder, que não podem dele dispor, mas devem exercê-lo enquanto marionetes de forças que os ultrapassam. O olhar atento revela que tal fatalidade pesa sobre todas as formas de poder. Quem assume um poder se transforma, tornando-se Outro para os outros, porque participa, mais ou menos, querendo ou não, da órbita do sagrado.

Essa dimensão se encontra igualmente na mística do Graal ou na ideia imperial gibelina. Quem se sente, se crê ou é investido pela vocação imperial, não se possui mais. Deve responder a essa vocação e cumprir seu ministério e *missão*. De Frederico II Hohenzollem a Frederico, o Eleitor palatino, vê-se a abnegação de si naquele que aceita o encargo. Certamente se pode ver nessa abnegação uma justificativa *a posteriori* para a *libido dominandi,* mas os historiadores e os antropólogos concordam em destacar o aspecto propriamente religioso desse ministério do poder.[13] De toda maneira, do ponto de vista sociológico, o aspecto paroxístico e propriamente caricatural de tal «missão» não deixa de ser esclarecedor de todas as manifestações menos marcadas do poder político.

Só tardiamente, aliás, as funções do rei e do sacerdote foram dissociadas. Separação que não se fez com facilidade, tendo sido objeto de uma longa história, da qual o césaro-papismo, no Ocidente, é a expressão mais conhecida. Mas a obra de G. Dumézil mostra, quanto à ideologia indo-europeia, como o capelão «deve ser o duplo do rei» e que o «bom estado do reino» depende da igualdade deles. Há, no sentido forte do termo, um paralelo entre o rei e o padre, permitindo que seja lembrado, eventualmente fortalecido, o equilíbrio da coisa social. Os termos «rei» ou «sacerdote» podem mudar ou variar conforme as civilizações: de um lado, príncipe, presidente, imperador, tecnocrata, burocrata etc.; de outro, cardeal, intelectual, sábio, cientista, médico etc.; a estrutura permanece imutável: assegurar a mediação entre a realidade visível do mundo social e o invisível ou imaterial do fluxo vital que permite àquele perdurar.[14] O fluxo pode ser o de uma ideia ou de um mito fundador, o da comunicação ou da imagem onipresente; em todas as situações, toma forma no campo de força do religioso.

Talvez por isso todos os políticos notáveis sejam antes de tudo grandes *conquistadores de almas*. Do mesmo modo, a potência de um império depende menos, pense-se o que quiser, da força dos seus exércitos que da admiração inspirada por ele. Fustel de Coulanges bem o indica quanto ao império romano, que não teria podido dominar e perdurar se não tivesse suscitado o sentimento «religioso» de pertencer coletivamente ao *imperium mundi*. Ser cidadão romano, desse ponto de vista, significava pertencer à comunidade humana e civilizada. Um dos elementos da construção simbólica dessa realidade foi justamente a multiplicação dos altares erguidos à glória dos imperadores, que eram naturalmente adorados como divindades. Menos pelo que eram enquanto indivíduos e mais porque personificavam a grandeza romana.

    Com dois outros exemplos históricos, seria possível fazer análise semelhante em relação à conquista do Novo Mundo pelos espanhóis. Eles triunfaram face ao império existente e a uma civilização bem estruturada, entre outras coisas, porque conseguiram suscitar um temor religioso e substituir as imagens adoradas localmente por outras que se mostraram mais eficazes. Ainda aí, a conquista foi a das almas. A edificação da cruz ou da Virgem Maria no *Templo Major* do México foi nesse sentido mais eficaz do que uma multiplicidade de batalhões. Por oposição, o stalinismo experimentou-o às próprias custas, vendo, para o melhor ou o pior, o Vaticano, sem divisões blindadas, triunfar sub-repticiamente contra todas as Forças Armadas vermelhas reunidas.

    No começo, o marxismo havia imposto seu império sobre os espíritos, fazendo teologicamente uma *crítica do céu*. Substituiu um fanatismo por outro. Mas ao fazê-lo, conseguiu mobilizar, em torno de uma mística, de santos, de mártires, as massas modernas. Foi justamente por ter esquecido a efervescência suscitada com eficácia que, com a mesma rapidez, seu império desabou.[15]

Em cada uma dessas situações, indicadas aqui de maneira bastante rápida, pode-se observar a necessidade de organização em torno de uma imagem comum. Em função de sua capacidade de influência, será avaliada a durabilidade, ou não, de determinado conjunto social. De fato, e aqui se encontra o segundo polo do aspecto religioso do político, um líder só pode suscitar adesão em torno de uma ideia, de uma imagem, de uma emoção, porque o povo tem necessidade de colocar-se em estado de *religação*.* Trata-se, claro, de uma necessidade que não é forçosamente consciente, com frequência sentida de modo confuso, mas nem por isso menos eficaz.

Ainda que isso seja pouco estudado, a melhor teoria dessa *religação* se acha no positivista Durkheim que, em *As formas elementares da vida religiosa,* apresenta numerosos exemplos nos quais, segundo os seus próprios termos, «fomos elevados acima de nós mesmos» (p. 300). Com certeza, isso é particularmente evidente nas festas primitivas como as *«corrobori»* australianas, ou as dionísias da antiguidade grega, mais ele aplica igualmente o seu esquema a outros períodos históricos, a exemplo da Revolução francesa ou da noite de São Bartolomeu. Seria fácil prosseguir com a lista de exemplos, tanto históricos, desde o começo do século XX, quanto anedóticos, assim como os *faits divers* nos fornecem em profusão.

Bastará indicar o princípio religioso disso. Escrevi *religação*. Para exprimi-lo de maneira ainda mais simples, trata-se da surpreendente pulsão que leva à sua procura, a reunir-se, a entregar-se ao outro. Daí, em Durkheim, a noção de efervescência. Efervescência que é característica «das épocas revolucionárias ou criadoras» (p. 301). Extrapolando-lhe o propósito, apesar do risco de desagradar os seus comentadores detalhistas, pode-se dizer que aí se acha a pas-

---

* Conceito forjado pelo autor, com o neologismo reliance, para dar conta de uma forma específica e orgânica de laço social marcado pela comunhão grupal e pela efervescência (N. T.).

sagem do *outro* ao Outro. E isso, claro, num movimento de reversibilidade; ao mesmo tempo, a perda no outro cria o Outro, e o despojamento nesse Outro cria o «outro» que é a sociedade. Há nesse processo uma espécie de criação contínua que o líder carismático, a exemplo da divindade, captará em seu benefício. Talvez pudéssemos encontrar aí a chave para explicar o sucesso popular dos fascismos do meio deste século. Parece-me que tal esquema é dos mais adequados para apreciar o desenvolvimento dos populismos extremos ou de outros ressurgimentos de extrema-direita em nossos dias.

O desejo de efervescência, particularmente perceptível em períodos de mudança de valores, será, de fato, o que possibilitará uma ideia, uma sociedade, uma imagem ou um fantasma, tornar-se coisa sagrada e «objeto de verdadeiro culto» (p. 306); talvez seja uma criação «inteiramente nova» (p. 304) ou o reinvestimento numa antiga figura que se acreditava ultrapassada. Nos dois casos, trata-se mesmo de uma criação contínua que regenera uma sociedade. É o que Durkheim chama de «atitude da sociedade a erigir-se um Deus ou a criar deuses» (p. 305). Nesses momentos (revoluções, revoltas, festas, comemorações, insurreições...), o entusiasmo é tal, a paixão partilhada de tal impetuosidade, que eles não «se deixam conter por nada» (p. 309). Seria possível continuar a análise nesse sentido ou aplicá-la a outros fenômenos, o que fiz em relação à orgia em *À sombra de Dionísio* (1982) ou a confusão em *O tempo das tribos* (1988); basta indicar, no quadro de nosso propósito, que o estremecimento coletivo, a exaltação geral, momentos nos quais o «homem torna-se outro», possibilita o que em período de descontração se institucionalizará em «interações sociais».[16]

Num momento em que o político parece perder todo sentido, é importante lembrar o seu princípio, ainda que seja apenas para melhor apreciar-lhe as modulações contemporâneas. Princípio religioso, foi dito, que repousa sobre a coerção admitida a partir da partilha de uma ideia ou de uma paixão comum, esta se projetando num líder carismático ou reconhecendo-se nele. Princípio religioso que permite compreender o *sair de si* que constitui toda a vida em sociedade. Se é verdade que «tudo começa no místico e tudo termina no político»

(Charles Péguy), podemos também concordar quanto à reversibilidade dessa fórmula. Ou, ao menos, quanto ao fato de que há um constante vaivém entre esses termos, ou entre o que eles designam. Vaivém que bem delimita a órbita de toda vida social, a qual, conforme os momentos, acentuará a socialidade, com a conotação emocional correspondente, ou a sociedade, com suas consequências mais racionais. Por causa do excessivo esquecimento de um ou outro desses polos, corremos o risco de nada compreender da unicidade, una e diversa ao mesmo tempo, do fato social na sua globalidade.

2

A «perfeição» do Uno

O político, no seu aspecto religioso, assegura de uma parte, pelo viés da liderança, a ligação com o meio natural; reforça, de outra parte, pelo sentimento coletivo e pela emoção partilhada, o estar-junto necessário a toda vida social. Mas, em ambos os casos, esse político-religioso é estruturalmente plural. O historiador Huizinga relata uma etimologia fantasista do termo «pollítico» (sic), que autores franceses da Idade Média faziam derivar de *polus* e da pretensa palavra grega *icos,* guardião. O «pollítico» era então o «guardião da pluralidade».[17]

Tal fantasia merece alguma atenção, tanto é verdade que está profundamente enraizada a percepção politeísta da relação com a natureza, e da relação com o próximo. Max Weber bem demonstrou que o politeísmo dos valores, à imagem do panteão grego, traduz a antinomia estrutural do dado mundano. Quanto ao nosso interesse, podemos lembrar que, de maneira mais ou menos consciente, o politeísmo é uma maneira de limitar o poder. Contra a onipotência de um Deus único, a multiplicidade dos deuses introduz a ideia de relatividade, de limitação mútua. Enquanto os deuses guerreiam entre eles, os homens permanecem tranquilos! E é verdade que o antigo adágio, *divide et impera,* dividir para reinar, aplica-se também à divindade. Voltaremos a isso, mas desde já se pode dizer que é difícil usar da astúcia contra o Uno. Enganar o único é difícil.

Já indiquei anteriormente que se tratava de um «saber incorporado»: o que se pode chamar de sabedoria das nações ou de bom-senso popular, o senso comum que tanto apavora os detentores do saber. Não é o caso de se analisá-lo aqui em sua especificidade, mas vale ter em mente algumas características do politeísmo, ainda que mais não seja para melhor compreender aquilo que lhe sucederá. De fato, antes do triunfo do imaginário totalitário, antes da elaboração da realidade do Estado-nação, sua transcrição política, prevalecia o equilíbrio conflitual numa realidade de múltiplas facetas. Sejamos claros. Não quero dizer que houve progressivamente passagem do *poli* ao *mono.* Em realidade, trata-se de um processo reversível: por vezes, a ênfase recai sobre a pluralidade, a relação complementar das formas e das forças; por vezes, ao contrário, valoriza-se o unificado, monovalente e *unidimensional.*

Esse balanço é tanto filosófico quanto histórico. Pode-se dizer mesmo que é essencialmente antropológico. Assim, como analisa Deleuze, a unidade harmônica, para Leibniz, repousa sobre a multiplicidade. «Cada mônada apresenta acordes», desde que por acorde se entenda a «relação de um estado com os seus diferenciais».[18] Aplicada ao barroco, essa metáfora musical convém muito bem, mas é paradigmática de uma perspectiva menos preocupada com o uníssono do que com a polifonia vocal e, logo, existencial.

A mesma perspectiva encontra-se na tri ou na quadripartição antiga e em numerosas estruturações políticas ao longo da história. Assim Le Roy Ladurie mostra bem, em *Le Carnaval de Romans,* como funciona essa quadripartição social. E isso na mesma divisão do poder. Cabe notar que pelo viés das confrarias religiosas, das corporações e outras associações eclesiásticas, o pluralismo harmônico tratado aqui encontrou a «canonização» teológica. Os diversos «estados» medievais, com seus santos, costumes, rituais, eram uma maneira suavizada de viver a pluralidade dos deuses e a complementaridade deles.

Reencontra-se equilíbrio idêntico na descrição feita por Maquiavel de Florença em seu apogeu. A *virtu,* cimento através do qual a sociedade se estabelece e reforça, só pode existir se há harmonia dos contrários. Não se trata de igualdade ou de negação das diferenças, mas de «acorde» de qualidades diversas que, pela luta, a negação ou o compromisso, chegam a compor umas com as outras. O painel que constrói da história de Florença, comparando-a em certos momentos com Roma, é nesse sentido esclarecedor: quando a cidade sabe fazer essa *composição,* torna-se mais potente; a decadência, mais ou menos longa, sobrevém quando ocorre o triunfo de uma parte sobre a outra. Ainda aí, de maneira eufemística, trata-se da guerra dos deuses que, mesmo se opondo por vezes com energia (e com a esperança secreta de eliminar o outro), não conseguem se pôr de acordo uns com os outros, criando assim as condições de possibilidade de um acordo diferencial.

O último exemplo, enfim, pode ser tomado de empréstimo à descrição feita por Benedetto Croce da alternância entre poder civil e religioso em Genebra. A independência recíproca de um em relação a outro, a complementaridade deles também, permite de fato que se neutralizem. Ainda aí, quando a complementaridade não funciona mais, quando o poder eclesiástico toma a frente, a República de Genebra torna-se tão intolerante quanto as piores épocas da Inquisição. O *livre-pensador* Sébastien Castellion, interpretando o *Cântico dos cânticos* como uma coletânea de cantos eróticos ou, claro, Servet, que acabou na fogueira, sofreram na carne essa cruel experiência.[19] Em cada um desses exemplos históricos, o que está em questão é justamente o funcionamento, a persistência ou o desaparecimento do politeísmo dos valores, com as implicações que isso não deixa de ter sobre a organização política *stricto sensu.* Exemplos ainda mais interessantes porque a organização da cidade em causa só se concebe em referência a uma organização ou, ao menos, legitimação eclesiástica. Pode-se dizer que por uma espécie de efeito perverso, querendo alcançar a perfeição da unidade, isto é, pretendendo negar ou recusar a diversidade, a pluralidade de gostos e de interesses, acaba-se na degradação, na queda do conjunto social, quando não simplesmente na intolerância com seu cortejo de exações. A imperfeição relativa, induzida pelo politeísmo, está no centro das histórias humanas, assim como caracteriza a própria vida. As sociedades que souberam preservá-la foram as mais dinâmicas. Talvez fosse preciso, nesse sentido, propor uma *lei* sociológica para sublinhar que a harmonia conflitual faz par com a vitalidade de um conjunto determinado. Cada vez que uma organização social soube enfatizar a diversidade, foi fecunda e produtiva. E isso tanto no que diz respeito à cultura e à organização política quanto à simples vida cotidiana. Cabe de resto observar que a figura da sábia *Palas Atena,* símbolo da prudência, chamada a gerir e a guiar a *polis* – Atenas, protótipo da cidade –, é ela mesma plural. Antes de ser a deusa da razão e do comedimento, é, segundo certas versões, belicosa e selvagem.[20]

Por *definição,* os fenômenos religiosos e políticos sempre comportam uma boa dose de elementos diversos e sobretudo heterogêneos uns em relação aos outros. À imagem do que venho de relatar sobre a figura emblemática de *Palas Atena,* toda a tradição mitológica insiste sobre a ambivalência estrutural das manifestações da sabedoria: ao mesmo tempo *sophia* e *epinoïa.* Elementos que se encontram na complementaridade do racional e do sensível. Ou, ainda, a propósito da fecundidade, o que remete às duas faces do imaginário lunar: Selene e Lilith. Em cada um desses casos, apresentados aqui a título indicativo, acha-se uma pluralidade de expressão própria a todo conjunto político-religioso, assim como, evidentemente, de suas diversas representações.

Mesmo destacado de maneira bastante rápida, era necessário ter em mente esse politeísmo religioso, fundamento do politeísmo dos valores. Ainda que mais não seja para compreender como foi erigida, por oposição, a ordenação do político que marcou a modernidade, como o imaginário do politeísmo se inverteu em totalitarismo, como o fantasma do Uno triunfará sobre as demais fantasias. Rigidez e pobreza do monoteísmo que, ao contrário do *amor fati* de Nietzsche – tu amarás teu destino, destino trágico se assim for, destino imprevisível e potencialmente plural –, proporá um drama histórico, de etapas programadas e convencionadas, drama gerado e organizado pelo clero político. Esse drama pode ser, claro, a história de Cristo ou de sua esposa na terra: a Igreja; pode ser também o do social ou das diversas instituições estatais ou privadas que devem em princípio exprimi-lo.

Trágico-drama. Trata-se aí de uma oposição pouco estudada sobre a qual já tive a ocasião de insistir. Quanto ao nosso interesse presente, podemos dizer que o trágico é essencialmente pagão, vai em numerosas direções, pensa o mundo e a existência em termos de ciclos, todos imperfeitos por definição. Daí as inumeráveis versões ou lições dos mitos pagãos. A partir de uma trama central, esboça-se, em arabescos, uma multiplicidade de digressões, de diversões, de contornos indefinidos e de ensinamentos heterogêneos, cada um dentre eles podendo se aplicar a tal aspecto da vida, e não a vida em sua totalidade. De onde as antinomias de valores próprias a uma visão trágica da existência. Nada é seguro *a priori*, nada é sabido de uma vez por todas, mas tudo se ajusta passo a passo; tudo depende do que entre os gregos desempenha um grande papel: o *Kairos*, essa oportunidade imprevisível, de consequências sempre difíceis de avaliar. O trágico é portanto aleatório e presta-se mal à previsão ou à predição segura.

Totalmente diferente é o drama, perfeitamente linear. Exprime bem o que chamei de fantasma do Uno, do monoteísmo. Encontramos essa oposição bem enunciada por Santo Agostinho, no livro XII (cap. X-XX) da *Cidade de Deus*. Face às épocas circulares do paganismo, o *falsi circuli*, o *circuitus temporum*, o circuito dos tempos que se repetem, Agostinho opõe o tempo unilateral, no qual nada retoma duas vezes, tempo fixado em seu centro pela cruz de Cristo: «De fato, é de uma vez por todas que Cristo morre por nossos pecados». À repetição e ao desespero (trágico) que lhe é inerente, Agostinho opõe a via reta, *via recta* da *novitas* cristã. Quebra-se o círculo. A própria fórmula da Cidade de Deus merece ser citada: «Com a ajuda do Senhor nosso Deus, uma razão evidente quebra os círculos que giram sobre si mesmos, forjados pela opinião». (*In adjutori Domini Dei nostri hos volubiles circulos, quos oponio confingit, ratio manifesta confringit.*[21]) Todos os elementos do drama estão reunidos aí: a opinião desamparada e seu procedimento incoerente cedem lugar à razão sã, ao procedimento seguro que conhece o sentido da marcha e tem a obrigação de ensiná-lo.

Aí se enraíza a teologia da História, que servirá, na sequência, de fundamento ao aspecto profano da salvação, seja revolucionário ou reformista. Em resumo, nessa perspectiva, o paraíso celeste é o resultado de um caminho claramente traçado, racionalmente previsível. O mesmo vale para o paraíso terrestre que se alcança tomando a boa direção, a *linha justa,* e dobrando-se – conforme as necessidades, dobrando os outros – ao estudo das contradições a ultrapassar, e às duras leis extraídas. Enquanto o aspecto circular da mentalidade politeísta admite o «retrocesso» ou a involução, o linearismo cristão é essencialmente evolutivo e sua lei é o progresso. Claro, o messianismo pode tomar formas diferentes, mas a sua essência, sua natureza, é uma só: a perfeição, terrestre ou celeste, é possível, racionalmente passível de predição, e alcançável ao fim de uma dura caminhada, com provações programadas e ultrapassadas progressivamente.

Essa evolução necessária e inelutável faz com que naturalmente os protagonistas das visões de mundo totalizantes sejam conduzidos a tornar-se totalitários. Isso vale, claro, para todas as tendências. Como acabo de indicar, desde que uma síntese é feita, ela se apresenta de uma parte como a coroação do que era anterior – estado anterior geralmente encarado como simples esboço – e de outra parte se considera como inultrapassável. Essa dupla perspectiva funda o totalitarismo clerical e/ou político.

A origem religiosa do totalitarismo ainda não foi suficientemente ressaltada, seja para os regimes politicamente tipificados, dignos do nome, ou para os que tomam ares mais apresentáveis naquilo que chamei (*La Violence totalitaire,* 1979) de «totalitarismos doces». Os primeiros estabeleceram-se em nome de um saber sintético e sistemático. Este podia ser uma visão mais racional da vida social ou da economia socializada; podia ser igualmente a defesa dos valores ocidentais ou a luta contra o comunismo. Em todas as situações, trata-se de um saber (ou crença) totalizado(a) entendendo aplicar-se para o maior bem do povo. Este sendo rapidamente levado a pagar os custos de tal solicitude. Quanto aos últimos, o saber em ação é mais diluído.

A pressão direta para aplicá-lo, menos forte. Ele não constitui menos uma atmosfera geral que assegura um envelope protetor e por isso mesmo tende a responsabilizar todo mundo, a *enervar* – no sentido mais simples: retirar os nervos – o corpo social que desde então não possui mais revestimento contra as adversidades do destino. Em todo caso, repito, a proteção exige a submissão, e o Grande Deus, seja o do monoteísmo ou o da providência estatal ou da economia liberal, é um *Moloch* que pede a abdicação da pessoa, de corpo e alma, para servi-lo. Essa abdicação pode resultar no constrangimento físico e na privação de liberdade; pode ser também um «constrangimento moral» (Durkheim) de efeito insidioso por ser anódino e cotidiano. Daí a impressão de amontoados de mortos-vivos perceptível na atualidade em diversos momentos do cinza diário. Amontoados que dão o sentimento de vastos currais humanos, onde os indivíduos, verdadeiros *zoon politicon*, animais políticos, empanturrados, em boa saúde, bem-vestidos e perfeitos consumidores, perderam o que qualifica os seres humanos. Qualidade que, como veremos mais adiante, podem reencontrar nos momentos de efervescência dos excessos esportivos, musicais ou do lazer não programado. Mas se trata aqui de orgias que escapam justamente ao controle do político.

Domesticação dos costumes, *curialização* da existência, numerosos são os historiadores ou antropólogos, como Michel Foucault ou Norbert Elias, que enfatizaram a assepsia galopante da vida social.[22] Talvez se pudesse mesmo ver aí a marca essencial, o resumo da modernidade. Faz-se esse controle da desordem em nome da Razão suprema que toma o lugar do Deus único. Daí a racionalização bem analisada por Max Weber, alcançando até os detalhes mais ínfimos da existência cotidiana. Ainda que seja uma ideia repetida enfadonhamente, é evidente que nenhuma defasagem, nenhum disfuncionamento, consegue escapar aos olhos ou aos ouvidos atentos de um *Big Brother* anônimo. Este, para o maior bem dos povos, tudo coloca em ação para que nada lhe escape.

A racionalidade, através desse processo, inerente à prática mundana, converte-se em racionalismo, conforme o triunfo deste no século XX. Racionalismo triunfante que fará da ciência a teologia do mundo moderno. Não se trata de fazer aqui a história da evolução científica; basta indicar que nada escapa ao seu império. Durkheim, falando em termos elogiosos da fundação do positivismo, não deixa de sublinhar que assim a «sociologia positiva» e as ciências sociais em geral se integram «no círculo das ciências naturais». Realização da «velha aspiração da humanidade», a «unidade do saber». No caso, de acordo com o nosso interesse aqui, o homem e as sociedades tornam-se «objetos de ciência» e poderão ser dirigidos como tais.[23]

Trata-se de uma análise bastante interessante, pois dá conta muito bem da estreita conexão que, durante toda a modernidade, será estabelecida entre a direção dos homens e a ciência positiva. Para dizê-lo com termos um tanto categóricos, a *libido sciendi* reforça a *libido dominandi*. A dominação, brutal ou suave, tem necessidade do saber, ao mesmo tempo para legitimar-se e, claro, ganhar em eficácia. Sem ir até a intransigência de um Robespierre, que estabelece a ligação entre o terror e o saber do bem, precisamos não esquecer que ele é o protótipo de certa concepção do poder moderno. Obviamente, na matéria, tal ligação (saber-administração) será considerada como eminentemente moral. De fato, a virtude está na base da domesticação das paixões sociais, engendra a investigação criminológica, preside o adestramento das crianças, regulamenta a economia do sexo e, sobretudo, favorece a obrigação do trabalho. Coisas que alcançaram o apogeu no século XIX, encruzilhada para a boa compreensão da modernidade.

Uma judiciosa análise da lógica dos «senhores» de Port-Royal ressalta o fundamento religioso dessa ligação. Em nome da sadia interpretação da vida cristã, os «senhores» construirão uma *arte de pensar* que irrigará em profundidade os séculos XVIII e XIX. Esta estabelece de fato a reversibilidade entre lógica e moral. Moral que se deve compreender, aqui, no seu sentido mais simples: organização e gestão dos costumes que fazem sociedade. Já se mostrou que todas as ideologias, desde o século XVIII, repousam sobre essa reversibilidade. Em suma, o «dever-ser» evangélico condicionará o «tu deves» político, isso com apoio do sábio que elabora as leis racionais da coerção correlativa de tal injunção. A lógica jansenista ou, o que dá no mesmo, a protestante, é uma lógica da vigilância,[24] a dos *edu-*

cadores-sábios que corrigem, retificam, «pedagogizam» os erros para o bem da cidade racional e, logo, divinamente conduzida.

Esboça-se sob os nossos olhos uma disposição em tons diversos. Um deslizamento progressivo e ao final das contas bastante nebuloso que vai da coação à razão dominadora e totalizante, passando pela moral e por certa forma de lógica. Mas ainda que com tonalidades diferentes, todas essas atitudes repousam essencialmente ao mesmo tempo sobre a preocupação com a perfeição e com a unidade. De maneira mais ou menos consciente, trata-se de frear a confusão e a desordem, de reabsorver a anarquia da vida; em suma, substituir o politeísmo dos valores pelo monoteísmo do utilitarismo. *Uti et non frui* é sua regra básica. Daí a imposição de certa lógica dialética, que pretende ultrapassar todo o «não lógico» do qual está repleta a vida social. Claro, nessa perspectiva não pode ser considerado como lógico o que não responde à injunção do útil, do projetivo, do sério.

Sabe-se, de resto, por imposição da *realpolitik,* que todas as boas intenções acabam invariavelmente no inferno da coerção. E que a dureza desta é maior quando se legitima em Deus ou se funda na razão. Da Inquisição na Idade Média aos diversos «campos» que marcaram as últimas décadas, conhecemos agora o resultado das intenções pedagógicas. Alguns mostraram mesmo que a gestão dos campos nazistas fundava-se na vertigem de uma razão paranoicamente organizadora. O frontão do campo de Dachau é nesse sentido um programa completo: *Arbeit macht frei.* Antífrase, derrisão? Certamente não, mas consciência exacerbada, e com certeza mórbida, de corrigir os erros, dos desvios, de ultrapassar as contradições, em síntese, de realizar a sociedade perfeita, mesmo ao preço de alguns sacrifícios humanos. Preço que se deveria pagar para reparar a tara do pecado original e restaurar a humanidade na plenitude de sua condição. Aqui o paroxismo é instrutivo: por querer reduzir a diversidade, de tanto funcionar sobre o fantasma do Uno, esquece-se, para o pior, que a vida não se deixa encerrar, mas repousa essencialmente sobre o pluralismo.

Para exprimir isso é que propus a noção de «contraditorial».[25] Noção que reintroduz, de um ponto de vista lógico, a contradição não ultrapassada e não ultrapassável no centro da questão social. Na contramão do político que, como acabamos de ver, é a forma profana do *magister mundi,* o pensamento do contraditorial lembra que nem tudo se educa, que a desordem tem seu lugar e que o excesso de regulação é potencialmente mortífero ou, ao menos, desativa a tensão vital pela qual uma determinada comunidade se sente responsável por si mesma e assegura assim a própria «conservação de si».

Pois esse é mesmo o paradoxo: a exemplo do aprendiz de feiticeiro, ganhando autonomia em relação à base que lhe serve de suporte, negando a sua diversidade, não vendo o «contraditorial» em ação na vida cotidiana, querendo ser um substituto de Deus, sempre criador do político (emprego o neutro que não implica nem pessoas nem regimes particulares, mas se contenta em focalizar uma entidade abstrata, sublinhando um efeito de estrutura), acaba no efeito inverso, a destruição do estar-junto do qual é supostamente, ao mesmo tempo, a expressão e a garantia.

Isso tem um nome erudito: heterotelia; trivialmente, «efeito perverso». Mas, por estranha maldição, o político torna bem-sucedida essa destruição, originando a tecnoestrutura ou a burocracia, através das quais existe apenas a administração das coisas. Falta ver se com isso, e talvez se trate de um retorno astucioso do *amor fati* rejeitado, ele não prepara, de fato, de maneira inconsciente, a própria autodestruição.

3

Os proprietários da sociedade

De encontro ao que se diz com demasiada frequência, não se deve ver na origem religiosa do político um vestígio meio anacrônico, em fase de desaparecimento. Rastro de um tempo de obscurantismo que os progressos da razão, depois de muitas dificuldades, cedo terão varrido. Os historiadores das ideias políticas demonstraram que o sistema democrático, por exemplo, florão com razão gabado pela modernidade, foi elaborado, testado e reforçado nos inumeráveis conventos da Idade Média que, quanto a isso, como em relação a muitos outros temas, foram os conservatórios do que devia eclodir alguns séculos mais tarde em toda a Europa. Pode-se dizer igualmente que a simples administração das coisas tem aí sua origem. De fato, conforme Salomon Reinach, a história da humanidade é «uma laicização progressiva»: os padres vão racionalizar o religioso, codificar os tabus e canalizar as expressões mais excessivas da religiosidade ambiente e natural.[26] Encontra-se aí uma ideia desenvolvida com frequência no século XIX: «as religiões tendem a laicizar-se» em político, este mesmo gerando a tecnoburocracia que lhe sucederá. Para além da codificação do animismo primitivo, a elaboração dos grandes sistemas teológicos é nesse sentido esclarecedora. Primeiro, o direito canônico; a construção tomista, em seguida; enfim, o controle regulamentar. Foram necessários vários séculos para alcançar a *romanização* da Igreja católica, isto é, a sua burocratização perfeita. Quando esta foi concluída, a Igreja, enquanto corpo vivo e comungando num mesmo espírito, deixou de existir; daí os sobressaltos e as diversas revitalizações observadas na atualidade.

É certo que, indico-o de passagem, essa racionalização teórica e organizacional da coisa religiosa serviu de modelo ao processo similar para a coisa pública. Os postulados de base são idênticos: antes de tudo, o homem desprovido de natureza social é manipulável e deve sê-lo para o seu próprio bem; além do mais, somente a razão, em seu poder soberano, pode aperfeiçoar-lhe a educação. Esses dois postulados são a simples transposição dos pressupostos cristãos referentes à natureza pecadora do homem e à necessidade de estruturas teóricas e organizacionais que possam corrigi-lo ou ao menos ajudar a resgatá-lo. Logo, um indivíduo naturalmente débil ao qual se deve fornecer as muletas necessárias à sua sustentação. Todo o pensamento político do século XVIII e, *a fortiori,* os sistemas originários dele, retomam um esquema idêntico. Toda a ideologia do progresso, mito maior do século XIX, repousa sobre isso: num movimento de reversibilidade, graças ao desenvolvimento da simples razão, o indivíduo perfectível é causa e efeito de uma sociedade ela mesma perfeita.

Pode-se interpretar nesse sentido a teoria da «mão invisível» de Adam Smith. Através de um equilíbrio misterioso, os indivíduos de uma mesma sociedade são conduzidos «por uma mão invisível a cumprir uma meta que não entra de modo algum nas intenções» de cada um tomado individualmente. *«They are led by an invisible hand»,* e levados pouco a pouco ao bem-estar ou ao maior bemestar social. Conhece-se a importância do pensamento de Adam Smith no século XVIII, ainda mais que tentava responder à dicotomia que, na política, opunha o povo e o soberano. Toda a reflexão política e econômica seguirá esquema idêntico: o da pedagogia reguladora necessária a toda economia política digna desse nome.[27]

Vê-se bem como a «mão invisível» laicizou-se, perdeu parte de sua aura divina ou natural e desde então autonomizou-se. Tornouse um *em-si* sem contas a prestar a ninguém. A imagem, de resto, é bastante esclarecedora na sua conotação pedagógica. Com o desenvolvimento das ciências e das técnicas, Deus cede lugar a outras entidades tutelares que conhecem o bem e o mal, o verdadeiro e o falso e agem em consequência disso. Não há por que se questionar sobre os fundamentos de suas motivações, pois, por «definição», são entidades puramente racionais, não tendo nenhum desejo, sem paixão alguma, estimando-se acima dos partidos e dos clãs. É fácil ver como ao longo do século XIX, mas ainda mais no século XX, essa «mão invisível» se tornará profana, anônima, ocupando-se de tudo um pouco em sociedades cada vez mais complexas que exigem para ser administradas altíssimo nível de competência técnica. Claro, a constituição na França dos corpos de grandes funcionários do Estado é, no caso, um modelo do gênero; *a ideologia do Serviço Público* serviu-lhe de legitimação. Mas se sabe que a «era dos *managers»* (J. Burnham) não poupou nenhum dos países que partilhavam os grandes ideais da modernidade. Assim como o religioso tinha, uma vez concluído o seu trabalho, cedido lugar ao político, este, por sua vez, deixou o campo livre à tecnocracia, com a missão de aperfeiçoar a educação à felicidade e à submissão, ambição de toda cidade policiada (e por vezes policial).

Não se deve crer que se trata de um processo evolutivo e totalmente novo. De fato, é um mecanismo recorrente, que ressurge regularmente nas histórias humanas. Já na cidade grega, há momentos em que triunfa uma concepção tecnocrática da vida política. Momentos em que se toma na acepção mais profunda a *politeia* como «constituição do Estado, mas também (como) vida total do Estado». W. Jaeger, grande especialista da formação do homem e da cidade gregos, lembra aliás que em grego moderno *politeuma* significa cultura, isto é, o substrato de toda vida em sociedade. Há portanto na própria base da noção de política a concepção de responsabilidade total sobre a existência social. Mas ocorre que esse «encarregar-se» se torna vacilante quando os cidadãos não colaboram mais com a vida da cidade. Então é necessário que um grupo particular assegure o bom funcionamento econômico-político. Na idade de ouro da democracia, Péricles exigia que cada indivíduo consagrasse uma parte de seu tempo aos próprios negócios e a outra à coisa pública. É quando se sente, progressivamente, despojado do seu poder sobre a vida pública que o cidadão se entrega aos especialistas eleitos ou autodesignados. Os déspotas ou os tiranos eram justamente os que asseguravam, no lugar dos outros, a administração da cidade.[28] Quando tal transferência de poder acontece, a disciplina, na origem livremente consentida, torna-se autoritária e disposta a regular todos os detalhes da existência cotidiana.

Mas, em contrapartida, tornando-se negócio de especialistas, seja qual for o nome a dar-lhes – tiranos, burocratas, tecnocratas...–, a vida pública torna-se uma entidade abstrata, negócio *dos outros, negócio alheio* do qual não há razão para se ocupar. Acabo de dar o exemplo da Grécia, reputada, porém, pela democracia direta, mas seria possível encontrar exemplos semelhantes referentes à China antiga (cf. E. Balacz) ou ao império asteca e a muitas outras estruturas sociais que, cada uma a sua maneira, geraram classes de especialistas, os quais sub-repticiamente, ou pela força, encarregam-se da cidade, do império e forçam assim a maioria a recuar para a esfera do privado. Processo perigoso, pois amplia de maneira inquietante a distância existente entre a vida e a política, tornando-a um verdadeiro fosso de consequências incalculáveis.

Limito-me aqui aos grandes princípios, mas a História e a atualidade (assim a mais recente vem dos «países do Leste») dão-nos numerosos exemplos altamente ilustrativos. Em cada um deles, o mecanismo é idêntico: luta de clãs para tomar o poder, um deles apoiado na massa, animando-a em nome de ideais ou de utopias patéticas; depois, alcançado o poder, ocorre a conversão ao realismo, à dura lei de bronze da política, da economia, enfim. Conversão, claro, que não pretende ser traição, mas simples compromisso para melhor aplicar o ideal ou a utopia utilizada como pretexto para a tomada de poder. Pode-se formular isso em poucas palavras: «O técnico e o *expert* sucedem inexoravelmente ao revolucionário». O exemplo do socialismo, nas últimas décadas, na Europa, foi particularmente instrutivo. Muito rapidamente não se tratou mais de mudar a vida nem ao menos de transformar as relações humanas, mas de cumprir um desenvolvimento econômico mais competitivo, com o objetivo de assegurar uma hegemonia mundial. Conhece-se o resultado de tal projeto que, tendo trocado a alma por um prato de lentilhas, perdeu junto o *élan* mobilizador que lhe tinha garantido as primeiras vitórias.

Talvez a lei de bronze esteja justamente no futuro ideológico das utopias da liberação. Será preciso retomar isso a propósito da «circulação das elites» (V. Pareto), que parece uma constante da vida social. Tudo indica, de fato, que é para se manter no poder que o militante de um ideal político se torna um puro administrador. Assim, leva às últimas consequências a lógica da racionalização. Processo, viu-se, em gérmen já na institucionalização teórica e organizacional da fé religiosa. A política assume-o por sua vez substituindo o imaginário do projeto pela realidade do administrativo. Em todas as situações possíveis, ocorre o eterno triunfo do realista e racional São Paulo contra o sonhador e místico São João!

Triunfo que repousa sobre a negação da paixão, do sentimento coletivo sempre na origem das revoltas e das revoluções, ou simplesmente das mudanças de importância na vida política. Em termos genéticos, no grande *gênero* do *homo politicus,* a burocracia não passa de um subconjunto de mutação bem-sucedida, graças justamente à relativização da paixão, da qual se conhece o poder corrosivo e a dinâmica irrepreensível. Qualidades que permitem freá-la por um momento, mas não assegurar a sua completa eliminação. Todos os poderes estabelecidos já passaram por essa cruel experiência. Mas como uma força gravitacional sociológica que, já o disse, se aparenta a uma astúcia da razão, os mesmos poderes parecem levados, contra a própria vontade, a não considerar essa lição das coisas.

Estranha perversão do político que se nega enquanto tal ou só se considera como um momento no devir econômico do mundo. Do seu jeito, Durkheim, em *O Socialismo,* cuja leitura mereceria ser feita e refeita com proveito, resume bem essa proposição: «A política é ciência da produção». Cita Saint-Simon e apresenta sua originalidade, de acordo com o espírito do tempo.[29] O político reduz-se aos interesses econômicos. Reencontra-se o mesmo encaminhamento que transfigurou o religioso, através da extrema racionalização, em político. Este, por sua vez, se transforma, para assegurar a própria perenidade, em outro avatar, que será, por seu turno, varrido na ronda incessante das metempsicoses sociais.

Faz-se isso em nome do princípio de realidade. Existem momentos em que a produção é a realidade, até que a lei da saturação dê outra realidade ao que a verdadeira «realidade» havia negado. É certo que a modernidade privilegiou a preocupação com a regularidade na cidade. Regularidade que engendra por sua vez a regulação administrativa. Indiquei a origem racionalista de tal processo e conhece-se a doxa hegeliana que o justifica: só o racional é real. A partir desse pressuposto é que se justificarão todas as aberrações possíveis e imagináveis. Disse-o para os campos de concentração europeus, operação racionalista de uma ponta a outra, os quais deveriam ser analisados como o modelo paroxístico da organização social contemporânea. Não foram a liberdade e a democracia que triunfaram sobre os campos; foram eles que contaminaram o conjunto do corpo social. O sistema policial pode ter perdido acuidade, capilarizando-se, sob uma forma suavizada, em todos os domínios da existência: sexualidade, lazer, consumo, tudo está submetido à injunção de regularidade; nenhum afastamento da norma é permitido, em nome, claro, das melhores intenções do mundo.

Boas intenções dos revolucionários, dos reformistas, dos conservadores, todos que partilham o mesmo credo econômico-administrativo e destilam, no ritmo de discursos, a mesma ideologia beata de admiração diante do êxito dos jovens lobos que aplicam literalmente o programa estabelecido por um Estado que, talvez mesmo não sendo mais um Estado forte, mas, de tanto querer tudo policiar, tende a tornar-se um Estado policial, isto é, um Estado abstrato. Estado «em si», autossuficiente, Estado em que reina a falta de responsabilidade absoluta. Isso em relação às mais diversas engrenagens administrativas, mas também quanto a cada um. Uma encontrando reforço e legitimação na outra.

O termo «Estado», de resto, não deve mais ser compreendido aqui no sentido clássico de Estado-nação, obtido a partir do século XVIII. Idealmente, ao menos, este era, e pretendia ser, uma «coisa pública», com o que reativava a mítica *res publica*. A República que, primeiro na Europa, depois, por contágio, no mundo inteiro, suscitou o entusiasmo e a mobilização dos sentimentos coletivos era verdadeiramente negócio de todos. Daí a aura mítica que, em particular no século XIX, não deixou de envolvê-lo. E os que o servem cumprem, em consequência, um sacerdócio invejado. O funcionário, nos diversos países da Europa, tem, certo, seu trabalho assegurado para toda a vida, mas, em contrapartida, doa sua pessoa ao Estado, a quem serve como se faz com o protetor. Este desempenha, aliás, o papel que era do soberano, do chefe, do suserano, na Antiguidade, nas sociedades tradicionais ou na Idade Média.

Além do mais, para reforçar o mito republicano em questão, o intelectual é levado a desempenhar o papel do clérigo. Tem *stricto sensu*, como já o mostrei, uma função religiosa: assegura a *religação*, a coesão do conjunto. E isso através da boa palavra cuja eficácia simbólica é inegável. Os sacerdotes laicos ou ainda aqueles chamados na França de «hussardos negros da república» desempenharam papel importante na elaboração e conservação da ideologia do Serviço

Público como nova teologia de um paraíso perdido a ser feito o mais rápido possível, aqui mesmo na Terra. Trata-se de fato de uma ideologia da responsabilidade: pela educação, pelo trabalho, por uma vida regulada e finalizada cada um contribui à realização desse paraíso terrestre que é um bem coletivo. O clérigo, o funcionário que lhe assegura o bom funcionamento, o político que é a sua garantia eleita, não são os seus senhores, mas, acima de tudo, os servidores. Eis o que merece atenção: como todas essas boas intenções, esse serviço, essa entrega etc., culminam no resultado contrário ao esperado? Talvez seja isso a forma moderna da questão da «servidão voluntária» nos termos propostos por La Boétie. Como um bem coletivo se torna assunto de alguns? Como o político se banaliza na política? Como a República se torna negócio de mafiosos?

Trata-se aí, é preciso realmente dizê-lo, de uma velha história da qual já apresentei os elementos nas páginas precedentes, inscrita, *in nuce,* no mito elaborado em torno do Estado-nação. A vontade de realizar a perfeição deste, fazendo-o regular tudo, condenava a secretar uma seita de *puros,* conhecedores das implicações desse social racionalizado, mecanizado, teleológico, instituído por eles. Depois, os puros são pegos, enquanto corpos, num efeito perverso do qual não são mais mestres. Sobrevém o hábito às delícias do poder, bem como às suas recompensas bastante tangíveis. Queijos, bolos a dividir, o bom-senso não se engana ao ver no poder administrativo-econômico um produto para uso de alguns, cujo monopólio cedo trataram de assegurar-se.

Numerosas seriam as ilustrações contemporâneas dessa divisão do bolo. Prefiro permanecer na intemporalidade e lembrar que desde tempos imemoriais os grupos, classes, famílias no poder servem-se do descontentamento, das revoltas ou outros movimentos para melhor assegurar os próprios privilégios. «Se queremos que tudo continue igual, precisamos antes mudar tudo» (*Le Guépard,* p. 35). Eis uma fórmula sensível, colocada por Tomaso di Lampedusa na boca do jovem aristocrata participante da sublevação de Garibaldi, que permite compreender o mecanismo de recuperação: «estar pronto» para, no momento certo, tirar proveito de um acontecimento coletivo.

Mesmo repicar de sino na admirável peroração de Gonsalvo de Francalanza, de Frederico de Roberto (Denoël, 1979). Último herdeiro do título, justifica com cinismo a adesão, dentro de uma família legitimista, de seu tio ao levantamento contra o rei de Nápoles, e a sua contra a ideologia progressista. «A história de nossa família está repleta dessas conversões súbitas e imprevisíveis... não, nossa raça não degenerou... ela continua a mesma» (p. 604). Trata-se de conservar o poder. Seja o poder de vice-rei, pelo qual se deve pagar ao rei da Espanha, ou o de deputado, comprado ao povo. «A história se repete com monotonia» (p. 602). Assim, com os ajustamentos necessários e possíveis, passada a efervescência popular, a família atravessa indene as mudanças políticas. Sob diversas máscaras, assegura a sua perpetuação enquanto corpo que, como entidade, possui uma série de privilégios.

O que o romance mostra em relação à família aristocrática, a História ou a atualidade lembram-no quanto a outros corpos sociais, outras *famílias,* no sentido dado pela máfia a esse termo. Da mesma forma, a observação feita por Kafka, relativa aos momentos de efervescência que foram as primeiras décadas deste século: «Reencontramos um cortejo de trabalhadores... essa gente é tão orgulhosa, tão confiante, tão alegre. Por serem os senhores da rua, imaginam-se os donos do mundo. Em realidade, enganam-se completamente. Atrás deles, existem os secretários, os efetivos, os políticos, todos esses sultões dos tempos modernos, para os quais abrem o caminho que leva ao poder». A potência das massas, aparentemente indomáveis, prossegue, desemboca de modo inexorável na consagração de novos tiranos.[30] A visão realista e um pouco cínica de Kafka mostra bem a monopolização por alguns de uma coisa pública. O trágico atinge o ápice quando se sabe de quanta esperança, entusiasmo e energia é feita essa coisa pública; sem esquecer o sangue que, com muita frequência, não deixa de fecundá-la. Tudo isso é pouco face ao princípio de realidade que possibilita a uma minoria saber e poder manipular a maioria para conservar, fortalecer ou tomar o poder.

Mais próximo de nós, Zinoviev, em *Les Hauteurs béantes,* mostra como Khruchtchev, no fundo, não critica Stalin ou o stalinismo, mas tenta antes de tudo salvar o regime e seu funcionamento: este devendo ser desempoeirado ou simplesmente racionalizado. «Tais homens não têm objetivos. Ele (Khruchtchev) apenas obedecia cegamente à mecânica da tomada e da conservação do poder» (p. 146). Há de fato alguma coisa animalesca nessa atitude. Quis dizer, defesa de um corpo que age instintivamente, por intuição: diante do perigo, trata-se de «salvar a pele» salvando a instituição; mesmo se, a longo termo, nada está resolvido, no imediato, as brechas são colmatadas. Depois de mim, o dilúvio.

Podemos terminar aqui as referências literárias. Tomei-as intencionalmente na ficção para que nos ajudem a pensar a atualidade. Deixo que cada um o faça segundo sua cultura, seus interesses ou suas convicções. Parece-me que podem esclarecer numerosas situações, experiências, acontecimentos que cada um pode observar, nas proximidades, na sua instituição, família, partido, grupo de amigos. *A fortiori*, o esquema é o mais aplicável possível aos acontecimentos políticos macroscópicos oferecidos pela História nos últimos dez anos. Em cada uma dessas situações, romanescas, próximas ou distantes, se é confrontado, seja à manutenção do poder existente, seja ao que V. Pareto chamava de «circulação das elites». Coisas opostas, aparentemente, o mecanismo é o mesmo. Pois são os mais lúcidos, os membros menos decadentes de uma elite decrépita, que se insinuarão num movimento revolucionário, eventualmente liderando-o, para em seguida restaurar o princípio mesmo do elitismo: a perpetuação do poder. Todas as revoluções são exemplos concretos dessa «circulação das elites». Isso foi bem mostrado pela Revolução francesa, o mesmo valendo para a Revolução russa. Nem sequer o movimento de 1968 escapou a essa lei. De fato, é uma banalidade lembrar que os *«soixante-huitards»* estão, em todos os domínios, nos postos de comando da sociedade: como bons herdeiros, tornaram-se proprietários daquilo que contestavam.

Lembro a esse propósito a etimologia do termo: «*contestare*» significa testemunhar com, é ficar no mesmo campo, reconhecer a origem comum com aquilo que será, por algum tempo, desestabilizado. Na realidade, não há piores conservadores do que os revolucionários: eles querem antes de tudo conservar o poder, a essência do poder. Seguindo a graduação que propus, o clericato é tão mais inviolável porque se ornamenta com hábitos diversos: eclesiásticos, políticos, administrativos. A aparência é múltipla, a realidade, uma só. Benedetto Croce mostra bem como o conservantismo de Calvino, e isso em todas as áreas, era dos mais necessários depois de uma revolução que pisoteara a autoridade papal e rompera a unidade religiosa europeia. O conservantismo calvinista, no caso, opõe-se à anarquia consecutiva a esses momentos de desagregação. Sabe-se que o mesmo se dá com Lutero na sua luta contra os camponeses revoltados. Em outro domínio. Le Roy Ladurie descreve, na análise do *Carnaval de Romans,* a promoção social de certo condutor popular, «homem de poder e de circunstância», que, a partir de sua ação política, assegurará seu lugar e o de sua linhagem na hierarquia social.[31] Restaria fazer a mesma análise em relação à camada administrativa para se ver como, através de «corpos» interpostos – membros de uma mesma escola, *dique* ou obediência teórica –, mantém-se a perenidade do poder sob o conjunto social. Párocos, políticos, burocratas, o combate é o mesmo que possibilita assegurar a *privatização* da sociedade, garantir-se a propriedade dessa sociedade!

Queira-se ou não, o comportamento tribal tende a predominar. Na sequência, pode-se elaborar uma legitimação ou uma racionalização, mas continua em primeiro lugar o fato de guardar para si, para os próximos – a parentela ou o grupo ampliado –, o monopólio do poder e o seu exercício. Num livro anterior (O *tempo das tribos,* 1988), apresentei as linhas gerais desse tribalismo estrutural. O religioso, o político e o administrativo são, desse ponto de vista, verdadeiras lições de coisas. Pode-se dizer que cada um no seu domínio é tão mais tribal na medida em que mais se esforça para negar essa realidade. Não há razão para insistir nisso. Basta dizer que tal noção, curiosamente recusada pela análise teórica, é depois de longa data coisa evidente para o bom-senso popular, o qual conhece a importância da amizade política, da filiação ideológica e teórica ou simplesmente do «pistolão» na relação com o mundo institucional. Em qualquer campo: administração, universidade, justiça. É bom precisar que o funcionamento tribal não diz respeito somente às situações importantes da vida pública, mas se enraíza profundamente em todos os momentos da vida cotidiana. E na eficácia quanto *ao mais próximo* que se pode medir com maior precisão a potência de um político ou de certa responsabilidade administrativa. Quando se conhecem as taxas do que é chamado pudicamente de «intervenções» das personalidades do mundo econômico-político, compreende-se o grau de excelência delas nessa atividade.

Assim, mesmo se a afirmação possa parecer chocante, diria que a laicização progressiva da sociedade favoreceu a sua «privatização», isto é, a sua apropriação por alguns, famílias, grupos ou outras tribos político-administrativas. Interpretando do meu jeito o belo livro de F. Ianni sobre a *Onorata Società,* diria que a sociedade se tornou um «negócio de famílias». E a «máfia enquanto forma de organização social» pode ser considerada como o paradigma de tal apropriação. Paradigma mais poderoso na medida da recusa ao reconhecimento dos seus efeitos. Veja-se o comentário do prefeito de Corleone: «Parece absurdo dizer isso em Corleone, mas para mim a máfia é uma abstração...».[32] Eis o que faz sonhar quando se conhece o papel desempenhado por Corleone na história e na geografia da máfia siciliana. Assim como a máfia, os diversos grupos de influência político-administrativos são «abstrações», tanto quanto Deus pode sê-lo, ou os ideais e outras utopias que não constituem menos o que chamei de «forças imaginais», isto é, forças ou realidades imateriais que operam nas profundezas da vida social, modelando-lhe de diversas maneiras os contornos.

Sejamos claros: a genealogia que tentei esboçar do político-administrativo tem por ambição ressaltar sua origem «sectária». Da seita, combina as características principais e sobretudo as práticas: cooptação, gosto pelo secreto, clientelismo, coerção física ou moral, estímulo à submissão interna e externa, reprodução endogâmica e sobretudo pretensão fantástica, fantasmática, de ter a verdade, o certo. Trata-se de uma velha história cujas raízes encontram-se na noção do «pequeno resto» de Israel, que se modulará ao longo da História nos cultos misteriosos, nas seitas cristãs, na franco-maçonaria, nas sociedades de pensamento, nos partidos e outras formas de vanguarda, todos com o sentimento de ser o «sal da terra», dando sabor e sentido a toda vida em sociedade.

Robespierre estabeleceu a definição estrutural da seita: «A virtude é minoritária na terra», o que se pode traduzir por: «Os que não são jacobinos não são completamente virtuosos». Restrição saborosa que deixa alguma chance ao *vulgum pecus,* por pouco que ele manifeste boa vontade, de converter-se. Conforme a necessidade, poderá ser ajudado; o bravo doutor Guillotin inventou para isso um meio dos mais eficazes! Trata-se de uma aberração? Não necessariamente. Pode-se dizer, ao contrário, que no seu grande discurso de 5 de fevereiro de 1794, sobre a virtude, Robespierre nada mais fez do que revelar o segredo. Disse, em alto e bom tom (não se ousa dizer, ingenuamente, quando se conhece os efeitos desse discurso sobre a sequência dos acontecimentos), qual era o papel das elites: reservar a alguns, justamente os mais virtuosos, o papel decisivo na direção e na gestão dos negócios públicos. Em particular, dando-lhe o direito e o dever de corrigir os que não obedecem com a rapidez devida às injunções dos virtuosos. De Maquiavel a Robespierre, vê-se bem o deslizamento do pensamento político. Para aquele, a *virtu* era a força da maioria que dá vida a uma cidade, fortalecendo sua existência e assegurando-lhe a conservação. Ela se manifestava num equilíbrio, por vezes conflitual, entre grupos de interesses diversos, mas todos necessários. Em resumo, a *virtu* era uma força politeísta.

Para Robespierre, ao contrário, «não se deve ser demasiadamente numerosos para ser puros». A exclusão, a depuração sob todas as suas formas, será, se necessário, um bom meio de preservar a qualidade dos puros.[33] A virtude é Una, monoteísta, e o culto do Ser supremo, desembaraçado de todas as suas escórias, austero até o excesso, é disso perfeita ilustração. A deusa Razão, Espírito Santo da modernidade, é a única inspiradora dos virtuosos e dita-lhes não somente o que é bom para eles, o mínimo, mas também o que é bom para todos, aqui e em qualquer lugar. Mesmo que seja pela força das baionetas, é necessário levar aos quatro cantos da terra os editos de tal virtude em ato.

Seria fácil prosseguir a comparação e deixar fluir a metáfora. Mas basta dizer que se encontra nessa atitude o modelo paroxístico da privatização da vida social. Remói-se o que *deve ser*, o que devem ser o indivíduo e a sociedade, e age-se para fazer o «povo», cujas características foram definidas previamente, endossar o que é bom para ele. Nos dois últimos séculos, o jacobinismo foi o modelo dominante para todos os revolucionários ou reformistas sociais. A boa vontade deles não pode ser questionada. Mas desempenhando o papel de mestres-escolas, sabendo de antemão e por osmose o que era bom para todos, além das aberrações de que a História é pródiga, permitiram que pouco a pouco a massa não se sentisse mais parte interessada pela vida da cidade. Eis uma ideia bem simplista, dirão alguns, e contudo ela explica por que para a maioria a palavra democracia significa, por antífrase, o poder de alguns!

4

A implosão da sociedade programada

Ao questionarem-se as explosões violentas, a queda brutal de impérios ou de dominações que pareciam indestrutíveis, é frequente invocar a anarquia, a desordem ou o disfuncionamento crónico de que seriam vítimas. Por vezes é esse o caso. Mas na maior parte do tempo, a implosão resulta do excesso de ordem. As diferenças culturais, que tinham sido, em princípio, niveladas, as diversas anomias, aparentemente evacuadas, todas as contradições que pareciam, dialética ou autoritariamente, ultrapassadas, tudo isso ressurge com força por ocasião de um pretexto qualquer, motivadas por uma reivindicação anódina ou se apoiando na penúria mais forte ou mesmo numa catástrofe natural totalmente imprevisível. Tudo isso se pode resumir através da noção de «contraditorial» (S. Lupasco), que exprime, em lógica, a conservação e o dinamismo da desordem introduzido pelo «terceiro» (*tertium datum*). Terceiro que tomo aqui de maneira metafórica: o que vem desestabilizar as certezas, as diversas quietudes, os valores sociais que acreditávamos estabelecidos para sempre. O «terceiro» pode ser o da revolta, da insatisfação, durante muito tempo recalcada, e que se afirma subitamente; pode ser também a força de um sentimento coletivo, étnico, tribal ou corporativista ou, ainda, a emoção de diversas ordens (esportiva, musical, sexual) que de tempos em tempos quebra a monotonia da vida diária. Tudo isso constitui uma carga imaginal que produz curto-circuito na simples gestão econômico-administrativa das coisas, a qual tinha tudo reduzido ao princípio de realidade e tudo previsto a médio ou a longo termo.

Mas antes de avaliar os efeitos de tal intrusão da paixão selvagem, vale ressaltar uma verdade plena de bom-senso: «O excesso de leis é o signo de uma sociedade doente». Essa constatação, colocada na boca de Joseph de Maistre por um fino observador da vida política,[34] precisa bem que a imprecisão da natureza humana requer a lei, mas a vontade de perfeição desemboca no seu oposto. A perspectiva empírica ensina-nos que um racionalismo exagerado assemelha-se ao excesso de vida do câncer: ele se desregula e desregula tudo, até eliminar a vida. Os «caçadores de absoluto», que querem fazer da sociedade um conjunto perfeito, para os quais nenhuma zona de sombra poderia ser tolerada, que legiferam e planejam a sociedade nos menores detalhes, são os mais seguros instigadores das revoluções. Ao tornarem a vida cotidiana asséptica, preparam, com certeza, o terreno da efervescência social. Por saírem desse processo, os revolucionários, uma vez instalados no poder, convertem-se nos mais furiosos legisladores. Nada escapa à fúria planificadora que os anima, até que, salvo se forem os seus descendentes, sejam varridos por uma vaga idêntica à que os tinha levado ao poder. Sabe-se, a História nada ensina; a paixão cega mesmo e sobretudo os que se pretendem somente racionais e, em função disso, querem administrar a cidade.

Façamos ainda prova de bom-senso empírico; a experiência mostra que uma instância tornada onipotente tende a deslizar rapidamente para a incompetência, nem que seja por bloqueio da informação, em qualquer sentido. De tanto querer tomar conta de tudo, inclusive do detalhe, a instância paralisa-se. Bom chefe, por exemplo, é aquele que sabe delegar. A concentração dos poderes numa estrutura única, seja um homem, um organismo, um partido, um conjunto administrativo etc., resulta no contrário: a impotência. Pareto fizera semelhante constatação ou, ao menos, interpreto assim, observando a dialética existente entre a força centrípeta, que favorece a concentração, e a força centrífuga, que contraria os efeitos dessa concentração. Trata-se de um vaivém com alguma coisa de fatal. Efetivamente, a concentração do Estado só pode ser, como já o indiquei, racional e legislativa: ele fundamenta na razão o que deve ser. Da mesma forma, tende a negligenciar os «sentimentos», por não serem racionais, de qualquer coletividade particular. Até que esses sentimentos, inicialmente isolados e dispersos, consigam conjugar seus esforços para constituir a força centrífuga alternativa. Ao poder centralizado, opõe-se assim o que chamei de potência difusa.

Essa dialética, força centrípeta/força centrífuga, enfatiza bem, por oposição, o impacto do imaginal (representação, imaginário, simbólico) que o racionalismo trabalha para minimizar. Mecanismo que não deixa de ter efeitos importantes. Num texto de estranha lucidez, James Burnham mostra que o Tratado de Versalhes, depois da Primeira Guerra Mundial, tinha sido talhado sob medida para a França, de maneira a assegurar a perenidade do seu domínio político sobre a Europa. Pois foi essa mesma França que, em 1940, «desabou ao primeiro golpe duro». Para além das habituais razões econômicas e administrativas dadas para explicar a situação, Burnham refere-se a um «sentimento». Os franceses não tinham motivação para o combate e, sobretudo, «sentiam» a necessidade de superar o fechamento nacional, a estrutura «moderna» do Estado-nação, responsável pelo ciúme e pela oposição político-econômica entre uma vintena de nações num espaço bastante limitado. Em resumo, «sentiam» necessidade da Europa, de uma «federação europeia». Certas passagens das Memórias de R. Abbelio vão nesse mesmo sentido. A análise do maquiavelista Burnham e o relato do místico Abellio corroboram a lei do aristocrata Pareto: uma vitória pode consolidar o poder central, mas também levar à sua desconstrução.[35] É o que se chama de vitória de Pirro. Ou, ainda, para continuar na metáfora antiga, o curto caminho existente entre o Capitólio e a rocha Tarpeia.

Pode-se extrapolar esse propósito mostrando que um poder central pode ganhar conflitos sociais e guerras civis ou contra outros Estados. Mas, desde então, preso na sua dinâmica centrípeta, não vê a corrosão feita às suas custas. Não avalia os renascimentos corporativos, locais, municipais, baseados em sentimentos partilhados, mais interessados na relação com um império nebuloso, que lhes deixará a potência local, do que com um Estado-nação logicamente interessado em exercer o poder. Para tomar apenas um exemplo recente, é surpreendente observar o ressurgimento dos baronatos municipais, como na França, em Lyon, Toulouse, Estrasburgo, Grenoble..., que pretendem estabelecer ligações com outros baronatos europeus. Surpreendente ver como tais cidades, até então dominadas pela capital do Estado-nação, política, administrativa, cultural e economicamente, vão favorecer relações de paridade com outras cidades europeias num primeiro momento, outros países, em seguida, ignorando a capital, nem que seja quanto ao desenvolvimento das linhas aéreas sem trânsito por Paris.

Todas as grandes estruturas centralizadas arcaram com os custos dessa desconstrução. Na atualidade, é o caso do Estado-nação do tipo jacobino, ou do império monopolista ao qual ele serviu de modelo, por exemplo, os Estados-nação europeus ou o império soviético. O mesmo vale para ditaduras centralizadas. Estados militaristas ou nações dominadas por uma ideologia monovalente (marxista ou reacionária). Todas essas entidades repousando sobre uma abstração decompõem-se com mais ou menos estardalhaço e desgastes; e assim os diversos elementos que os compunham retomam novo vigor. Para dar apenas um exemplo entre cem, é certamente assim que se deve compreender o ressurgimento do nacionalismo ou da etnicidade nos países do Leste. Talvez o novo vigor do racismo tenha a mesma origem. É o caso, com certeza, no que diz respeito à pluralização dos valores e à fragmentação social daí oriunda.

Compreende-se a partir de tudo isso que a grande marcha real do Progresso rumo à Unidade ou à unificação não é um processo inexorável. Regularmente, podem-se observar explosões que, pela comodidade do termo, chamamos de politeístas. Deve-se ver aí uma forma de «regressão»? Talvez, se não se dá ao termo uma conotação pejorativa. De fato, tanto quanto para os indivíduos, existem momentos nos quais o espírito do tempo tem necessidade de voltar-se sobre si mesmo. Olhar para o passado que lhe serve de origem. Em síntese, (re)torna-se «arcaico», interessa-se por seu *«arkhê»*. Não para fixar-se aí de maneira estática, mas para dar novo impulso e dinamizar o seu presente. Mostrei (*No fundo das aparências,* 1990) como a conjunção do estático e do dinâmico podia, nas condições mais favoráveis, caracterizar a pós-modernidade. Ora, essa conjunção, justamente, não acentua um único elemento (razão, progresso, imaginação, espaço) ou, ainda, não se baseia na separação entre esses diversos elementos, mas, ao contrário, favorece, por um lado, a mistura, mescla, sincretismo dos diversos elementos e, por outro lado, valoriza a sinergia.

Talvez por isso o impreciso, o nebuloso, o ecletismo sejam na vida habitual, assim como na ordem do pensamento, as chaves do tempo presente. Ocorre que as matemáticas do fluido permitem avanços espetaculares no desenvolvimento das tecnologias de ponta, das quais os japoneses tornaram-se mestres na utilização comercial. Não se trata certamente de acaso, quando se sabe que toda a arte do império do Sol Nascente consiste em metabolizar a tradição, o arcaico, a natureza, coisas que se assentam sobre a imprecisão, e em fazer dessa metabolização algo eficiente. Da mesma forma, nas ciências exatas, as utilizações das noções fluidas são, atualmente, as mais prospectivas. Propensão encontrada entre os industriais ou empresários mais atentos que investem tempo, homens, dinheiro num «imaterial» cujos contornos são de difícil delimitação. O que dizer das pesquisas em publicidade, comunicação, e das diversas investigações sobre a imagem transpassadas pela força do qualitativo?

Pode-se destacar o aspecto prospectivo da ambiguidade referindo-se à estátua do túmulo de Sixto V, no Vaticano, alegoria da futurologia que se olha num espelho. Bela metáfora que se junta ao bom-senso, o qual só concebe a marcha para a frente em referência ao passado. Pode-se analisá-la como nostalgia do passado, sobrevivência pouco significativa da tradição. Ou, ao contrário, sublinhar que essa alegoria lembra o enraizamento dinâmico de toda vida em sociedade. A insistência em relação ao passado e o enraizamento só merecem atenção por serem categorias que privilegiam, estruturalmente, o plural. Basta ver o retorno multiforme dos «bons velhos tempos» – produtos naturais, residências secundárias, estilos regionais, pratos típicos, filmes, narrativas, retrospectivas, colocando tudo isso em cena – para compreender que estamos na presença de hábitos, costumes, contos, mitos e diversas práticas sociais essencialmente polissêmicas. É impossível analisá-los a partir das categorias da uniformização elaboradas pelos sistemas racionalistas do século XIX. Nesse sentido, a ambiguidade que operava nas sociedades tradicionais tende a voltar a ocupar a boca do palco da pós-modernidade. Nesse sentido também, a mesma ambiguidade é um índice dos mais seguros anunciando o fim de uma visão dominada pela política projetiva, pela administração planificadora e racional e pela economia puramente contábil e utilitária. A ambiguidade indica, por oposição, que a vida comum é animada em profundidade por diversas correntes, contraditórias, opostas, e que se responsabilizar por ela implica consequências imprevisíveis.

Nisso consiste possivelmente o desfecho paradoxal da atitude político-administrativa, inscrita no quadro das que suscitam os famosos «efeitos perversos», testemunhos de que, de toda maneira, o «contraditorial» não poderá jamais ser totalmente evacuado das histórias humanas. Efeitos perversos que são o resultado inesperado de uma ação de ponta a ponta racional, isto é, pensada, organizada e conduzida enquanto tal.[36] No caso, esse desfecho é o retorno em força do particularismo, do sentimento partilhado, das pequenas tribos no interior de todas as instituições que se pensava poder administrar conforme o princípio da razão. Para dar apenas um exemplo, já no começo do século, R. Michel havia observado as «tendências oligárquicas» dentro dos partidos políticos. Agora é cada vez mais claro que todos os partidos políticos dividem-se em mil clãs rivais, com frequência agressivamente em oposição uns aos outros e cada um tendo por única ambição a promoção do seu herói epônimo. Certo, a finalidade geral, o ideal estipulado continua a ser bandeira do partido, mas apenas alguns idealistas anacrônicos lutam por tal projeto; o essencial da energia sendo, de fato, consagrado à conquista do poder interno; e somente a preocupação com a perda literal do poder permite limitar os desgastes e impedir que o conflito degenere em luta mortal. O que se passa com o partido, pequena sociedade na sociedade, é um bom exemplo de um processo que atinge todas as instituições. Esse exemplo deixa ver, aumentado com lupa, o que opera de maneira mais discreta no conjunto da sociedade.

Pode-se considerar que o despedaçamento da ideologia político-administrativa e a fragmentação no seio das instituições induzida por aquela permitem explicar as diversas rupturas sociais e políticas que pontuam a vida das sociedades. Em resumo, a explosão resultando na implosão. Pois é com o fim de um sistema social, bastante desgastado depois de dois séculos, o da modernidade, que nos confrontamos na atualidade. Ruptura, disse, de efeitos incalculáveis, mas da qual sabemos então que não permite mais administrar a sociedade conforme um modelo de programação concebido *a priori*. Ruptura, igualmente, que mostra bem a fragilidade de toda teleonomia, voltada à edição de leis para o longínquo e o futuro. Ruptura enfim que nos força a ter familiaridade com a pane. Esta habita no próprio coração de toda instituição, como no das máquinas que produzimos e nos produzem em retorno. Nova maneira de enunciar a morte, o fantasma da pane está aí, onipresente, em todos os momentos da vida social, política, assim como no âmbito da vida normal. Esse fantasma traduz bem o mecanismo de saturação, do qual Sorokin pôde mostrar a função na dinâmica dos conjuntos culturais. Um sistema esgota-se por desgaste, claro, por sedimentação de tantas pequenas coisas anódinas, por fraturas internas e sobretudo pelo fato de que o centro não tem mais esse papel ou não é mais reconhecido como podendo desempenhá-lo.

Trata-se portanto da perda de uma *evidência*. Sabe-se que a partir dessa evidência se estrutura a relação amorosa assim como a agregação política. Dito em termos mais célebres: «foi porque era ele, porque era eu». Poderíamos acrescentar «porque éramos nós». Logo, alguma coisa que se cimenta a partir da força de uma ideia que chamei de *imaginal*. Mas a saturação, que significa a perda de tal evidência, não equivale à impossibilidade do estar-junto. Admite simplesmente que os componentes de um conjunto não se agregam mais da maneira pela qual até então funcionavam bem. Mas os mesmos elementos entram noutra «composição», isto é, aproximando-se de sua etimologia, comporão outro corpo químico. Isso, obviamente, a partir de outra evidência que convém captar no estado nascente, ou seja, no ato fundador.

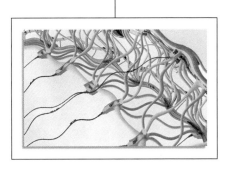

II

A SOCIALIDADE ALTERNATIVA

... os verbos viver e sonhar
são rigorosamente
sinônimos.

Jorge Luis Borges
El Aleph

1

Potência da utopia

É tempo de acordarmos de nossas sonolências dogmáticas. Em particular das que nos impedem de ver que, se as civilizações são mortais, o estar-junto, por sua vez, parece perdurar no tempo. Banalidade certamente, mas convém levá-la a sério, pois isso pode incitar-nos a compreender a única, possivelmente, *lei* irrefutável da vida social: a que dá conta do vaivém incessante estabelecido entre o instituído e o instituinte. Processo bastante simples de desagregação das estruturas sociais, cujos elementos, parcial ou totalmente, originarão uma forma nascente.

Assim não se deve imputar a implosão, em relação à qual há cada vez mais acordo, das diversas formas estabelecidas, do político em particular, a grupos subversivos mais ou menos secretos. O mito do *grande vecchio,* sob as suas diversas formas, tem costas largas! De fato, a implosão traduz simplesmente um estado da sociedade. Seja um estado de fusão, talvez mesmo de confusão. Estado em todo caso que merece atenção e, como todo período de transição, carrega o melhor e o pior. Mas disso, não somos contadores, tanto é verdade que a função do sábio é dizer o *que é,* antes de proferir qualquer julgamento sobre o bem e o mal.

Desse ponto de vista, Durkheim é, em várias passagens, bom inspirador, em particular quando depois de Saint-Simon, crítico das ideias gerais de Condorcet sobre a religião como obstáculo à felicidade da humanidade, observa que o historiador «é obrigado a postular que as instituições humanas estiveram, ao menos em geral, em harmonia com *os povos* que as estabeleceram».[37] Lucidez fortificante, pois na onda da filosofia esclarecida de Condorcet precipitaram-se todos, de Marx aos últimos tiranos do Camboja, que viram na religião «o ópio do povo». Lucidez que nos convida a ter mais prudência ou mais indulgência com os dados mundanos e suas diversas manifestações. Tanto é verdade que há no bom-senso popular o que chamei de «conhecimento comum», ao qual deveríamos ter a inspiração de prestar atenção.

No caso, esse saber de todos os dias é fonte de desilusão diante do que Platão chamava de «governo dos santos»; poderíamos dizer, dos *experts,* dos *managers,* dos diretores ou outras expressões contemporâneas designando os que privilegiarão a razão pura e seus diversos procedimentos: previsões, planificação, contabilização, em oposição ao costume e seu comportamento errante. Ora, ocorre que, e isso engendra a desilusão, para além das diversas legitimações e racionalizações *a posteriori,* parece ser a *doxa,* a opinião tão difamada, que preside a gestão da coisa pública. De fato, não importa a ideologia, o ideal ou outra teoria proclamados; uma vez no poder, o político contenta-se em administrar com realismo o que pretendia revolucionar, reformar ou mesmo conservar. Expressões como «conforme as circunstâncias», «em função da conjuntura» ou outras do mesmo gabarito não deixam de lembrar que a uma visão da sociedade planificada pela razão sucede inexoravelmente uma mais justa apreciação das coisas, na complexidade, na ambivalência e mesmo na ambiguidade destas.

Prática empírica cuidadosamente mascarada pelo *homo politicus,* em geral, pois é justamente a racionalização fornecida por ele, e a abstração com a qual a envolve, que assegura sua legitimidade e permite-lhe passar por útil. Hegel, nas suas lições sobre a filosofia da história, vê num tal mecanismo a maneira de fazer algo tomar «o caráter de exterioridade» e a partir daí a forma pela qual «outro pode apropriar-se dele contra mim»; assim, «o bem supremo do homem encontra-se em outras mãos».[38] Sob a pena da filosofia, visa-se ao clero, que despoja a comunidade, em seu conjunto, do sagrado para apropriar-se dele e administrá-lo conforme a sua conveniência. Mas se pode, na minha opinião, ir além e mostrar que a demagogia político-administrativa é uma maneira cômoda de fazer com que o bem comum, apanágio da socialidade, seja expropriado em benefício de alguns e caia em «mãos alheias». Eis o problema: a coisa pública tomou o *caráter de exterioridade*. *Stricto sensu,* sou alienado. Alienação que não é mais, como no tempo de Marx, exclusiva do trabalho ou da economia, mas atinge a totalidade da vida social. O sexo, a palavra, o lazer, o simbólico tornam-se coisas estranhas. E não somente por entrarem no processo mercantil do capitalismo, mas por serem geridos fora de todo controle da base. A vida social, no seu conjunto, torna-se de fato uma abstração, com autonomia em relação ao seu substrato, isto é, uma realidade nada perfeita, mas que é uma mescla bastante complexa de ideal e de degradação moral, de generosidade e de mesquinharia, de grandeza intelectual e de obscurantismos apaixonados.

Lembremo-nos de que a episteme pretende se separar da doxa, a ciência distinguiu-se da opinião. Progressivamente, o mesmo ocorre com o poder – político, administrativo, econômico, social – que, à imagem do saber, de resto apoiando-se nele, tomou distância em relação à opinião vivida. Mas se sabe, e Durkheim, menos positivista do que se diz, mostrou bem que a separação da opinião e da ciência enfraquece esta.[39] O mesmo se dá na ordem do poder, de tanto *abstratizar-se,* e com isso, *abstratizando* o que toca, enfraquece a si mesmo e coloca-se progressivamente fora de jogo. Cede então lugar aos histriões e populistas de esquerda e de direita – pois, no caso a demagogia não tem fronteira (Le Pen e Tapie dão-nos exemplos esclarecedores) – que sabem, de maneira absolutamente simplista, criticar a abstração do discurso estereotipado político-administrativo e utilizar em benefício próprio, mais ou menos confessável, o movimento de adesão popular que souberam criar.

Mas, para além dessas recuperações, também em parte demasiado políticas para poderem durar, é importante ver que a socialidade de base, num determinado momento, toma consciência desse «impedimento». Falei acima de saturação e é certo que uma vez ultrapassado um patamar de sedimentação, a desilusão relativa ao político atinge um ponto de não retorno. Todas as ações, todas as experiências feitas para tentar superar o fosso de perplexidade criado entre a base social e as diversas tribos proprietárias da sociedade, são vãs. O rei está nu e é reconhecido como tal. Ora, para que a coerção política possa funcionar, deve-se aceitar a evidência de sua «autoridade moral» (Durkheim); deve-se, de certa maneira, ter «fé» nela. Isso pode parecer paradoxal, mas qualquer imposição repousa sobre uma forma de aceitação. M. Foucault e T. Kuhn mostram, cada um a sua maneira (episteme, paradigma), a importância dessa «evidência» no que se refere às revoluções científicas. G. Durand, com sua noção de «bacia semântica», fez a mesma coisa em relação à filosofia ou à religião (por exemplo, o franciscanismo). A imposição política não escapa a isso, parecendo mesmo superada na forma sob a qual prevalecera até agora sem problema.

Esquece-se com frequência que o poder é muito mais frágil do que parece. Na Antiguidade, sabe-se, o chefe era considerado como responsável pelas intempéries e, por vezes, pagava bastante caro por isso. Seria aborrecido retomar aqui todos os fatos que, nas diversas civilizações, vão nesse sentido. Até nos tempos modernos, o fato, para um ministro, de dever responder a respeito deste ou daquele disfuncionamento grave de seu ministério integra certamente a mesma estrutura antropológica. Com efeito, o chefe só pode ser o que é por sempre existir a possibilidade do seu sacrifício. A História ecoa furores e gritos acompanhando esses sacrifícios. Seja de maneira ritual nas sociedades tradicionais ou sob a forma da demissão, do assassinato, do atentado ou de outro procedimento violento, a morte do chefe vem sempre selar o seu destino.

Mas esse destino ultrapassa a pessoa como tal. Por vezes, a morte sacrificial não diz respeito somente ao chefe, mas à totalidade da chefia. Nesses momentos, o princípio mesmo do poder está em questão. É quando a *potência popular* retoma os seus direitos e lembra que dela emana toda e qualquer delegação, que para perdurar deve permanecer enraizada nessa potência. Então, convém inverter o adágio bem conhecido, o poder não vem mais de Deus, mas do divino social: *omnis potestas a populo*. Durkheim, Mauss e depois deles a chamada Escola sociológica francesa mostraram a importância do sacrifício na compreensão do todo social. Mais precisamente, que o sacrifício é causa e efeito dos grandes tremores sociais. Ele remobiliza a energia coletiva e com isso recria um novo *ethos*.[40] Trata-se de uma pista conhecida ainda que pouco explorada. No caso, deveria ajudar-nos a compreender que tendo tomado consciência da saturação do político, a socialidade deve decretar outra ética pública e por isso, mesmo que seja de maneira inconsciente, o político é literalmente assassinado, sacrificado. Esse sacrifício poderá tomar a forma maior do terrorismo, dos fanatismos, dos sequestros, da abstenção, da versatilidade das massas, dos votos de derrisão ou a, mais sutil, da ironia, do sorriso ou da «brincadeira» escancarada, suscitada pelo espetáculo televisual de um «Bébête Show»;[*] significa a mesma coisa: a energia coletiva, a força imaginal do estar-junto busca uma via, fora de todos os caminhos balizados pelo racionalismo da modernidade, sempre mantendo a exigência ética básica de toda sociedade, aprender a viver, saindo de si, com o outro.

Emprego o termo com essa intenção, pois há uma forma de êxtase paroxístico no sacrifício do político. Para dizê-lo mais trivialmente, «a gente explode» e faz rebentar os controles que o poder havia elaborado antes e imposto progressivamente para canalizar toda a vida social. Daí a espécie de vertigem que caracteriza atualmente o *Zeitgeist:* os valores reconhecidos desabam, os dogmas convertem-se em metafísica, as fronteiras vacilam e os impérios se enfraquecem. Tudo isso, até agora firmemente garantido, sofre a sorte dos colossos com pés de barro, os quais, da noite para o dia, despencam. Tanto é verdade que enquanto a geopolítica, a economia e os diversos saberes estabelecidos continuam suas morosas meditações, vemos esboçar-se sob os nossos olhos um desses alegres apocalipses que sempre caracterizaram os períodos de gestação. Eu

---

[*] Programa de marionetes muito popular na televisão francesa (N.T.).

disse passagem do *poder* abstrato, mecânico, racional, à *potência*, encarnada, orgânica, empática. Poder-se-ia retomar a expressão de Charles Péguy, invertendo os termos: a política termina no místico. Entendo, claro, *stricto sensu*, o que faz mistério, isto é, une dois iniciados entre eles. Logo, não mais um corpo social universal, gerido por regras comuns, o do Estado-nação específico que estabeleceria relações contratuais em seguida com outros Estados-nação específicos, mas pequenos corpos fragmentados, tribos misteriosas, acomodando-se do jeito que podem umas com as outras.

Períodos misteriosos, pois suscitam verdadeiros caldos de cultura, mas períodos dos quais se acha o rastro ao longo das histórias humanas, o que permite analisar a genealogia da nebulosa recém-enunciada. Existem várias maneiras de abordar essas efervescências sociais; farei referência apenas ao chamado «joachinismo», o que, com grande erudição ou mesmo total imparcialidade, o padre De Lubac denominou «a posteridade espiritual de Joachim de Flore». Ele revela os traços, mais ou menos reconhecidos, do joachinismo em autores tão diversos quanto Schelling, Comte, Fourier, Saint-Simon ou P. Leroux, mas, e é isso que me interessa aqui, desenha o mapa da epidemia analisando a ação de uma multiplicidade de pequenos grupos que a partir do século XIII tentarão colocar em prática as visões de Joachim.

Pode-se assim seguir o fio condutor de um pensamento e de uma ação que se exprimem sempre quando a saturação de uma ordem social é particularmente evidente. De maneira arbitrária, destaco alguns nomes mais ou menos conhecidos, como Fra Dolcino ou Ubertin de Casale, postos na moda pelo romance de Umberto Eco, *O nome da rosa*, e que, cada um do seu jeito, rejeitam a estrutura, a moral e as normas da Igreja estabelecida. Referindo-se claro a Joachim de Flore, mas igualmente a São Francisco, ele conclama a um «Novo Pentecostes», e por isso funda uma *congregatio libertatis* destinada a proliferar. Esses irmãos e irmãs do «livre espírito» têm antecedentes no norte da França ou na Bélgica, mas encontramos igualmente a inspiração deles entre os «Taboritas», grupo extremista da Boêmia meridional que fundou uma cidade santa chamada «Tabor», utopia de fim trágico. Mesmo encaminhamento, e mesmo fim trágico, no que se refere à revolta camponesa impulsionada por Thomas Münzer, contra a qual Lutero, qualificado por eles de «papa de Wittemberg», fulminou e recorreu ao braço secular.[41] Rotulados de libertinos, de libertários, de iluminados, de anarquistas, pouco importa no caso, sobressai dessas poucas observações que esses pequenos grupos cristalizam, de maneira paroxística, o difuso no corpo social e, pela ação, tornam visível a saturação de uma ordem estabelecida, o fim de uma política eclesiástica, católica ou protestante, de resto, e assim significam a persistência utópica de um evangelho eterno ao qual se faz sempre referência quando a esclerose social é demasiado evidente.

Uma vez mais, esses movimentos são interessantes na medida em que, para além do representado e passado o momento de efervescência paroxística, os valores praticados contaminam a totalidade do corpo social. Contaminação mais ou menos discreta, com frequência vivida em tom menor ou que permanece escondida nas zonas obscuras desse corpo social, até ser despertada por outra irrupção. Nesse sentido, ultrapassando os momentos particulares aos quais acabo de referir-me e para os quais seria fácil encontrar outras ilustrações, pode-se dizer que a condenação à morte do poder, ou o sacrifício da chefia, é uma estrutura arquetipal profundamente enraizada no imaginário coletivo, irrigando todas as atitudes de desprezo, suspeitas e diferentes movimentos de recuo em relação ao poder que de diversas maneiras se exprimem em toda sociedade.

Não se deve esquecer que a «teoria dos dois reinos» é uma constante na tradição ocidental. E se deve-se «dar a César» o que é dele, «Deus» também tem direito à sua parte. Mas se «César» é uma realidade bem definida, Deus presta-se a interpretações. Com frequência, recorrer a um «deus» longínquo é, antes de tudo, uma maneira de escapar à imposição de um senhor bem próximo. Em todo caso, o tema das duas cidades permite, regularmente, negar à cidade terrena o seu poder absoluto; ao menos, relativizá-lo. Assim, a partir da teoria da *Cidade de Deus* de Santo Agostinho, pôde-se contestar o Estado e o seu poder sem divisão. A *Cidade de Deus* é, segundo certas interpretações, a realização da comunhão dos santos, força espiritual (força imaginal), direi, de minha parte, «potência» que pode servir de recurso, de modelo para quem procura alternativa ao poder do reino terrestre do Estado e usa a astúcia com ele, ou mesmo se revolta contra os seus diversos representantes ou avatares.

Permito-me aqui uma aproximação, talvez audaciosa, mas que apresenta a vantagem de ajudar-nos a pensar em profundidade a saturação do político, entre a alternativa da *Cidade de Deus*, a força imaginal que não deixa de ter nas utopias sociais, e a noção de *virtu* em Maquiavel. Neste, de fato, a *virtu,* ainda não enfraquecida e, sobretudo, não moralizada em *virtude,* é a força um pouco misteriosa que anima, no sentido forte do termo, um corpo social e permite-lhe resistir às tensões internas e externas. A *virtu* é o fruto de um equilíbrio, por vezes conflitual, mas que só pode perdurar se não prevalecer um dos seus componentes. Finalmente, uma cidade só será equilibrada e harmoniosa enquanto puder fazer pender a balança de um lado para o outro. Significa dizer que, para além das suas diversas facções, há o tipo-ideal de Florença transcendendo-as e servindo de referência *imaginal,* potencial (potência), contra sua *atualização* em algum poder. Em outras palavras, o poder não esgota todas as virtualidades da potência. Mas é justamente nessa decalagem que jaz a fragilidade, possibilitando, quando a diferença se torna patente, para o imaginário coletivo, invalidá-la ou derrubá-la.

Assim, a *Cidade de Deus* de Santo Agostinho ou a *virtu* de Maquiavel desempenham o papel de instância à qual se pode recorrer. Caso, antes de tudo, das vanguardas militantes, iluminadas, proféticas, apenas premissas, em geral, de movimentos diversos que, quando acionados, se tornam irreprimíveis ou bastante incontroláveis. Para continuar no método religioso, lembrarei que, inspirando-se em Santo Agostinho, Lutero interpretava a *virtu* como «sinônimo de potência, de faculdades», de *«möglichkeit»,* e que a «potência de Deus» é um dom *(potentia ex Deo veniens),* suscitando a energia capaz de tudo derrubar ao passar.[42] Sabe-se que uso fizeram dessa interpretação da «potência» os protagonistas da Reforma, os quais, antes de estabelecerem uma instituição com o poder aferente, lutaram contra o poder dominante do papado. O sucesso deles baseia-se justamente no fato de que os diversos reformadores souberam apelar à força imaginal de uma potência divina ideal contra um poder eclesiástico que estava muito bem encarnado. Não se pode negar, tanto na própria criação das igrejas da Reforma, com o esplendor conhecido, quanto pela reação suscitada na Igreja católica, que o apelo à *virtus Dei,* para Lutero identificado ao resultado de sua atividade, não deixa de introduzir uma ruptura importante na história ocidental. Considero que essa revolta da potência instituinte contra o poder instituído é uma das grandes causas da modernidade.

O mesmo vale, claro, para a Revolução francesa. Muitas coisas foram ditas sobre esse nascimento político dos tempos modernos. Não há razão para voltar a isso, salvo por não ter sido bastante destacada a importância do imaginário coletivo num tal acontecimento. Somente, talvez, entre os historiadores, Michelet soube considerar a energia vital de tal imaginário. Sua *História da Revolução francesa* é, desse ponto de vista, um documento de primeira grandeza. Particularmente porque salienta ao mesmo tempo a ação «vanguardista» e os movimentos de massa; ou antes como aquela prefigura, prepara esses movimentos, e só pode reduzir os efeitos quando está «às voltas» com o imaginário social, cristalizando-lhe a força.

Um dos elementos desse imaginário, e podemos vê-lo pouco a pouco emergir, é a *guerra aos tiranos,* declarada pela Revolução. Eis ainda uma modulação do evangelho eterno ou da *virtu* da qual acabo de falar. Cochin não se enganou ao ver nessa guerra total a expressão perfeita da anarquia rousseauniana, ou seja, o estabelecimento de uma vontade geral, orgânica, que liberta de toda autoridade pessoal, seja a do senhor ou a do demagogo.[43] De resto, é possível interpretar, à luz de tal anarquia não consciente, a valsa dos chefes, tribunos e outros porta-vozes. Enquanto estes exprimem a vontade geral, servem à massa. Em caso contrário, *caem em desgraça.* Daí o aspecto cruel e sanguinário desse período. Mas, para além da crueldade, é importante prestar atenção à ruptura introduzida por essa anarquia. Contesta-se o poder, tal como tinha-se imposto desde Luis XIII, em nome de uma entidade bastante nebulosa, impessoal: o povo e sua vontade geral. O rei era o representante de Deus na terra; já o povo se autodivinizou.

Nesse sentido, do joachinismo à Revolução, passando pela Reforma, encontramos a mesma preocupação, a da morte do chefe (papa, rei, senhor) ou a da instituição que lhe serve de suporte. Isso para que o sacrifício crie um novo *ethos* comunitário e sirva de anamnese ao ato fundador que permitira à sociedade considerar-se como tal. É necessário com efeito lembrar, e lembrar-se, regularmente por que estamos juntos. Para isso sacrificamos alguma coisa importante, a qual, depois de ter simbolizado esse *estar-junto,* transforma-se em obstáculo a ele, representando sua esclerose, rigidez, rotina. Para que me compreendam bem, direi que a condenação sacrificial do rei por um povo equivale à tampa da sopeira de valor por ocasião de uma disputa conjugal. A estrutura é idêntica: o rei e a sopeira são símbolos de uma união (nacional, amorosa) consumida pela rotina e que importa quebrar, a fim de *animar,* de dar nova vida a essa agregação. A Igreja católica não se enganou quanto a isso ao celebrar cotidianamente, através de um eufemismo, a morte do filho de Deus, no sacrifício da missa, dando sempre novo vigor à universalidade de sua assembleia.[44]

Não se deixou de ver nessas diversas efervescências sociais, ou ao menos nas justificativas e utopias através das quais elas se exprimiam, uma forma de sonho sem consistência. Acessos súbitos de brutalidade que de maneira efêmera e pontual lembravam a animalidade, não completamente superada, da natureza humana ou, na melhor das hipóteses, o seu lado infantil. Isso não é falso, mas, com seriedade, devemos talvez lembrar que se trata *também* aí de características coestruturais dessa natureza humana. Além disso, essas características, que podem ser *geridas* com precaução, minimizadas ou mesmo totalmente aniquiladas em nível individual, não o podem no referente à vida social. Os diversos processos de reunião, esportivos, políticos, religiosos, musicais, estão aí para testemunhar a persistência do aspecto pelo menos «não racional» em nossas sociedades. É possível mesmo, e a atualidade dá numerosos exemplos nesse sentido, que esse *não racional* seja levado a desenvolver-se de maneira exponencial. Alguns veem nisso a marca da pós-modernidade.

Em realidade, deve-se salientar que esses sonhos, visões e outras utopias *joachinistas* estruturam culturalmente todo conjunto social. Pelo viés das lendas, das canções, da memória coletiva, dos chistes etc., todas as coisas se capilarizam na vida cotidiana, fazendo sociedade. Nunca se insistirá o suficiente sobre a importância da mitologia ou dos mitos. Mais do que a História linear, de desenvolvimento contínuo e racional, são eles que, de maneira cíclica, presidem à respiração dessa coisa viva, a estrutura social, com os seus altos e baixos, grandezas e declínios, em suma, uma vida com histórias mais do que com uma História. Os mitos, outra maneira de falar das fantasias, exprimem, no sentido mais profundo, o «simbolismo» de um conjunto social; ou, para dizê-lo com simplicidade, sua *cosa mentale*. Esse simbolismo existe antes e depois do político, irrigando-o em profundidade, servindo-lhe de lençol freático. Pode-se mesmo afirmar que o político, na maior parte do tempo sem querer confessar, vive do conjunto dos mitos fundadores de determinada sociedade; *suga-o* sem se preocupar com o esgotamento; sem sonhar em renovar-lhe a dinâmica.

 A política, nesse sentido, é, enfim, apenas um sonho esclerosado. Alguns desses sonhos tornam-se pesadelos; a diversidade do «terror» que pontua a História desde a Revolução francesa está aí para prová-lo. Outros amarguram-se em maus sonhos acordados; o burguesismo e suas preocupações bem práticas não faltam. Pode-se então compreender a efervescência mais ou menos violenta como um sobressalto *ecológico* capaz de dar nova consistência, de revitalizar o simbolismo fundador, lembrando o aspecto emocional, turvo, afetual, que dirige todo estar-junto vivo.

2

Liberdades intersticiais

Ao lado das explosões, de diversas ordens, que esburacam o tecido social, quando este se torna demasiado apertado, existem outras maneiras, mais suaves, de desestabilizar o político, de mostrar a sua relatividade e o seu aspecto limitado. Pode ser a abstenção, a astúcia, a ironia, a inversão carnavalesca e ainda muitas outras modulações. Coisas que reafirmam a *secessio plebis,* lembrando a existência de numerosas maneiras de retirar-se para o Aventino.

Assim como nas formas efervescentes das utopias em maiúsculo, trata-se de viver, em tom menor, uma multiplicidade de pequenas utopias intersticiais, todas manifestando um instinto de conservação de grupo. De fato, uma vez passada a efervescência, nesses períodos de distensão nos quais prevalecem os «princípios de realidade» política e econômica, «deve-se viver intensamente». Para isso, de uma maneira que chamei de «quase consciente», o corpo social parece acionar uma duplicidade antropológica: a conformidade escondendo uma abulia social, uma irresponsabilidade crescente. O «corpo mole» do social.

Podem existir várias interpretações relativas a esse exílio interior. Ainda mais que, essencialmente, ele se presta mal à análise. Ou, antes, como é proteiforme, mutante, consegue manifestar, num lapso de tempo restrito, atitudes bastante contraditórias. Parece demonstrar uma série de *sinceridades sucessivas.* Por exemplo, quanto às eleições, fazendo cair em contradição os diversos comentaristas políticos, assistimos a variações importantes nas porcentagens dos votos obtidos pela extrema-direita «lepenista», das abstenções, dos ecologistas, sem falar dos «não inscritos» em número crescente. As cifras mudam de uma eleição para outra; as análises dos cientistas políticos sofrem alterações espetaculares, continuando, porém, perfeitamente racionais. Quanto aos políticos, é outra história: são as suas próprias análises sobre um tema conhecido que deveriam constituir objeto de reflexão.

Mas raramente, ou jamais, aparece o menor esboço de interpretação em termos de resistência ou dando conta de uma astúcia da submissão. Contudo, isso poderia ser uma pista de investigação nada desprezível, capaz de mostrar sob a submissão que não há razão para escolher entre os proprietários da sociedade ou, antes, que seria conveniente escolher todos sucessivamente, salientado assim, ainda mais, o desdém em relação aos que são animados pela *libido dominandi*. Claro, não há motivo para grandes exigências quanto às suas qualidades particulares. Assim, vale o conselho, enquanto preceito de *savoir-vivre*, extraído do *Diário de uma camareira*, de Octave Mirbeau: «Não devemos nunca nos queixar da imbecilidade de nossos amos, minha pequena Célestine (...) é a única garantia de felicidade que temos (...) Quanto mais bobos são os amos, mais felizes, os domésticos (...) vá trazer-me a aguardente».

Há nisso uma sabedoria bastante rude, uma lucidez fortificante, temperada com um pouco de cinismo, mas que exprime bem, cruamente, o relativismo das massas, as quais, fundamentalmente, não querem ser enganadas, conscientes de que sempre pagam os custos da operação, uma vez os chefes instalados no poder. Claro, trata-se de uma expressão paroxística dessa sabedoria popular. Em geral, se ela se exprime com excelência através dos estereótipos conhecidos de todos, nem por isso se «conscientiza» mais, e permanece de uma pobreza teórica afligente. Mas, depois de tudo, levando ao extremo nossa hipótese, não se pode ver justamente, nessa atitude, a posição última da duplicidade: para sobreviver, deve-se saber avançar mascarado e não se desvelar de nada nem para ninguém, *nem a si mesmo*.

Encontramos aí uma categoria importante que chamou muito pouco a atenção dos comentaristas políticos, a do «jogo duplo». Há sempre alguma reticência ou mesmo alguma vergonha a referir-se a isso, obnubilados que estamos, em geral, pela injunção moral de ser autênticos. Mesmo se nos fatos esta é apenas puro *flatus vocis* sem consistência, é de bom tom, para as «belas almas» constituindo o essencial da classe política, de brandi-la como testemunho definitivo da sua entrega desinteressada à coisa pública. Contudo, o jogo duplo é um elemento constante da ação política. Sem poder desenvolvê-lo aqui, sabe-se que, com frequência, age nas relações entre Estados, dos quais certos serviços estampam publicamente sentimentos, ações, que outros serviços tratam, secretamente, de contradizer. Paradoxalmente, é notório que toda uma parte da ação diplomática repousa sobre o jogo duplo.

O mesmo ocorre no campo político. Sem falar das diversas mudanças de opinião ou reviravoltas de filiação partidária, menos raras do que se imagina; toda ação, segundo uma definição um pouco excessiva, mas bastante pertinente, consiste em «passar da revolta contra o Estado à exploração do Estado». Quanto a esta, vê-se com facilidade que ela pode tomar formas diversas: favoritismo, clientelismo, intervenções, no melhor dos casos; no pior, nepotismo, concussão e favorecimentos ilícitos de todos os tipos. Já a revolta pode modelar-se de diferentes maneiras: há a do «esquerdismo» que, após a sua crise de puberdade ideológica, reencontra sua posição de classe reciclando-se nos gabinetes ministeriais e em outros órgãos do poder. Talvez seja também a «cura de oposição» necessária a todo político antes de chegar ou de voltar ao poder. Durante esta, ele vitupera contra tudo e todos, criticando bem alto o que aprova baixinho e será, por imposição da *realpolitik,* obrigado a realizar quando, por seu turno, estiver em condição de fazê-lo.

Assim, bem como o «jogo duplo» se exprime em nível oficial, nada há de surpreendente em que opere também na vida sem qualidade. Podemos localizá-lo em numerosas civilizações. Mas, antes de dar alguns exemplos nesse sentido, direi, a título de hipótese, que a duplicidade oficial (diplomática, política) ou banal (da vida sem qualidade) é uma maneira «suavizada» de viver a violência ou a agressividade antropológica, corrigindo-lhe a brutalidade, ritualizando-lhe os efeitos e negociando as consequências. Para bem explicitar esta ideia, retomarei uma distinção feita por Georges Bataille entre, na vida social, o «homogêneo» e o «heterogêneo». O homogêneo corresponde ao aspecto «profano» da realidade. Poder-se-ia dizer o que é racional quantificável. Ele refere-se ao homem estático ou «homem médio» dos diversos parâmetros de enquete social, econômica, política. Em resumo, o previsível, passível de predição, o projetivo. Em contrapartida, o heterogêneo, que não é ou não faz «como os outros», corresponde ao sagrado.[45]

Há, claro, um equilíbrio entre essas duas dimensões da realidade social ou, mais exatamente, uma combinação variável. Assim como o homogêneo caracteriza a regularidade contábil, a heterogeneidade é sinônimo dessa estranheza acentuada pela marginalidade, pela subversão e pela anomia, coisas do domínio dos irregulares, das «classes perigosas» ou outros «reprovados». Essas situações e seus protagonistas, que exercem ao mesmo tempo atração e repulsões inegáveis, foram nomeados de diversas maneiras: «parte maldita» (G. Bataille), «instante obscuro» (E. Bloch) são algumas das denominações mais poéticas; pecado, desordem, erro etc., têm uma conotação bem mais pejorativa. De qualquer maneira, trata-se de algo que se abriga, tenaz e profundamente, no coração da realidade individual e coletiva e é possível que o jogo duplo seja uma maneira de viver tal atração-repulsão. Ocorre que num mundo compósito e complexo, essa tensão não deixa de crescer. Falei acima de «sinceridades sucessivas» para uma mesma pessoa e é certo que, nas sociedades complexas, sejamos cada vez mais confrontados a esse gênero de sinceridades sucessivas. Assim, por exemplo, as atitudes políticas profissionais ou simplesmente existenciais feitas, ao mesmo tempo ou alternadamente, de servilismo e de profunda autonomia, de preguiça e de real responsabilidade, de passividade e de não menos evidente criatividade.

Tudo isso traduz bem a dualidade estrutural da natureza humana que, ao mesmo tempo, no sonho ou no imaginário, vive coisas totalmente estranhas umas em relação às outras. Não deixa de ser verdade que, apesar dessa heterogeneidade em ato, ou talvez mesmo por causa dela, pode-se observar, no sentido profundo do termo, uma inegável *coerência* geral. Afinal de contas, a diversidade dos sentimentos, das convicções, das opiniões e das ações numa mesma individualidade, coisas que, do ponto de vista do conhecimento, remetem à lógica contraditorial, ao *tertium datum* de antiga memória, podem suscitar uma sinergia das mais prospectivas. De fato, vivendo, simultaneamente, várias realidades, é como se vivesse uma multiplicidade de vidas. Assim a estranheza e o sagrado são domesticados: a multiplicidade da vida sendo no caso outra maneira de referir-se à eternidade. Eternidade vivida no presente! Além disso, o vivido plural, e a eternidade é bem isso, consecutivo, competitivo, é uma maneira de assegurar a conservação de si, tanto individual quanto coletiva. De fato, participando do jogo duplo, obtém-se proteção em relação aos diversos poderes, aos quais se manifesta apoio. Ao mesmo tempo, não concedendo crédito total a nenhum deles em particular, evita-se de sucumbir à pressão mortífera induzida por todo e qualquer tipo de monopólio. Nesse sentido, a duplicidade pode ser considerada como um instinto vital, um *resíduo*, conforme a terminologia de Pareto, capaz de, além ou aquém das diversas *derivações* – as legitimações e racionalizações *a posteriori* –, assegurar de uma só vez a coerência e a continuidade no ser. Assim, sob as diversas imposições sociais, políticas e econômicas, pode-se dobrar sem quebrar, aceitar as ideologias «sem convicção», acionar um mecanismo de restrição mental, fazer «como se» se aceitasse a moral estabelecida, as religiões dominantes e as diversas injunções sociais; tudo isso sem perder a singularidade.[46] Poder-se-ia citar ao infinito expressões que traduzem essa atitude existencial. Basta, porém, dizer que se trata de uma atitude do corpo e do espírito capaz de, na longa duração, permitir a cada individualidade e ao corpo social na sua totalidade atravessar as diversas vicissitudes constitutivas da vida humana e social. É o que exprime, do seu jeito, André Breton quando sublinha, com alguma ironia, que não se deve perder «a ajuda do instinto de conservação (...) pelo qual (...) por exemplo *agimos bem* (...), limitando-nos a virar a cabeça à passagem de uma bandeira...» (*Nadja*, Pléiade, p. 741); subentendido: de preferência a gritar nosso desgosto ou de cuspir de desprezo.

  O que o poeta exprime cruamente e de maneira exagerada, aparece, como um fio condutor, em numerosas situações históricas. Talvez seja até mesmo a chave para compreender a surpreendente perpetuação de grupos inteiros através dos séculos. Assim, de uma forma que por várias razões não deixa de ser instrutiva para a iluminação de algumas situações contemporâneas, no seu livro sobre o terrorismo e a política no Islã medieval, o historiador B. Lewis lembra a importância da *taquiyya*, a dissimulação que impõe esconder as próprias crenças face ao perigo, a fim de manter intacta a integridade da fé. Integridade assim garantida de perpetuar-se no tempo, ao abrigo das modificações. Além disso, graças a essa fé imutável, os Assassinos podem exercer o zelo fanático com o sucesso conhecido. Em função disso, a velha doutrina da *taquiyya* produz efeitos mais empíricos mas não menos eficazes. De uma parte, o segredo que exige e favorece a segurança dos seus membros. De outra parte, causa e efeito do primeiro ponto, isso engendra uma solidariedade que torna ainda mais eficiente a atividade da seita.[47] Vê-se como essas características principais da dissimulação completam-se e reforçam-se umas às outras. Claro, ela aplica-se aqui a uma seita de ativistas religiosos. Sabe-se o quanto a conjunção desses dois termos pode ter de inquietante. Mas como toda atitude paroxística, tal conjunção esclarece muitas práticas sociais comuns, que nada têm de particularmente perigosas, e nas quais se encontra, graças à lei do segredo, uma maneira de viver em segurança com os outros. Outros que são, em todos os sentidos do termo, nossos próximos: parentela, vizinhos, tribo etc.; com os quais, posso resistir às imposições dos diversos poderes externos. Assim, para além de toda e qualquer apreciação moral, cabe ressaltar essa primeira dimensão da dissimulação: favorecer a conservação de si. Isso, deve-se precisar, de maneira dinâmica, pois a partir do exemplo dado, vê-se que a conservação de si permite difundir suas ideias e assim reforçar, na longa duração, a integridade do grupo em questão.

O grande historiador da mística judia G. Scholem é o autor de análise semelhante a propósito da seita judia dos *Dunmehs,* de Salônica, cujos membros, depois da conversão do profeta, Sabbataï Zevi, ao islamismo, tornaram-se oficialmente muçulmanos, continuando, porém, judeus, e preservando por muito tempo a identidade judaica. Levando assim uma existência dupla, conseguiram contornar diversas formas de perseguição. Claro, para isso cercaram-se com uma surpreendente «cortina inultrapassável de segredo».[48] Interessante, no caso, é, de uma parte, a justificação teórica dada à conversão de Sabbataï Zevi, apresentada, em particular, como sendo um momento da dialética dramática da redenção messiânica: para salvar os fiéis, o messias deve ser pagão, deve exilar-se; daí essa espécie de «apostasia mística» pela aparente renegação. De outra parte, e aí o paradoxo atinge o ápice, seguindo os passos do profeta, os discípulos também se convertem ao islamismo *(Dunmehs,* «conversos», é o nome que lhes deram os turcos de Salônica), isto é, misturam-se com o estrangeiro; mas, uma vez realizada, a apostasia mística permite-lhes rejeitar todo o contato com o exterior. Recusam os casamentos mistos, tanto com os turcos quanto com os judeus. Scholem conclui: «As únicas relações íntimas que quiseram ter aconteceram sempre no interior do próprio grupo».[49]

Está-se aqui em face da dialética da *Ponte,* que liga, e da *Porta,* que fecha, cara ao sociólogo G. Simmel: se é de fato de um lugar, de um país, sem «o ser» totalmente. Estranhos e próximos ao mesmo tempo, os *Dunmehs* adotam uma atitude exterior que vai de encontro às suas convicções e sobretudo aos seus ritos secretos. Tendo, de uma vez por todas, feito o sacrifício exterior da própria fé, podem vivê-la, sem ser de outra maneira incomodados, no segredo do grupo. Daí os mecanismos de ajuda mútua constituídos, em particular em relação à administração, tratando-se, por vezes, de comprar os seus membros para salvar alguém. A solidariedade assim estimulada é tão forte que chega, para além da endogamia já abordada, a gerar rituais orgiásticos de troca de mulheres; troca e «fornicação ritual» justificadas, de maneira mística, pelo *Zohar* e a Cabala.[50] Na realidade, esses rituais orgiásticos, reais ou imaginários, traduzem bem a força imaginal da doutrina da dissimulação que culmina na prática do corpo comum, eucaristia não mais suavizada, mas levando às últimas consequências a lógica da comunhão com a fusão que lhe é inerente.

Scholem prossegue a análise dessa seita mostrando que processo semelhante acontece com os marranos espanhóis convertidos ao catolicismo e, episódio menos conhecido, com os discípulos de

Jacob Frank, no século XVIII, na Polônia. *Dunmehs*, marranos, frankistas viam na conversão um meio de resistência. Trata-se certamente de uma racionalização *a posteriori*, mas que mostra muito bem a existência dupla como o meio mais seguro de sobreviver enquanto grupo. E, aliás, chocante observar o papel desempenhado pelas «classes inferiores» nesse tipo de apostasia. Scholem fala mesmo da «pressão da massa» ou dos «mais pobres do lugar» para explicar o triunfo dos zeladores de Sabbataï Tsevi.[51] Pouco importa que se trate de explicações um pouco simplistas para justificar, depois dos fatos, a efervescência e o aspecto descontrolado do movimento. Certo é que a pressão social vem, com frequência, dos que não têm nada ou pouca coisa a perder numa ação capaz de colocar em perigo os valores ou os poderes estabelecidos.

Mais interessante é a junção estabelecida, ainda aí, entre o místico e a ação popular. Ambos, para perdurar, crescer e firmar-se têm necessidade do secreto. À imagem da tradição dos «trinta e seis justos escondidos» da mística judia, ambas «esforçam-se para apresentar aos irmãos humanos uma imagem deles mesmos no mais vivo contraste com a sua verdadeira natureza».[52] Acontece que essa tradição, assim como a da dissimulação sabbatiana, desempenha um papel importante no folclore, nas lendas, nas histórias contadas nos serões e nas cantigas cantadas pelas crianças ao brincarem. Coisas, sabe-se, que constituem o substrato cultural e, assim, fazem sociedade. Essa duplicidade antropológica apresenta as características do que chamei de «centralidade subterrânea», a qual, aquém ou além do aspecto instituído, oficial, canônico da coisa pública, garante às sociedades uma firmeza indestrutível. Portanto, a duplicidade expressa misticamente e vive na prática uma forma de eternidade, ainda que mais não seja porque, graças a ela, é possível à grande massa resistir, em nome de diversas construções imaginais, à ideologia triunfante do momento. Para retomar uma distinção proposta pela língua alemã, pode-se dizer que a «realidade» (*Realität*) não se deixa reduzir ao «mundo real» (*Wirklichkeit*), mas, ao contrário, engloba-o.

Essa «centralidade subterrânea» funda as oposições que costumo estabelecer entre poder-potência, religião-religiosidade, instituído-instituinte etc. Claro, elas nunca se apresentam em estado puro nem são tão categóricas, mas indicam bem tendências inegáveis: de um lado, a razão mecânica; do outro, preferencialmente a imaginação, a desordem vital e a organicidade que triunfarão. Depois de G. Simmel e de M. Weber, o interesse pelos procedimentos de tipificação ideal foi muitas vezes ressaltado. Aqui, ele permite destacar a fecundidade daquilo que por hábito se negligencia por não entrar numa simples contabilidade em termos de custo-benefício. A duplicidade é um exemplo disso. Ao mostrar que se trata de um parâmetro importante, destaca-se a razão essencial da continuidade social, da resistência a todas as formas de dominação, e a reapropriação relativa da existência induzida por isso.

Assim, a doutrina do jogo duplo tem o fundamento religioso e místico conhecido, mas suas aplicações podem ser encontradas em todos os domínios. Não cabe aqui abordá-las na totalidade, mas não se pode deixar de assinalar o seu papel na ordem do trabalho. Os historiadores do século XIX mostraram que a partir da *«mise au travail»* da população pelo produtivismo burguês, deu-se, correlativamente, a elaboração de um verdadeiro «código» operário de práticas alternativas. Bem antes da organização do movimento sindical ou político, havia de maneira endêmica uma multiplicidade de astúcias que permitiam simplesmente sobreviver à exploração totalmente brutal. Assim, o «sublimismo» que afrontava com insolência a seriedade do trabalho, a prática da «Santa Segunda-feira» e outras formas de absenteísmo, a fuga, o «cabrito», a lista é longa de todas as atitudes consideradas como títulos gloriosos do mundo operário, fazendo parte da sua lenda, celebrados pela tradição oral, em particular pelas canções. Mais do que uma afronta direta, cada uma dessas atitudes repousa sobre a astúcia, sobre a maneira de contornar as ordens ou de sabotar o trabalho. Isso, menos pela ação em si, a maior parte do tempo sem teorização, mas como a expressão quase instintiva de conservação de si pelo corpo social.

Encontra-se o mesmo nas monografias contemporâneas sobre o que chamei de «não trabalho» no trabalho. Ainda aí, a astúcia desempenha um papel relevante. As práticas lúdicas, todas as ocasiões boas para escapar à vigilância dos chefetes, para beber juntos ou comer o bolo trazido por alguém, tudo isso se faz a despeito dos encarregados do controle e servem de momentos de «respiração», necessários ao equilíbrio global. Algumas pesquisas recentes indicam que até mesmo nas práticas sexuais se encontra, nos limites do escritório ou da fábrica, um campo de escolha.[53] Conhece-se agora a importância do «trabalho no mercado negro» ou da economia informal em relação à economia em geral. Sabe-se também que em certos países, casos da Itália e do Brasil, essa economia informal é causa e efeito de um dinamismo inegável, inexplicável dentro dos parâmetros exclusivos da contabilidade racional. Talvez fosse necessário falar de uma «socialidade negra» dentro do trabalho oficial, desempenhando o mesmo papel que a economia informal para a economia oficial: possibilitar através de um ritmo específico a humanização do tempo inumano das cadências impostas e do tédio programado; reapropriar-se, à revelia do olhar controlador, de momentos da própria existência e assim salvaguardar o equilíbrio, sem isso gravemente ameaçado, físico e psicológico.

Indico isso apenas como uma pista de investigação merecedora de atenção. Deve-se ter em mente que essas atitudes são na maior parte do tempo coletivas e só podem desenvolver-se quando, e se, representam o interesse de muitos. Nesse sentido, conforme viram inúmeros sociólogos (J. M. Guyau, J. Duvignaud), a anomia, longe de desestruturar o corpo social, é *também* um meio de reforçá-lo, estando claro que esse corpo social não é uma entidade abstrata, universal, elaborada pela razão econômica, mas, ao contrário, o pequeno corpo particular criado e recriado incessantemente através da duplicidade partilhada. Tal segredo faz sociedade. Sociedade concreta que estabelece, de maneira mais eficaz que as fontes oficiais de informação, os modos de ser, as modas, os hábitos de consumo, sem esquecer as diversas visões de mundo características de determinada época. A tese torna-se mais precisa: para compreender bem uma época, não é inútil dirigir o olhar para o informal e o inegável *ethos* que ele secreta.

Ao lado do trabalho, o jogo duplo encontra igualmente uma forma de expressão no lúdico. Trata-se de uma categoria geral que recobre os jogos *stricto sensu*, cujo desenvolvimento contemporâneo é notório, mas também as diversas festas, públicas ou privadas, que pontuam a vida social, o «tempo livre», transformado, conforme já se mostrou (J. Dumazedier), em realidade incontornável, colocado pela importância do lazer no centro das sociedades avançadas. Coisas que levam a não se falar simplesmente em sociedade de consumo, mas em sociedade de consumação. Ainda aí, o jogo duplo é um pivô fundamental, mais do que alhures talvez, pois é reivindicado enquanto tal. Em cada um desses casos, trata-se de representar, de teatralizar, de ser o que não se é todos os dias. A publicidade e os serviços de turismo não se enganaram quanto a isso, pois baseiam no jogo duplo e na excitação inerente a ele toda a sua sedução.

    O carnaval, conforme nos fala o antropólogo Roberto da Matta, é claramente o exemplo paroxístico da «consumação» da vida. Deve-se observar, antes de tudo, que o carnaval, como festa do povo, repousa sobre figuras «marginais» ou ao menos consideradas assim. Há uma conivência estrutural entre o homem sem qualidade e o malandro. É necessário que existam momentos nos quais essa conivência possa exprimir-se. Além do mais, isso possibilita procedimentos de inversão que, sempre e por toda parte, são tidos como expressão de saúde e fontes de regeneração social. Desse ponto de vista, o carnaval é um modelo do gênero, permitindo ao escravo tornar-se amo e ao pobre vestir os trajes de todos, ou de quem gostaria de ser. Mas, e isso Roberto da Matta bem destaca, trata-se de um jogo. Não é certo, de fato, que se esteja disposto a fazer valer as prerrogativas inerentes a tal encargo ou a tal estatuto. Bem ao contrário, basta o «como se». Agindo assim, caricaturando o bispo, o senhor, o proprietário ou o militar, obtém-se a proteção contra o que representam e contra o poder exercido por eles. Ao representar, fazendo «como se» e praticando a derrisão, o malandro relativiza «as leis, regulamentos, códigos e morais opressores». Aí está o paradoxo: a aparente adesão reforça, na realidade, a recusa total de «integração final à ordem do sistema».[54]

Não é o caso de desenvolver aqui toda a temática do lúdico em suas formas menores ou paroxísticas. Antropólogos, historiadores e sociólogos fizeram-no com abundância. No que me interessa, basta indicar essa pista como uma das mais importantes para a compreensão do jogo duplo. Ainda mais que, sem falar de suas expressões religiosas *stricto sensu,* em todos os casos referidos, o jogo duplo é causa e efeito de uma inegável «*religação*». Segundo um esquema bastante conhecido, a morte sacrificial do poder, no caso pela derrisão, reforça o estar-junto, atualiza as características da comunidade, em particular da que favorece a reunião em torno da partilha de imagens comuns. Mas, tomando em consideração o seu aspecto frívolo, barulhento e desordenado, é comum invalidar o lúdico ou dar-lhe pouca importância para a compreensão da sociedade. Astúcia antropológica por excelência que chega a dissimular ou a apresentar como anódino o centro vital de toda agregação social.

Pode-se reter do referido acima que, longe de ser manipulada, como se acredita normalmente, a massa determina-se por conta própria. Ou, ao menos, segue modas que não obedecem somente aos simples cálculos racionais e preditivos de autoridades dominadoras. Como um *leitmotiv,* lembro que conformismo não significa de modo algum conformidade. Isso nos ensinam as múltiplas explosões de todas as ordens que pontuam a vida social, as quais quase não se podia esperar, pois os diversos poderes estavam como que tranquilizados pela aparente adesão às normas, valores, costumes e estilos de vida, uns mais conformistas do que os outros. A imagem marxiana da «velha toupeira» que cava, sem descontinuidade, suas galerias subterrâneas e assim mina o solo sobre o qual repousam as instituições não se acha deslocada aqui. Em segredo, para escapar aos olhos de *Big Brother,* a socialidade reforça-se a si mesma. Segredo tão mais bem guardado na medida em que ela mesma não está consciente dele. Segredo que se elabora e reforça, como um instinto vital, aquém ou além de toda teorização preestabelecida. Mas segredo que irriga, em profundidade, toda vida em sociedade e não deixa de explodir no momento menos esperado.

Pode-se ilustrar isso de diversas maneiras, mas é na vida cotidiana que ocorre o mais impressionante. Os publicitários, jornalistas e outros «líderes de opinião» não se enganaram ao, no lugar de querer dirigir as massas, preferir segui-las. Mostrei, a respeito da «midiacracia», que os apresentadores vedetes da televisão, os jornalistas reputados e as diversas *«stars»* da telinha só alcançavam tal condição na medida em que se dobravam às exigências dos telespectadores, cristalizando-lhes as expectativas. Em resumo, podiam dizer: eu sou o chefe deles; devo segui-los. Em contrário, eram destronados sem piedade. O desgaste explica menos as diversas mudanças acontecidas na «midiacracia» do que a maior ou menor capacidade de saber captar o espírito do tempo para, em seguida, «cuspi-lo novamente» com discernimento.

Existem várias maneiras de interpretar tudo isso. De minha parte, mais do que uma valorização dos líderes de opinião, vejo nisso a expressão da autonomia popular. A força da fragilidade aparente, a resistência mole ou outras atitudes «não ativas», ainda mais temíveis por serem pouco visíveis, funcionando com base na duplicidade. Nesse sentido, a influência da televisão, por exemplo, é menos evidente do que parece. O mesmo ocorre com os produtores de ideias, «grandes homens» ou políticos em vista. De fato, na maior parte do tempo, a massa precede-os, indica-lhes em silêncio o caminho, mas com um silêncio não menos eficaz, pois os «grandes homens» tiram os seus poderes da capacidade de saber escutá-lo e interpretá-lo.

Para retomar uma expressão de Kafka, pode-se falar a esse propósito de «mutismo ensurdecedor», como se passa no Café do Comércio: «as pessoas ali falam muito e alto e isso para dizer o menos possível»; o importante sendo dito e tratado em surdina.[55] Eis a síntese da eficácia da autonomia que não hesita em adotar a máscara do seu contrário para tornar-se mais eficiente. Em realidade, há na astúcia, na duplicidade, na ironia, na derrisão e em outras liberdades intersticiais uma verdadeira «estratégia de adaptação» (Adorno). Pelo conhecimento incorporado, sabe-se que de tanto insistir sobre a coerção acontece o distanciamento. Ao dar a impressão de submeter-se às diversas imposições sociais, as pessoas conseguem contorná-las, o que permite sobreviver. Essa astúcia está profundamente enraizada no corpo social e anima numerosas atitudes individuais facilmente qualificáveis de hipocrisia, de covardia e outras apreciações morais. Contudo, referindo-se às imagens místicas já utilizadas, pode-se dizer que essa utilização com discernimento da coerção dá a maior liberdade. Fazer da necessidade virtude, diz o bom-senso popular. Não há como zombar disso, pois foi baseada em tal sabedoria astuciosa que se fundou a conservação de si através dos tempos. Os príncipes mudam; já o princípio da dominação permanece constante; daí a elaboração através das gerações dessa estratégia da duplicidade que desvia a atenção dos poderosos a fim de perpetuar-se no ser.

É o que nos ensina este apólogo de Machado de Assis: «Anda, patrão, atulha a carroça de carga para ganhar o capim de que me alimentas. Vive de pé no chão para comprar as minhas ferraduras. Nem por isso me impedirás que te chame um nome feio, mas eu não te chamo nada; ficas sendo sempre o meu querido patrão. Enquanto te esfalfas em ganhar a vida, eu vou pensando que o teu domínio não vale muito, uma vez que não me tiras a liberdade de teimar...» (*Esaú e Jacó,* p. 61). Apólogo estridente e um pouco trágico, mas que bem indica a grandeza existente na prática da política do avestruz: para além do «amor-próprio» bem limitado, tal atitude exprime antes de tudo o amor pela vida, vida que se deve proteger a longo prazo, vida da qual se é devedor diante das gerações futuras. Sabe-se, não se expõe essa vida inutilmente, mas ela se adapta do jeito que pode ao *presente,* garantia de uma eternidade vivida dia a dia.

3

Secessio plebis

Precisa-se de energia para resistir às diversas imposições sociais. O mesmo vale para o que diz respeito ao desvio do político.

Talvez se deva ver aí o «duplo» do político, e do poder que é a sua expressão. A ironia, a abstenção, o distanciamento, o exílio interior poderiam ser compreendidos menos como passividade, no final das contas propícia aos poderes, do que como força de inércia com a qual é preciso contar. Em resumo, a «Potência» como emblema da aristocracia popular. A inércia é uma realidade cotidiana com a qual são confrontados todos os que exercem algum tipo de responsabilidade. O professor, o chefe de serviço, o funcionário de alto escalão, o jornalista de opinião ou o responsável eclesiástico sabem disso, pois, regularmente, enfrentam a irresponsabilidade daqueles a quem se dirigem. Trata-se de uma situação banal, designada de diferentes maneiras, mas cujo núcleo pode ser resumido na expressão trivial: «não há resposta». Essa não resposta torna-se um problema sociológico ou, ao menos, um acontecimento social, quando a totalidade do corpo social é afetada de forma contínua.

Talvez se trate de uma questão essencial neste fim de século. Convém portanto saber colocá-la com precisão, pois ela determinará a compreensão que se poderá ter, ou não, da socialidade em esboço sob os nossos olhos. Já a não participação política, o desengajamento sindical, o desencantamento político e a queda do associacionismo inquietaram os observadores sociais. A versatilidade das massas e sua imprevisibilidade também tornam o problema mais complicado. Até mesmo o ideal democrático foi atingido por tudo isso.

Diante de tantos indícios mais ou menos inquietantes deve-se posar de Cassandra, reclamar as virtudes dos «bons velhos tempos» ou adotar medidas coercitivas inspiradas no moralismo dominante? Nada menos certo. Nem que seja a título de hipótese, pode-se ver, ao contrário, nessa «não resposta» outra forma de *secessio plebis,* uma força específica, uma atitude dinâmica através da qual a vida social se recentra no essencial. De maneira estoica, poder-se-ia dizer que o longínquo, o macroscópico, o instituído, tudo aquilo que escapa à minha ação, torna-se indiferente. Mas essa indiferença, em contrapartida, permite à energia focalizar-se no mais próximo. O fim e o sentido não são mais procurados externamente, seja numa utopia inacessível ou na racionalização da existência, secretada pelo poder controlador, mas, ao contrário, o sentido é encontrado aqui e agora, o que desperta as diversas potencialidades da potência popular.

Para apreciar com justiça essa potência, sua originalidade e suas manifestações, não se deve invalidar, desde o começo, essa coisa um pouco inquietante, por não ser controlável, que é o povo. «Nem Deus, que fez o povo, pode matar tudo de uma vez só, vai matando de um a um e quanto mais ele mata mais nasce e cresce gente e há de nascer, de crescer e de se misturar, filho da puta nenhum vai impedir!» (Jorge Amado, *Tenda dos milagres*). Afirmação bastante abrupta do romancista populista, síntese do «método» que lhe permitiu destacar numerosas situações, fenômenos e interações sociais normalmente mantidos longe de nossas vistas pela crítica apriorística ou pela lamentação penalizada. Deve-se ressaltar o desprezo constante dos intelectuais de todas as tendências pelo povo e sua sabedoria. Isso não data de ontem. O corte entre «episteme» e doxa é o próprio fundamento do conhecimento ocidental e, para tomar apenas um sistema entre muitos outros, o tomismo fez dessa ruptura a prova decisiva de sua construção intelectual: «Bem raros, entre os humanos, são os que alcançam uma ciência profunda das coisas inteligíveis».[56] Isso será, alguns séculos mais tarde, popularizado pelo marxismo estigmatizando «o bom-senso popular como a pior das metafísicas» (F. Engels).

Desde então, num procedimento epistemológico que, em grande parte, se elabora no cruzamento dos dogmatismos tomista e marxista, é de bom-tom entre os intelectuais criticar o próprio conceito de popular por ele não ser «unificado» e comportar uma ampla dose de «subjetividade». Ora, como cada um sabe, o que não é Uno, à imagem de Deus, ou objetivo, à imagem da matéria, não é científico! Essa crítica do «popular», amplamente disseminada, liga-se à desconfiança permanente do intelectual em relação ao «espontâneo», ao vitalismo, ao que não se deixa encurralar pelas instituições. Assim, último avatar dessa desconfiança, é a sociologia inspirada por P. Bourdieu, para a qual todas as práticas sociais são reguladas por instâncias constituídas e oficiais.[57] Daí a miopia do universitário, do político, do jornalista, pois a palheta é rica em exemplos dos que sofreram tal influência, miopia, incompreensão ou denegação quanto à astúcia, à duplicidade e outras práticas intersticiais que escapam às diversas imposições institucionais.

Ocorre que o «popular» não é um «conceito», isto é, algo definido *a priori* e para sempre. Trata-se, antes, de uma série de práticas das quais só podemos nos aproximar empiricamente e descrever fenomenologicamente, não tendo, na maior parte do tempo, nada de racional nem de constante, pois podem mudar de um extremo a outro, valorizar amanhã o que era denegrido na véspera e vice-versa. Assim, sem querer nem poder defini-lo, pode-se dizer que o chamado de popular comporta uma boa dose de confusão ou de laxismo, de *combinazione* ou de outras formas de jeitinho; em suma, de coisas que escapam, ou tentam, ao controle da burocracia sobre o conjunto da vida social. M. Weber bem analisou isso ao falar de «racionalização da existência». Na *Viena fin de siècle* que, por um lado, representa um laboratório *in vivo* bastante útil para a compreensão de nossas sociedades, a resistência à burocracia ganha uma forma original sob o nome de *Schlamperei,* ou seja, quando a incúria da administração se calca na passividade da população. Mais exatamente quando o «pequeno homem» *(der Kleine Mann)* anódino, anônimo, consegue impor-se ao Leviatã da máquina burocrática. A fraqueza do homem sem qualidade triunfa sobre a força do Estado.[58]

O mecanismo é interessante. Não se trata de subversão ativa contra o sistema, de batalha frontal ou parlamentar, como ensinaram e praticaram os revolucionários ou os reformistas de todas as cores, mas antes de uma série de escapatórias, de pequenas astúcias que tornam a vida suportável. Aceitam-se as diversas injunções das instituições – econômicas, políticas, sociais, morais, religiosas –, mas cada um o faz do seu jeito. Os representantes dessas instituições ficam satisfeitos quando a desobediência não é espetacular, nem é reivindicada como tal, nem erigida em modelo a seguir. Tem-se aí o esquema perfeito de uma forma particular do «*laisser-faire*», que, *volens nolens,* reforça o «querer-viver», a socialidade de base. Querer-viver suficientemente instintivo, quase animal, para não se embaraçar com justificações, com o amor-próprio ou com uma consciência de classe que exija de tudo clareza, racionalidade e moral. De fato, o consentimento, «que não deixa de pensar o contrário», forma popular de restrição mental, é uma estratégia de temível eficácia, pois dinamita o elemento sobre o qual o poder resiste através do tempo: a fascinação.

O consentimento que não tem efeito imediato é um desprezo discreto à opressão. Seja qual for a tirania, onde a opressão se exprime com violência, ou a democracia, na qual se exerce a opressão com suavidade, nenhum regime resiste muito tempo aos efeitos do distanciamento interior induzidos pelo desprezo. Pois, ao fim, essa distância interior explode num levante incontrolável, como acontece nos regimes autoritários, ou exprime-se através da *desafeição,* a ser entendida o mais perto possível de sua etimologia, em relação à coisa pública, com todos os perigos inerentes a tal secessão; é o que está acontecendo nos regimes democráticos. Em cada um desses casos, está-se diante de uma reação orgânica de um corpo social que não se reconhece mais nos seus representantes e, confusamente, busca um novo equilíbrio capaz de traduzi-lo melhor.

Obnubilados pela *ação*, considerada há dois séculos como o valor cardinal da modernidade, temos alguma dificuldade para apreciar e mesmo nomear tudo o que lhe escapa; *a fortiori,* concebemos a ação como um valor social tendo eficácia em si. Pela ação política, intelectual, produtiva e psicológica o *homo faber* toma o lugar do criador. A famosa cena do segundo *Fausto* de Goethe, na qual este retraduz a Bíblia do seu jeito, dizendo «no começo era a ação», é muito instrutiva. Nada pode escapar ao «ativismo» dominante e quem tenta fazê-lo é remetido ao inferno da passividade, da moleza, do *laisser-faire...* Longa é a lista dos rótulos infamantes que servem para estigmatizar moralmente as atitudes alheias às injunções do fazer e da utilidade. Daí a extrema dificuldade em compreender o «não ativo» criador ou, ainda, o que Schopenhauer, influenciado pela filosofia oriental, chamava de «apatia elevada»; algo, para ele, dotado de originalidade e de fecundidade própria.[59] É certo que após esses dois séculos de hegemonia ocidental, o que chamei de «orientalização do mundo», observável na atualidade, pode ajudar-nos a compreender um certo *tempo* social mais descontraído, que deixa «correr as coisas» e permite também a cada um «ser ele mesmo». Poder-se-ia, com facilidade, multiplicar as expressões, mais ou menos triviais, que valorizam a serenidade, não como característica psicológica, mas enquanto especificidade do espírito do tempo. Deve-se pensar nisso para compreender a *desafeição* abordada acima. O político, como princípio, é ação, projeto, tanto no que diz respeito ao mundo, à sociedade, quanto a si e aos outros. Coisas que supõem um corpo doutrinário categórico, a consciência da Verdade, da intolerância e até mesmo do fanatismo e disciplina: organização, estratégia e tática para colocar em prática tudo isso. Ora, o que parece predominar é antes uma forma de sincretismo, de ecletismo religioso, moral, filosófico; em suma, o pluriculturalismo que favorece o compromisso com a natureza (ecologia), com os outros (consenso). Compromisso que estimula a participação moderada, ou mesmo inexistente, em projetos com objetivos longínquos, revolucionários, reformistas, liberais ou conservadores. Prestando muita atenção a isso, pode-se dizer que o ceticismo dominante no mundo intelectual é certamente a expressão paroxística da «apatia» social empiricamente observável. A partir daí, torna-se possível compreender melhor por que o consentimento do qual se falou não valoriza mais a ação política. No máximo, esta será objeto de espetáculo; do «Bêbête Show» às disputas eleitorais, numerosos são os exemplos reveladores de uma «política do belo canto», favorecendo a sedução em detrimento da política de convicção que orientara toda a vida social dos tempos modernos.

Aquiescer a tudo significa não aquiescer a nada, já havia observado Lévi-Strauss ao indicar em *Tristes trópicos* que o «consentimento é ao mesmo tempo a origem e o limite do poder».[60] Simplesmente porque, a partir de certo momento, favorece a indiferença. De tanto conceder a todo mundo, a gente se preserva, e as prostitutas bem o sabem, pois, apesar do que se diz com frequência, protegem ferozmente a própria independência, não deixando de ser a «mesma para todos». Extrapolando o propósito, direi que através de um processo de concatenação, o compromisso, o consentimento, o «quietismo» em relação ao mundo e aos outros determinam o jogo duplo e a indiferença diante da coisa pública; o que foi durante muito tempo apanágio de certos povos ou de certas camadas da população, tende agora a contaminar a totalidade da vida social. Assim como o ativismo político foi o valor dominante da modernidade, a «não ação», de matiz estetizante, tende a tornar-se valor universal, com nuanças e expressões bem diferentes de acordo com os países, e emblema da pós-modernidade. Trata-se menos de agir sobre o mundo e mais de aceitá-lo pelo que é; segundo a expressão de A. Schütz, o mundo *taken for granted,* aceito como concedido. Trata-se, dando ao termo o sentido mais profundo, do destino do político. Uma astúcia antropológica faz do que presidiu o seu nascimento (o consentimento) o fator de precipitação de sua morte. Dialética sutil, que não deixa de lembrar a do mestre e do escravo na *Fenomenologia do espírito* de Hegel, pela qual, pouco a pouco, aquele que aceitou a experiência do nada, de não ser nada, da morte, o escravo, torna-se o todo e conquista a sua soberania sobre o mestre destituído. Encontra-se o mesmo na pena dos antropólogos que mostram como no devir das civilizações há sempre uma forte dose de suspeita em relação aos apaixonados pelo poder.[61] No quadro das paixões que regem a vida humana, a *libido dominandi* é sentida como a mais precária, a mais sujeita à caução.

Eu disse destino, pois a *desafeição* é vastamente imprevisível. Mais precisamente, se é bastante fácil para o observador atento perceber os seus indícios, os políticos parecem cegos pela fatalidade e são incapazes de tomar consciência da inversão inelutável que transforma a fascinação em derrisão. Essa cegueira não é, de resto, surpreendente, pois a massa pratica, ainda aí, a astúcia, dando, de maneira quase perversa, sinais contraditórios e logo difíceis de interpretar numa lógica política. Assim, a versatilidade do povo é uma constante nas histórias humanas que se manifesta nos períodos de efervescência pelas traições, pelos levantes repentinos, pela apatia de modo algum prevista, pela súbita febrilidade ou pelas identificações sucessivas com tribunos em oposição. Em períodos calmos, serão as variações eleitorais imprevisíveis; no popular: «um golpe à direita, um golpe à esquerda»; ou as súbitas abstenções. Essa versatilidade portanto está aí para perguntar de maneira lancinante: quem te fez rei? Como disse lindamente Michel Foucault a propósito da precariedade dos destinos políticos: «Os povos amam retirar os favores que concederam por um momento».[62]

Depois de tudo, se o compreendemos como expressão instintiva, instinto animal da espécie, à *libido dominandi* corresponde uma libido inversa «adorando» lembrar que a paixão, base do poder, é jogo e como tal capaz, regularmente, de impulsividade e de outras manifestações afetivas. Eis uma vez mais uma expressão do destino trágico do político, de tanto esquecer ou negar que «o irracional é um autor legítimo da história», expõe-se a sucumbir sob os seus golpes. As reações em cadeia, as efervescências, as adesões aos extremistas ensandecidos e a fascinação exercida pelos líderes carismáticos podem ser consideradas como expressões do retorno do recalcado. Nesse momento fundador, o político consiste em equilibrar todos os elementos de uma sociedade determinada, em particular os seus aspectos passionais como os racionais. Por ter focalizado demasiadamente estes, em detrimento daqueles, rompeu-se o equilíbrio. Desequilíbrio que leva tempo para exprimir-se, mas, ao tornar-se consciente, não é mais alcançável. Desequilíbrio tendo por consequência a implosão da forma política que é a sua causa. A consciência dessa situação exige tempo, notou o perspicaz político Cardeal de Retz: «Os povos fatigam-se algum tempo antes que possam percebê-lo».[63] Mas, uma vez conscientes disso, levam às últimas consequências a destruição da ordem estabelecida. Essa destruição pode ser violenta – as revoltas e as revoluções estão aí para prová-lo – ou consistir simplesmente em fazer secessão, permitindo assim aceder-se, de maneira durável, a uma nova ordem das coisas não prevista pelos detentores do poder.

Essa secessão subterrânea, mesmo se possui alguns traços remanescentes do político, não o considera mais como a via real a ser necessariamente tomada para exprimir-se. As digressões em torno da «sociedade civil», do localismo sob as suas diversas formas, sem esquecer a importância que vem tomando a «municipalização» nesta velha terra jacobina francesa, traduzem com maior ou menor adequação o nascimento dessa nova ordem das coisas. Esta pode ser «recuperada», em parte, pelos políticos, mas se trata de uma fuga para a frente que não engana ninguém.

Como ângulo de ataque heurístico, proporei ligar a implosão do político à saturação da lógica da identidade. Mostrei no meu trabalho anterior como esta, que foi o pivô da modernidade, estava cedendo lugar a uma lógica mais mole, a da identificação. Para ser mais preciso, a das identificações sucessivas, em todos os domínios. Propus até mesmo ver nesse deslizamento a marca da pós-modernidade. Não voltarei portanto a esse assunto. Mas aplicando-o ao nosso propósito atual, pode-se compreender que se o sujeito, senhor e mestre de sua história, está fragilizado, o *contrato* estabelecido com outros sujeitos históricos, a própria essência da política, também o está.

Esse contrato repousava essencialmente sobre a associação desejada, racionalmente organizada, de identidades tipificadas. Identidades sexuais, antes de tudo; profissionais, depois, classes, camadas, categorias socioprofissionais e enfim identidades ideológicas: religiosas, filosóficas, políticas. O poder construiu-se e reforçou-se na gestão e na regulação de tal organização. Esta podia ser conflitual, mas não deixava de carregar a marca da razão; razão consumada, nos momentos e nos lugares democratizados e tecnologicamente avançados; razão potencial nos países e nos acontecimentos dominados pelo conflito, pela ditadura e pelo atraso econômico e social. Pensando no papel desempenhado pelos homens em tal esquema, pode-se, na falta de melhor, rotulá-lo de patriarcado. O poder e o político marcariam assim a realização desse patriarcado, do qual se vê a lenta elaboração na tradição ocidental e que encontraria sob o reino da razão a sua legitimação última: todas as coisas estando bem classificadas, separadas, identificadas, no lugar, a ordem do mundo social pode então funcionar.

Através do que chamei de «identificação», parece que uma certa desestabilização atinge essa ordem estável e imutável. Para utilizar uma metáfora, pode-se dizer que a potência do matriarcado esteja sucedendo ao poder do patriarcado. Compreendam-me bem, trata-se de uma metáfora, isto é, o matriarcado não é um novo conceito que viria substituir o de patriarcado. Tomando por base os historiadores e os antropólogos que utilizam este termo, o matriarcado conota um estado civilizacional mais frouxo, diverso, estilhaçado, mais próximo da vida em suas diversas potencialidades. Assim como pôde dizer Bachofen, o matriarcado não passaria de «anarquia e barbárie». Trata-se certamente de uma apreciação pejorativa, mas que traduz bem o pluralismo, o vitalismo barroco e a proximidade da natureza dos quais se pode ver as manifestações na atualidade. O matriarcado, enquanto tipo-ideal, permitiria dar coerência a todos os valores alternativos ao esquema racional da modernidade. Mostrou-se como, no final do século passado e no começo deste, esse tipo-ideal serviu de cavalo de batalha contra os valores burgueses então no apogeu.[64] A situação agora se acelerou e não é mais como feminista, boêmia ou vanguardista que o matriarcado se apresenta, mas de preferência enquanto afirmação de uma vida não separada que busca se exprimir em sua plenitude e, para isso, ressalta antes de tudo o qualitativo.

Tudo que diz respeito à ecologia, ao cuidado de si, à atenção ao doméstico, à importância do imaginário etc., remete ao qualitativo. Se aceitamos a definição de anarquia de Élisée Reclus: «ordem sem Estado», isto é, ordem sem instâncias superiores controladoras que a determinem *a priori* para assim administrá-la, pode-se ver no qualitativo uma *forma ordenada,* uma ordem interna não menos sólida do que a ordem racional patriarcal. Quanto à barbárie, pode ser a da natureza reinvestida, de um corpo adornado e valorizado, de alimentação menos «adulterada» e de espaços preservados. Coisas cuja atualidade é visível e que não concebem mais o progresso, com a destruição permitida, como a única medida do crescimento humano. Tudo o que é indicado de maneira alusiva determina essa nova ordem das coisas, escapando ao político, cujo inventário não tem mais fim, e que implica uma postura intelectual audaciosa para bem captá-lo.

Em conclusão, com clareza, a força «imaginal» que anima uma sociedade, ou mais exatamente o que chamei de espaço civilizacional, não é a mesma em todas as épocas. Realiza um ciclo que a conduz do nascimento à morte, passando pela idade madura. Nada é eterno! Aquela que presidiu os destinos do político, por sua vez, está saturada. É preciso, claro, tempo para compreender isso. Vê-se, muito tempo depois de sua morte, a luz de uma estrela extinta. Mas muito numerosos são agora os indícios desse desaparecimento para que não se leve isso em consideração. Ainda mais que ao implodir, o político gera outra configuração. Esta se compõe dos elementos que acabo de indicar, delimita a lógica do «doméstico», o qual, conforme inúmeros observadores, invade o espaço deixado livre pelas diversas modulações do político. O utopista Charles Fourier foi o primeiro a destacar o aspecto dinâmico do doméstico. Conhece-se o papel que este desempenhou na concepção do falanstério. Sonho acordado, certo, mas que, perdendo aos poucos as características de uma utopia macroscópica, se capilarizou no conjunto do corpo social até constituir aí o novo polo de referência. De certa maneira, pode-se ver nisso uma revolução, mais ou menos inimaginável no tempo de André Breton, desses «dois estados, em aparência tão contraditórios, que são o sonho e a realidade, numa espécie de realidade absoluta, de surrealidade, caso seja possível falar assim».[65]

Pode parecer bastante audacioso falar de tal «surrealidade» num mundo contemporâneo onde triunfaria o reino da mercadoria e de seus diversos «princípios de realidade» política, ou geopolítica, e econômica. Contudo, em certos períodos, apenas os pensamentos altaneiros conseguem captar as mudanças sociais importantes, as quais, de modo mais ou menos evidente, animam em profundidade as sociedades. No caso, trata-se talvez não de definir, mas ao menos de apontar a força imaterial incipiente que está servindo de legitimação à sociedade pós-moderna. Filósofos da política como Georges Sorel ou, um pouco mais tarde, Carl Schmitt mostraram bem que somente o *mito* permitia a coesão e a mobilização, em situações excepcionais ou na vida diária, de um determinado conjunto social: povos, grupos, classes... Mais que os argumentos ou os interesses utilitários, são os instintos, as energias primordiais, que em certos momentos se mobilizam quanto ao essencial e assim determinam o que fará a cultura, no sentido profundo do termo, da totalidade social considerada. Cada um dos autores citados deu a esse mito o conteúdo que lhe pareceu mais pertinente: socialismo para um, nacionalismo para o outro. Se isso foi relevante, não o é mais na atualidade. Parece que um novo mito está em gestação, a intuição imediata, para retomar a expressão de Durkheim, de uma «vida geralmente boa»;[65] ou, ao menos, de uma vida que se deve viver aqui e agora e da melhor maneira possível. Hedonismo relativista.

Nada há nisso de muito entusiasmante do ponto de vista de uma moral «ativista» ou de uma ideologia com a pretensão de controlar ou de mudar o mundo e a sociedade. Mas como tive frequentemente a oportunidade de dizer, a atitude judicativa ou normativa tem pouco peso diante da onda violenta de um sentimento coletivo tomando consciência de si mesmo. Este não consiste mais no «fazer», na ação, sejam quais forem as suas modulações. E antes em torno da imagem que ele se elabora e reforça. Daí, compreendida no seu sentido mais amplo, a ambiência «mística» que caracteriza a época: comunga-se com outros em torno de emblemas comuns e assim cria-se comunidade. Tomando-o menos como uma nova certeza do que como um convite a pensar, sobressai um novo *ethos* que vê o político ceder lugar à contemplação.

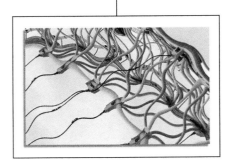

III

A CULTURA DO SENTIMENTO

Gefühl ist alles,
Name ist Schall und Rauch.[*]

Goethe

[*] O sentimento é tudo,
a palavra, som e fumaça.

1

Ambiência, ambiência...

Nada escapa à ambiência de uma época, nem mesmo os que creem ser completamente independentes. Foi possível assim, a propósito da modernidade, falar de uma mitologia do Progresso ou de uma mitologia do fazer. A título de exemplo, lembremos dessa alegre noitada em que, nos limites do *Stift* de Tübingen, Hölderlin, Hegel e Schelling elaboraram, em torno de uma garrafa, o que foi considerado como o «programa sistemático do idealismo alemão». Não foi somente o vinho, mas a ambiência geral do momento que incitou os três jovens teólogos a repensar o todo social a partir de um «ego» todo-poderoso capaz de «fazer» a sociedade ou de reconstruir o mundo na sua totalidade.[67] Cada um deles seguiu um caminho particular, mas é interessante observar que com sensibilidades bastante diferentes, eles não podiam escapar a essa «coisa» imaterial que, paradoxalmente, não se pode «fazer» mas se deve, de toda maneira, sofrer. Poder-se-ia dizer o mesmo das outras grandes testemunhas dos séculos XVIII e XIX que, acima de tudo, foram prisioneiras das concepções do tempo. Teorizando-as, tornaram-se os seus porta-vozes.

Esse paradoxo, que merecia ser destacado, é apenas aparente. Como todas as banalidades de base que nos apressamos em esquecer, a ambiência é condição *sine qua non* de toda vida em sociedade. O termo *Zeitgeist,* espírito do tempo, tem pertinência, pois faz pensar no ar que se respira. É feito de uma multiplicidade de pequenas coisas e, claro, de estruturas macroscópicas. A conjunção e a reversibilidade destas determinam a maneira de viver de cada um e cadenciam a respiração social. Daí a necessidade, para compreender determinado espaço civilizacional, de questionar-se sobre a atmosfera que o banha e permitir-lhe ser o que é. Evidentemente que é difícil conceituar ou definir, rigorosamente, o que por essência é nebuloso. Mas o impressionismo pode ser um bom método para realçar ou mostrar-lhe as principais características. Método ainda mais pertinente num momento em que a saturação do «fazer» torna mais receptivo tudo o que é da ordem do *ambiente*. Extrapolando um termo aplicado por A. Berque à natureza ou ao espaço, pode-se falar de *mediância* social: só se compreende o indivíduo em interação. Interação com o meio ambiente e com o seu meio social. Interação que faz do conjunto algo além das suas partes componentes. A esse respeito, propus o neologismo «formista», para ressaltar que a *forma* é *formante*.

Como precisão, pensemos no discurso dirigido pelo apóstolo Paulo, na Ágora, aos atenienses cultos e um pouco céticos: «Deus é tão vasto e tangível como uma atmosfera que nos banhe. Envolve-nos de toda parte como o próprio mundo». Sabe-se que ele não foi ouvido; no entanto, o apólogo merecia atenção. Trata-se, de toda maneira, de um oximoro: uma «atmosfera tangível». Como todos os contraditoriais em ato, este tem o mérito de bem exprimir a diversidade e a polissemia das sociedades complexas, nas quais cada coisa e o seu contrário podem existir ao mesmo tempo. Com base numa análise de G. Simmel, pode-se estabelecer um paralelo entre essa polissemia e a *Stimmung* da paisagem. A tradução desse termo alemão é muito delicada: entre os poetas românticos, designa a atmosfera no que ela tem de objetivo e de subjetivo. A *Stimmung* curto-circuita o que o racionalismo havia, de maneira arbitrária, separado e mantido como tal. «A *Stimmung* significa portanto o geral numa paisagem específica, independentemente de todo elemento particular.» Assim são reagrupados o campo de visão do sábio e sua causalidade, o sentimento religioso do amante da natureza e a perspectiva finalizada do camponês. Simmel fala a esse propósito de um «modo particular de unidade». De minha parte, prefiro falar de unicidade, isto é, do que dá coerência aos diversos elementos respeitando suas especificidades e mantendo suas oposições. Eis o «contraditorial»: os elementos contraditórios não são superados, mas mantidos como tal.

Feita essa correção lógica, a *Stimmung* da paisagem permite designar nos homens o que unifica a «totalidade dos seus conteúdos psíquicos, unidade que não constitui *nada de singular em si* nem mesmo adere, em muitos casos, a nenhum singular facilmente indicável, mas que representa contudo o geral onde se encontram agora essas particularidades.[68] Eis uma obscura claridade bem germânica, mas que traduz o «trajeto antropológico» unindo elementos heterogêneos, os quais, no conjunto, constituem uma forma que gerará as diversas particularidades individuais. Assim, a ênfase na atmosfera ressalta, de uma parte, a prioridade do global sobre os diversos elementos componentes e, de outra parte, a impossibilidade de privilegiar qualquer um desses elementos. Pode existir hierarquia entre eles, mas todos permanecem indispensáveis. O global sendo no caso o fruto da interação constante, da correspondência ou ação-retroação desses elementos.

Tal perspectiva apresenta a vantagem de ultrapassar a «separação» característica do pensamento ocidental, que levou ao infinito as dicotomias cultura-natureza, corpo-espírito, espírito-matéria etc. Por outro lado, bem enfatiza que cada elemento tem o seu lugar na estruturação e na compreensão do real. Repito-o, quando nada é importante, tudo tem importância. Certo elemento considerado frívolo ou anedótico num pensamento monocausal, como o racionalismo da modernidade, é perfeitamente integrado no pluricausalismo da pós-modernidade. Como se vê, a nebulosa da atmosfera ou da ambiência possui inegável dimensão epistemológica; não é o caso de desenvolvê-la aqui, mas cabia assinalá-la para desmontar, na medida do possível, as críticas destinadas a invalidar sua importância social.

Já mostrei todo o interesse do «formismo» (O *conhecimento comum*, 1988), mas voltarei posteriormente ao assunto. Basta por agora indicar que a *ambiência englobante* determina profundamente as atitudes individuais, os modos de vida, as maneiras de pensar e as diversas inter-relações sociais, econômicas, políticas, ideológicas, religiosas, constituindo a vida em sociedade. Dando a esse termo o seu sentido integral, trata-se da matriz que lhes assegura a gestação e o nascimento. Insistir com essa «condição de possibilidade» permite valorizar ou revalorizar a globalidade da vida cotidiana ou os diversos aspectos de uma vida sem qualidade, tidos até então por quantidade desprezível, cuja sedimentação constitui o substrato sem o qual não há vida social.

Mas, enfatizando a ambiência, reconhece-se uma mudança radical de paradigma: em lugar de dominar o mundo, de querer transformá-lo ou mudá-lo – atitudes prometeicas –, opta-se por unir-se a ele pela contemplação. A prevalência da estética, a perspectiva ecológica, a não atividade política e as diferentes formas do «cuidado de si», os diversos cultos do corpo são, de fato, apesar das aparências, modulações dessa contemplação. Esta, claro, não é sinônimo de isolamento. Na tradição cristã, por exemplo, o monge, solitário mas não isolado, está em relação com a Igreja na sua totalidade. O êxtase na divindade conduz a uma «instância» no corpo social que a representa na terra. O mesmo ocorre na tradição budista, na qual o monge, mesmo se retirando do mundo, participa da sua sustentação espiritual. A tradição dos «trinta e seis justos», da cabala judia, é idêntica: as suas orações e o estudo da lei confortam a totalidade do mundo. Trata-se de uma perspectiva regularmente encontrada em todas as culturas humanas e que remete a uma estratégia específica em relação ao mundo circundante: vistoria, interrogatório sobre as suas razões, submissão à razão, com o lado ativo ou mesmo brutal que isso não deixa de ter, ou, ao contrário, composição e acomodação ao que ele é.

Estratégias que induzem um *ethos* particular. O político corresponde ao primeiro; o que chamei de «doméstico» (*No fundo das aparências*) é a expressão do segundo, que parece representar a atualidade, mesmo podendo ter existido em outras épocas, conforme testemunham a importância do *oïkos* no mundo grego e da *domus* para os romanos e na Idade Média. Trata-se de um *ethos* de valorização do próximo, repousando sobre o «evidente». Um tipo de evidência primordial, comum, aceita, indiscutível. H. Wölfflin, no que se refere à história da arte, mostrou a existência, entre artistas, pintores, escultores ou arquitetos muito diferentes, de uma «comunidade de estilo» que condensa as características gerais de uma realidade viva específica da qual cada um deve participar. O mesmo vale para a vida diária, na qual se exprime, segundo Santo Tomás de Aquino, o *habitus,* através do qual cada um reconhece, sem discussão nem argumentação, o que faz o mundo comum. M. Mauss soube muito bem tirar todas as consequências desse *habitus.* Na sua análise das técnicas do corpo, individual ou social, mostra que este se situa «naturalmente» num espaço determinado, sendo isso que o fará comportar-se «socialmente» com pertinência. Pela mesma razão, um «corpo» transposto de outro meio será inábil, desajeitado, não pertinente com seu ambiente. [69]

Em cada um desses casos, a ambiência do tempo e do lugar determinará a atividade e a criação de qualquer artista ou homem: seja a criação maiúscula de um Bernini ou a microscópica da vida de todos os dias. Não esqueçamos, o «óbvio» faz *comunidade.* A ambiência é de fato matricial. Certo, existem momentos em que, obnubilado pelo «fazer», pelo aspecto racional das coisas, pelo ativismo social, tende-se a minorar essa prática *ambiental.* Então, tudo o que não conta, por não ser mensurável, por ser da ordem do evanescente e do imaterial, é desconsiderado. A arte clássica, os grandes sistemas de pensamento e as construções dos Estados-nação centralizados são exemplos disso. Completamente diferente é o barroco, por exemplo, que repousa menos sobre uma adaptação de linhas sólidas e intangíveis do que sobre um jogo de luz e sombra. Trata-se, segundo um especialista, de um «fator essencial para criar uma atmosfera». Gesù, Sant'Andrea-della-Valle e São Pedro apresentam contraste entre a claridade vinda da gigantesca cúpula e a obscuridade da nave ou sobretudo a das capelas. É deliberado. Tal contraste pretende criar, de maneira teatral, uma ambiência com a finalidade de reforçar o corpo eclesiástico reunido para celebrar Deus. Em referência ao que eu disse antes, vale lembrar que para Burckhardt a cúpula de São Pedro dava o sentimento de *planar* suavemente. O mesmo ocorre com pinturas e esculturas em que os santos se elevam em ascensões vertiginosas de forte conotação erótica. A ambiência tem portanto uma eficácia: gerar um corpo coletivo, engendrar um *ethos*.

Mas o que nos ensina a história da arte não deixa de encontrar eco em outras situações mais profanas nas quais se exprime uma «religação» não menos importante. Basta nesse sentido pensar nas aglomerações musicais, esportivas ou consumistas para medir contemporaneamente essa eficácia. Mudança de cultura, não se falará mais da *Stimmung* de uma paisagem ou de uma catedral, mas do *feeling* de uma relação, do sentimento induzido por um lugar ou de outras categorias não menos vaporosas para descrever um «situacionismo» amoroso, profissional ou cotidiano de consequências nada desconsideráveis na *criação,* na sua acepção mais ampla, de determinado período.

A referência ao barroco permite uma precisão. Eugenio d'Ors utilizava a esse propósito o termo gnóstico *eon* para sublinhar que se tratava menos de um estilo delimitado no tempo e no espaço que de uma sensibilidade, uma postura intelectual passível de ser encontrada em diversos lugares. Metáfora portanto utilizável como tal para compreender nosso tempo. G. Durand de seu lado fala de «clima» ou de «bacia semântica», expressões ainda etéreas ou fluidas que, paradoxalmente, não são menos constrangedoras. O «clima» constrange as individualidades criadoras (repito-o: as grandes obras da cultura ou a cultura no cotidiano) à repetição de um estilo que *assinará* «tal domínio ou momento cultural».[70] Existem portanto «climas culturais» aos quais se ajustam a sombra e a luz, a estática e a dinâmica, para constituir a música específica que banha a atividade e a vida, inexplicáveis sem isso, de cada um.

A palavra música permite compreender o aspecto lancinante que tem por vezes esse «espírito do tempo». Não escapamos à sua influência e mais de uma vez surpreendemo-nos cantarolando-o. A contaminação desempenha aí um papel tão importante que seria necessário falar em termos de epidemiologia. Assim, numerosas são as situações em que a excitação se espalha passando de um a outro. Não é menos frequente ver a emotividade submergir os bloqueios ou as barreiras intelectuais de indivíduos perfeitamente racionais, em todos os domínios: o religioso, claro, mas também o musical, o esportivo, o político. Pode-se assim compreender e analisar o surpreendente fenômeno que é a moda, nascido da necessidade de singularizar-se, mas que só existe produzindo a mais evidente imitação. A moda – no vestuário, na ideologia, na linguagem etc. – traduz bem essa «inflação do sentimento» (G. Simmel) suscitada pela atmosfera dominante. O indivíduo não é, ou não é mais, dono de si, o que não significa não ser ator. Ele certamente o é, mas como quem recita um texto escrito por outro. Pode acrescentar a entonação, pôr mais ou menos calor, eventualmente introduzir uma réplica, mas continua prisioneiro de uma forma que não pode em hipótese alguma alterar a seu belprazer. Neste tempo em que é de bom-tom falar em individualismo, sendo difícil questionar esse pensamento institucionalizado, não é inútil lembrar a evidência empírica da imitação apaixonada, desse instinto animal que nos impulsiona, em geral, a «fazer como os outros». Simmel via nisso um fenômeno sociológico dos mais instrutivos: «o indivíduo sente-se arrastado pela «ambiência» agitada da massa, como por uma força exterior, indiferente ao seu ser e à sua vontade individuais, entretanto essa massa é constituída exclusivamente por tais indivíduos».[71]

O painel está bem feito. Ele pode até mesmo ter consciência de que é arrastado, mas nada faz. Pareço colocar entre parênteses a minha própria personalidade: por um momento, mais ou menos longo, torno-me estrangeiro a mim mesmo. A partir de constatações cotidianas, observa-se mesmo que posso estar lúcido em relação aos outros, mas não quanto a mim. Basta ver o conformismo do pensamento – o aspecto *clânico* dos agrupamentos, a intolerância teórica no meio intelectual, que deveria ser o mais estranho possível aos fenômenos de moda – para se apreciar a precisão de tais observações. De fato, para retomar uma hipótese formulada numa obra anterior (O *tempo das tribos),* deve-se reconhecer que em certas épocas predominarão o contágio afetual, os fenômenos emocionais, épocas dominadas pelo «imaginal», gerando um tribalismo exacerbado. A massificação da cultura, do lazer, do turismo, do consumo é, claro, a causa e o efeito de tal tribalismo. Não é menos claro, a fim de precisar o que já foi dito sobre esse tema, que o tribalismo só pode (re)nascer quando a ambiência impõe-se à razão. Por favorecer o imaginário, o lúdico, o onírico coletivo, ela reforça os microagrupamentos. Funciona, enfim, como a moldura que os protege e realça. A ênfase na ambiência e na contaminação pode esclarecer a dialética existente entre representações individuais e coletivas. Assim como para todos os aspectos da vida social, a modernidade alicerçara-se sobre a convicção de que eram o fruto de um determinismo racional, evolução própria ao indivíduo, evidentemente, resultado da educação e das diversas formas de socialização, mas também evolução global da humanidade, a qual, tendo partido da situação bárbara e primitiva conhecida, chegaria ao patamar civilizacional onde tudo seria medido segundo os parâmetros da razão. O «progressismo» e o «desenvolvimentismo» otimista dos tempos modernos são assim resumidos: combatendo e depois vencendo as forças obscuras do irracionalismo, as representações individuais permitiam a cada um dirigir sua vida, segundo suas convicções, para sua plena satisfação. Do mesmo modo, contratualmente, isto é, de maneira pensada, essas representações não deixavam, por acréscimo consciente, de constituir representações ou sistemas de representações coletivas utilizados para dirigir a vida pública do Estado-nação ou de outros conjuntos organizados segundo o mesmo modelo.

A política, não o esqueçamos, é o modelo acabado dessa dupla evolução. A democracia é o resultado lógico disso, consistindo em organizar racionalmente os diversos membros da sociedade. Nessa perspectiva, representações individuais e coletivas são perfeitamente claras para elas mesmas. Transparentes à análise, a exemplo das agregações que suscitam: grupos, partidos, associações, nações; todos objetivos e com finalidades passíveis de objetivação. Pode-se assim definir a modernidade por adágio: «política antes de tudo» ou, ainda, «tudo é político». Esta seria a expressão de um «ego» transcendente (Sartre), separado e distinto de outros «egos» não menos transcendentes com os quais forma sociedade.

Mas se tal esquema, elaborado a partir da Renascença e reforçado nos últimos dois séculos, foi pertinente até agora, pode-se dizer que, no equilíbrio cíclico das histórias humanas, está cedendo lugar a outra configuração. Parece-me, aplicando a nosso propósito uma «forma» elaborada por mim em obras anteriores, que a fusão das emoções comuns está sucedendo à distinção das representações separadas. Apolo *versus* Dionísio; o político opondo-se ao «espiritual». Ou, ainda, o homem do poder cedendo lugar ao homem da potência.

Nesse esquema, a potência, da socialidade de base, da força instituinte, pôde ser, durante todo um ciclo, canalizada pelo poder instituído (social, econômico, político), mas não exerceu menos uma pressão subterrânea capaz de explodir na primeira oportunidade. Outro ciclo, portanto, recomeça. Ao longo deste, as «representações» de todas as ordens integram toda uma série de parâmetros espirituais funcionando menos sobre a convicção racional que sobre a fascinação e a contaminação. Essas representações exercem uma forma de «osmose», de autodifusão que não utiliza os canais tradicionalmente definidos pelo racionalismo ocidental.[72]

À luz dessa reviravolta, devem ser analisados os diversos fanatismos religiosos, os movimentos de massa, o desabamento dos sistemas ideológicos mais rígidos, a queda dos regimes políticos e das ditaduras aparentemente muito sólidas, todos resultantes da pressão irresistível de «nós» fusionais cujo cimento é feito de ideias comuns que contaminam, um a um, multidões cada vez maiores. Essa pressão, inicialmente subterrânea, depois explosiva, das ideias comuns é uma constante das histórias humanas, mas se exprime brutalmente nos períodos de passagem a uma nova era; daí o interesse sociológico em analisar-lhe a emergência nem que seja para compreender o fundamento de uma cultura nascente. A exemplo do *Gênese* que fala do «espírito de Deus flutuando sobre as águas», todos os mitos fundadores recorrem ao nebuloso, ao fluido, ao movediço. Antes de se solidificar em civilização, a cultura é pois uma questão de ambiência.

Ao analisar o «clã», que pode ser considerado como o grupo de base de toda sociedade, Durkheim mostra a importância dos elementos imateriais favorecedores do que chama de «comunhão de consciências». De fato, de um ponto de vista institucional, falta ao clã particularmente «consistência». A autoridade é pouco centralizada e, através do nomadismo, o território, pouco delimitado. Daí a importância da atividade simbólica que assegurará a coesão do conjunto. Durkheim chega a dizer que o emblema, por exemplo, é o «clã pensado sob uma forma material».[73] Eis uma forte expressão capaz de bem salientar a eficácia do simbolismo. O que vale para o clã, enquanto estrutura original, pode ser apropriado no quadro geral de nosso propósito: cada vez que se faz referência à fundação, cada vez que é necessário recorrer a ela, despertam-se os sentimentos comuns. Nada racionais, sem utilidade direta, difíceis de localizar com precisão, não deixam de constituir uma inegável força, instituinte, bem mais sólida do que numerosas construções racionais, as quais, em geral, chegam depois. Trata-se de um paradoxo importante: a consistência de um conjunto social vem essencialmente de uma força invisível que toma corpo nos totens, emblemas ou imagens diversas e assim constitui o corpo social.

Não nos enganemos, tal «princípio totêmico» não é de forma alguma o apanágio das sociedades primitivas. Sabemos que, sob diferentes nomes, o clã perdura em todas as sociedades. Talvez ganhe até mesmo uma importância maior na atualidade. Com certeza, a procura do que funda, seja qual for a agregação social, leva sempre ao encontro da partilha das ideias comuns, de sentimentos coletivos ou outras imagens emblemáticas, cuja estrutura de base constitui uma ambiência matricial e assegura assim o enraizamento dinâmico da sociedade em questão. Quando cessa o terrorismo do Progresso teleológico ou da história com sentido garantido, os mitos fundadores voltam a ter importância. Freud mostra em relação aos indivíduos o que Durkheim analisa nas sociedades. Toda a abordagem freudiana de «uma recordação de infância de Leonardo da Vinci» repousa sobre um postulado essencial: «o que um homem crê se lembrar de sua infância não é indiferente».[74] Fantasma, fato historicamente localizável? Pouco importa. Pois as lembranças de infância são fundamentos. «Se é da sua infância como de um país» (Julien Green). É isso o enraizamento dinâmico. Pouco importa o verdadeiro em si. Verdadeiro é o que serve de alicerce e de prova a uma construção posterior. Assim como para o indivíduo, a «recordação de infância» serve também de memória popular. Tudo o que diz respeito às lendas, aos costumes e aos contos é muito mais relevante do que se crê. As tradições orais existem como elementos de uma história inconsciente que, mesmo sendo «inconsistente», serve de substrato ao estar junto e ressurge sempre que a necessidade se faz sentir. A oralidade manifesta-se tão bem no reaparecimento das histórias locais quanto no folclore regional, sem esquecer o sucesso das narrativas biográficas e outras referências ao local, e tem sua consagração «científica» nas metodologias ligadas às histórias de vida individuais ou de grupo. Em todas as situações, a ambiência é relevante. Não se considera somente o objetivo, mas também essa espécie de subjetividade latente das lembranças individuais ou coletivas. Deve-se estar atento a tudo isso. Há momentos em que a vida social não tem mais a regularidade e a racionalidade de um programa político. Nesses momentos, o sonho e a realidade fundem-se, o fantasma torna-se uma criação do espírito coletivo e cria, por sua vez, esse espírito materializado que é um povo. Essa criação não possui a consistência nem a solidez pretendida pelo *homo faber* da modernidade, mas lembra que é sempre do caos ilimitado e indefinido que surgem as novas formas.

2

A força viva do sentimento

A transfiguração do político completa-se quando a ambiência emocional toma o lugar da argumentação ou quando o sentimento substitui a convicção. Isso se preparava depois de muito tempo. Assim, Goethe, de quem se gabava a sabedoria olímpica, prefigura, no apogeu da modernidade, a saturação de uma ordem das coisas fundada na razão ao declarar que «o sentimento é tudo» (*Gefühl ist alles...*). No caso, e sua posição no seu tempo merece atenção, trata-se para ele de relativizar a razão, valorizando particularmente a «intuição sensível». Nisso, ele se aproxima da filosofia de Schopenhauer que pretende unir razão e experiência e cuida para não fazer de nenhuma delas uma entidade isolada e válida em si.[75] Destacar o papel da intuição em relação à simples razão argumentativa é uma boa propedêutica capaz de nos introduzir num mundo experimentado e partilhado com outros. Efetivamente, enquanto o racionalismo favorece uma concepção de indivíduo autônomo, senhor de si e produtor da História, coisas que formam a base da política, a intuição, o sensível e a experiência salientam principalmente o aspecto estético da existência comum.

Talvez seja por isso que termos como estética, estetizante e estetismo tenham má fama na lógica do dever-ser que tende a prevalecer no moralismo dominante. Têm sempre conotação pejorativa e servem à invalidação daqueles a quem são aplicados. Já tive a oportunidade de mostrar *(No fundo das aparências)* que a estética, de acordo com a sua etimologia, não deixa de ter um valor ético. A estética estabelece uma estratégia particular: controla-se menos o mundo que não se goza. Mas esse gozo, é preciso insistir nisso, nada tem de individualista; é, por definição, partilhado. Nesse sentido, estética significa intersubjetividade. Como tipo-ideal, não é ilógico projetar um indivíduo racional autossuficiente ou ao menos só estabelecendo relações funcionais e utilitárias com os seus semelhantes. Coisa totalmente impensável na ordem da estética: só posso vivenciar com outros. Mas enquanto a relação funcional é sempre direcionada, logo identificável e analisável como tal, a emoção comum esgota-se no ato, basta-se a si mesma; daí o seu aspecto imprevisível, polissêmico e, particularmente, inapreensível. Características que tornam a estética suspeita, pois estamos acostumados a tudo medir conforme a utilidade e a previsibilidade.

Ocorre que, como no retorno do recalcado, a expressão do coletivo tende, para bem ou mal, a prevalecer contemporaneamente.

Tem-se necessidade de vivenciar com outros emoções fortes, seja na violência das gangues de jovens na periferia das cidades grandes, na desafeição em massa referente à ação política, nas diversas aglomerações que pontuam a vida social ou mesmo nos fanatismos de todos os tipos – raciais, religiosos, étnicos. A política racional que a modernidade levou mais de dois séculos para edificar, sofrível e conscienciosamente, submergiu sob violentas ondas não racionais capazes de deixar estupefatos os responsáveis, autoridades e políticos nacionais e internacionais. Como bolhas episódicas produzindo-se numa superfície plana de água, onde menos se espera, explosões de intensidade e qualidade variáveis acontecem aqui e ali, sem que seja possível, de fato, prevê-las e evitá-las. Pode ser um conflito de trabalho a respeito de reivindicações totalmente irrealistas, uma explosão de exasperação de algum grupo social ou de uma geração, uma reivindicação étnica, uma efervescência religiosa ou mesmo uma afirmação nacionalista, a paleta é tão ampla quanto as ocasiões possíveis. Acontecerão, indiferentemente, em países industrializados e do Terceiro Mundo; atingirão sem distinção as sociedades capitalistas ou as que se pretendiam socialistas. Nada nem país algum está livre. Não há mais classes sociais intocáveis. A ebulição é geral, e o fogo está sob todas as panelas.

Precisemos entretanto que isso não implica nenhuma catástrofe, a não ser talvez da parte dos responsáveis pelas instituições econômico-políticas ou dos que têm por profissão teorizá-las de dentro ou de fora. Quanto ao resto, as explosões em questão deixam surpreendentemente serenas as populações atingidas. Falei a esse propósito de estoicismo popular: aquilo sobre o que não posso ou não quero agir me deixa indiferente. Como essa ebulição não é planejada, nem racionalmente organizada e nada tem de direcionada, é vivida pelo que é, a expressão de um sentimento coletivo, de uma emoção comum experimentada até então subterraneamente e que de repente jorra abertamente. Aí a intuição da experiência funciona bem: o que vivo com os outros aqui e agora, o que vivi com outros em tal ocasião de efervescência, sei, por um *saber incorporado* (é isso a intuição), que outros podem vivê-lo alhures ou pelos mais diversos motivos.

Motivos que podem me ser desconhecidos, mas cuja essência me é familiar: rituais que servem de anamnese ao estar-junto.

De fato, e não se trata de um inútil paradoxo, a saturação do político destaca, por oposição, a emergência de uma nova forma de socialidade. Basta prestar atenção para discernir-lhe a riqueza original e a fecundidade. Por não terem objetivos precisos, as efervescências emocionais, das quais acabo de falar, exigem um acréscimo de atenção. Quando um aparece em destaque, frequentemente com estardalhaço, é fácil observar que serve, na maior parte do tempo, de «pre-texto», variável quanto à formulação, mudando quanto à expressão. «Pre-texto», conforme a etimologia do termo, pois anuncia o verdadeiro texto social escrito no dia a dia.

A especificidade dessa ebulição, como de toda cultura nascente, é o «presenteísmo», que se esgota *in actu,* basta-se a si mesmo e, para além de algumas de suas afirmações, não se projeta no futuro. Numerosos são os conflitos sociais que ganham sentido à luz de tal presenteísmo. Para retomar uma distinção importante, muito pouco considerada nas análises correntes, a política, no seu conjunto, é *dramática,* isto é, repousa sobre a busca de soluções: todos os problemas são ou podem ser resolvidos. Daí a gestão primordial do tempo. Diferente é o sentimento *trágico* da vida presente na origem das diversas efervescências coletivas. Para este pouco importa o objetivo a atingir, a finalidade, somente tendo sentido o momento «oportuno» partilhado aqui e agora. Sob essa luz se pode compreender a volta em força desses rituais, de maior ou menor importância, que pontuam a vida social.[76]

Rituais cotidianos, claro, todos os pequenos gestos anódinos executados sem que se preste grande atenção neles; rituais políticos cada vez com maior importância na atualidade corriqueira, mas também nas eleições; rituais patrióticos ou comemorações diversas, históricas, folclóricas, regionais ou rituais esportivos que, com ajuda da televisão, ocupam em certos momentos, de forma lancinante, o essencial da cena social; rituais de conflitos diversos, públicos ou privados, que repetem ao infinito o vaivém amor-«desamor», a atração-repulsão, base de toda agregação social. Poder-se-ia prosseguir sem problemas essa lista. Basta dizer que esses rituais são como tantos jogos trágicos que cristalizam os elementos afetuais e emocionais negligenciados pelo racionalismo ocidental. Marx, na *Questão Judaica,* via na política a forma profana da religião. Ele não disse, na época isso estava implícito, que se tratava da religião cristã, tendo por pivôs essenciais um Deus criador, um além a atingir e uma transcendência absoluta. Nesse sentido, com efeito, a política retoma simplesmente a sequência de tal visão de mundo transcendente e «futurista». O ritual, em contrapartida, lembra que pode existir uma religião sem Deus e sem finalidade. Se é «unido» para estar unido, nada mais. Trata-se de uma espécie de transcendência imanente, da busca de uma felicidade terrena que não repousa sobre nenhum adiamento do gozo. É nesse sentido que se pode falar em trágico: não há um além para o que se vive agora. A política, então, não tem mais razão de ser, pois não há mais tempo a gerir. No máximo, ele pode também entrar na imanência absoluta e tornar-se o espetáculo que, de resto, não deixa de ser. Assim, o político perde o que tinha feito a sua grandeza e especificidade durante toda a modernidade: a administração do sagrado que, sucedendo ao sacerdote e ao rei, terminou por controlar.

Assim, o rito, que une por unir, não tendo, rigorosamente, nenhum conteúdo, é uma boa ilustração do imanentismo. Durkheim bem o compreendera ao ver que a «religião ultrapassa a ideia de deuses» ou, ainda, «existem ritos sem deuses». Para ele, tal constatação, fundada sobre uma investigação histórica precisa, permite insistir sobre as «relações culturais», fundamento de toda vida em sociedade.[77] Pode-se extrapolar o seu propósito, ainda mais que o conhecimento das religiões se aprofundou e sobretudo se ampliou. As religiões extremo-orientais, o budismo, por exemplo, são, desse ponto de vista, particularmente esclarecedoras, enfatizando a «religação» característica das práticas culturais. Os ritos, aos quais se fez referência, mostram bem que o sagrado pode tomar a forma direcionada, «futurista», do político, mas pode também perdurar de maneira radicalmente diferente, favorecendo uma moral intramundana, suscitando ações caritativas que se bastam, trabalhando em prol de ideais laicizados, como a paz no mundo ou outras ações sem compromisso com o «além». Em síntese, os ritos sem deuses contentam-se em exprimir o «divino social» (Durkheim), isto é, um social autossuficiente que encontra em si mesmo a sua significação.

Trata-se de um processo de inversão que se observa com frequência nas histórias humanas. A energia projeta-se para o exterior, «utopiza-se», exprime-se em maiúsculo e cria, logo, grandes entidades: Deus, Estado, Revolução, Progresso..., reverenciados, em consequência; nesse caso, a energia é extensiva, econômica. Ou, ao contrário, ela é despendida no interior, apega-se ao minúsculo e cria, por isso, pequenos deuses intercambiáveis e efêmeros, ligados aos lugares e aos momentos. A energia torna-se então intensiva, «ecológica». É isso que nos revelam a multiplicação e a exacerbação dos ritos cotidianos. Estes exprimem bem o que propus chamar de «socialidade sem utilidade ou sem finalidade», um estar-junto em estado puro.

Deve-se insistir nisso pelo fato de que é muito comum estabelecer uma estreita relação entre o fim do político e uma suposta inércia popular. Mais um estereótipo destilado pelos que têm dificuldade para admitir a existência de pensamento sem objetivo ou ação teleológica. Em verdade, pode-se formular a hipótese de que com a saturação do político, a energia transfigura-se, toma outra forma, mas permanece não menos potente. Eis a inversão da ex-tensão para a in-tensão. Voltemos à análise dos ritos feita por Durkheim, segundo o qual «os gestos que constituem os ritos não são vazios...», mas servem para «revigorar as consciências». Ele fala mesmo a esse respeito de «influência dinamogênica» da religião.[78] Isso dá ao poder criador a ideia que engendra os ritos. Repito-o, criação que pode ser minúscula, cotidiana, mas cuja eficácia não é menos real. No fim das contas, é a criação da própria vida, uma vida que se basta. Os ritos, nesse sentido, recentram a atenção no próximo, na proxenia, no doméstico como instância de base de toda sociedade.

Portanto, energia e dinâmica que se contentam, de qualquer modo, em reproduzir a si mesmas. Mas, por isso, de maneira instintiva, protegem a vida, asseguram a sobrevivência, pensam na perpetuação da espécie. Os ritos ao focalizarem-se no insignificante favorecem a responsabilidade e tomam o lugar do político, que tinha justamente fundado toda a sua legitimidade no sentido de responsabilidade. Assim, o interesse pelo que está próximo não é nenhum pouco objetivo nem fundado sobre argumentações ou construções abstratas. Ao contrário, é empático e valoriza o sentimento, o emocional, o afetual. Coisas que vibram, em momentos particulares (ritos), pelo simples prazer do estar-junto. Retomemos ainda uma observação de Durkheim sobre a religião: «Todo o nosso estudo repousa sobre o postulado de que o sentimento unânime dos crentes de todos os tempos não pode ser puramente ilusório».[79] Prudência do sociólogo positivista, mas suficientemente atento aos fatos para reconhecer o impalpável, o imaterial, o inútil que não deixa de ser útil, as formas puras do rito que fazem sociedade sem remeter a nenhum além. Em resumo, o que se esgota em si mesmo resulta, por vezes, em fundação e serve de raiz para o que, na sequência, será chamado a desenvolver-se.

Que pode haver de mais evanescente que o sentimento? Os políticos, as diversas autoridades, que beberam profundamente nele sabem como agir quando, depois de ter-lhes sido favorável, o sentimento popular inverte-se. Ao mesmo tempo, sua presença é constantemente perceptível nos eventos políticos, nas manifestações de massa, nas grandes ideologias e, claro, em toda efervescência fundadora: revolução, revolta, golpe de Estado etc. De vez em quando, obviamente, esse sentimento se contrai em ritos: condensação da energia que, assim, revigora o corpo social, (re)põe o tônus que um ativismo demasiadamente exterior o fizera perder. De fato, e trata-se aí de uma característica da modernidade, o amor do longínquo, o desenvolvimentismo e os ideais voltados para o futuro têm, de algum modo, «fatigado» o corpo social pela imposição, em mais de dois séculos, de uma enorme tensão. A mudança de valores operada durante esse período está aí para servir de prova. Daí a necessidade de recentramento, de retorno às fontes do que constitui o fundamento ou a razão do estar-junto. O rito enquanto condensação do sentimento, por definição repetitivo, repousa sobre o *déjà-vu,* o «já sabido» repousante, distensão necessária após uma longa efervescência.

Essa é justamente a função atribuída por Durkheim aos «ritos expiatórios», que regularmente fazem chorar, entristecer-se, manifestar cólera; essas grandes manifestações coletivas «restituem ao grupo a energia» que ele estava ameaçado de perder e permitem-lhe «recompor-se».[80] Vê-se bem que esses ritos expiatórios não são racionalmente estabelecidos, nem objetos de decretos particulares, mas gerados pelo sentimento coletivo. É, de toda maneira, a reação de um corpo específico qualquer: a grande sociedade, um grupo intermediário, uma pequena tribo, uma estrutura familiar ou mesmo amorosa que experimenta a necessidade de «recompor-se» e, por isso mesmo, de partilhar o choro ou o riso; resulta disso o reforço da comunicação, e o corpo social sabe novamente, através de saber incorporado, o que faz junto.

Aplicar esse esquema à sociedade pós-moderna é bastante fácil. Como não ver na multiplicidade dos *faits divers* mais ou menos sangrentos, na importância da anedota que faz chorar, no casamento real que faz sonhar ou nos sofrimentos da *star* invejada, ocasiões favorecendo a expressão de tais ritos expiatórios. Chora-se, ri-se, participa-se à vontade e sente-se assim em comunhão com a totalidade do corpo social. Ocorre que a mídia, principalmente a televisão, favorece essa «correspondência» mágica. Não é preciso nenhum estudo científico para compreender a importância, em nossas «estranhas lucarnas», das catástrofes acontecidas nos quatro cantos do mundo. Não nos poupam de nada: incêndios e terremotos, corpos calcinados, cadáveres amontoados, garotinhas agonizando durante dias sob o olho impotente das câmeras etc. Trata-se, sem que se esteja bem consciente disso, de uma maneira de reforçar a comunhão moral. Ritos televisuais centrados no insignificante, do ponto de vista político, que, entretanto, não deixam de *fazer sociedade*. Sabe-se que, no mundo inteiro, milhões de pessoas participam das mesmas alegrias e dores, numa nova «comunhão dos santos», com a mesma eficácia daquela que une, no seu ato fundador, os fiéis da Igreja cristã.

O *fait divers* como nova mística! Nada há nisso de frívolo. Mas a tradução da força viva do sentimento. *Aglutinum mundi*, essa cola do mundo sobre a qual se interrogavam os alquimistas da Idade

Média, depois de ter sido a marca da religião e do político, exprime-se na atualidade na religiosidade cotidiana através de uma multiplicidade de rituais cujo inventário ainda precisa ser feito.[81] Enquanto tantas forças centrífugas operam – agressividade, violência, egoísmo, indiferença –, o que sustenta o mundo, assegurando-lhe tal coerência? Inspirando-me livremente em Nietzsche, propus em obras anteriores considerar a vontade ou o querer-viver social como uma das respostas a essa questão. Tomam-se, com muita frequência, essas noções como expressões de um otimismo inveterado. Nada disso. O querer-viver, no que tem de primário, de vital, de teimoso, é, por muitos aspectos, trágico. A consciência só lhe vem por acréscimo; ele é antes de tudo a expressão de uma paixão ou de uma atração meio animal.

O rito rememora tudo isso. Depois de uma forte pressão racionalista, que durou toda a modernidade, ele mostra o papel desempenhado pela paixão comum no fato social. Assim como mostrei alhures (*O tempo das tribos*), o rito é essencialmente tribal, constitui o próprio fundamento da memória coletiva e serve de cimento às representações comuns, lembrando, em data fixa, a eficácia renovada destas. A vida cotidiana encarrega-se do restante que, através dos hábitos, costumes, gestos, conhecimentos incorporados e, claro, da educação institucionalizada instila o útil à coerência social. Aristóteles, falando da *exis,* ou Santo Tomás de Aquino, com o *habitus,* demonstraram a importância desse ritual: ele encarna, no sentido profundo do termo, dá «carne» ao sentimento experimentado na participação num grupo. Já Halbwachs sublinhou a ligação existente entre a memória coletiva e a repetição: «tudo se passa como se a lembrança só fosse repetição». Surpreende ver que ao contrário de uma concepção linear e finalista da História, o retorno do tribalismo é causa e efeito de uma concepção cíclica do tempo. As diversas celebrações estão aí para prová-lo, assim como a constituição das pequenas tribos; o ressurgimento da etnicidade coroando tudo isso, a repetição, o rito, o ciclo reforçam um sentimento vivido na proximidade. O rito, nesse sentido, favorece, para bem ou mal, o desencadeamento das paixões. Sua função principal, ou quem sabe única, é «celebrar o clã, suscitar entre os seus membros a paixão por ele».[82]

Tudo isso é evidente quando se considera um evento esportivo mundial em que, sem muito conteúdo racional, se apoiará, até mesmo com ajuda da violência, a equipe nacional. Trata-se aí de um rito incontornável, a tal ponto que o chefe de Estado chega a retardar sua participação numa importante reunião econômica com seus pares a fim de estar presente à final do futebol e prestigiar a equipe de seu país. O «rebelde sem causa», o «fã», o «*hooligan*» ou qualquer outro marginal socando o ar para manifestar seu apego à equipe, pela qual veio de muito longe torcer, deve ser colocado no mesmo plano do referido chefe de Estado. Cada um, do seu jeito, reforça a paixão comum, participa de um ritual de anamnese, celebra, numa palavra, o clã ao qual pertence. Nada há de muito racional nisso tudo, mas antes a expressão, mais ou menos brutal, do sentimento de identidade tribal, afetual; recomposição de uma força viva, bárbara, que a modernidade acreditava superada, imposta com virulência na retórica do corpo social sobre si mesmo.

Deve-se, em verdade, precisar que ao contrário da razão, por princípio universal, o rito, enquanto condensação de sentimentos coletivos, é perfeitamente circunscrito, limitado a uma tribo. É o que os sociólogos, etnólogos das sociedades contemporâneas ou jornalistas observam em relação aos microgrupos urbanos, os quais se exprimem, comunicam e dão-se a ver através de um ritual bastante complicado, muito preciso, necessitando, para ser bem interpretado, um sólido conhecimento interno. Mas para além dos nossos «índios metropolitanos» ou outros «zulus» de periferia, pode-se tomar como ilustração pertinente esse país «pós-moderno» que é o Japão. Pós-moderno, pois conforme a definição proposta por mim, permite a sinergia dos elementos «arcaicos», tradicionais, e da tecnologia de ponta. No caso, os nipólogos (Berque, Pons) não deixaram de salientar a importância da noção de «forma», os *kata*. Estes aparecem nos gestos formalizados, nas relações de cortesia, na vida diária e, claro, de maneira emblemática, no exercício das artes marciais. Numa tese defendida na Sorbonne, Tokitsu Kenji mostra como esses *kata* condensam a experiência social e sublinha o fato de que predomina nesses gestos formalizados a transmissão não verbal, só importando o ato e sua aprendizagem. Enfim, o *kata,* enquanto expressão de uma sensibilidade coletiva, «pressupõe a homogeneidade de um grupo social suficientemente limitado e pouco móvel».[88] Todos os ingredientes responsáveis pela eficácia do rito aí estão. Deve-se observar que o vivido em destaque nas artes marciais vive-se em pontilhado na totalidade da vida japonesa: tudo é objeto de uma codificação precisa que o estrangeiro tem dificuldade para desembaraçar. É aí que se pode falar em paradigma pós-moderno em relação a essa sociedade: os códigos tecem as redes constitutivas do corpo social. Nada mais de um grande conjunto homogêneo, o Estado-nação moderno do qual o jacobinismo é o protótipo, mas uma sequência de pequenos conjuntos com seus ritos particulares combinados em cerimônias sem fim, de necessidade inquestionável, nem que seja por permitir aos microgrupos ajustarem-se uns aos outros sem ser pela violência. Paradoxo que merece ênfase: enquanto nada o predispõe a isso, o ritual é a ocasião de uma comunicação das mais intensas.

Ao analisar essa etiqueta e o seu funcionamento, Pons ressalta que esse ritual e as redes de troca estimuladas por ele inscrevem-se particularmente bem num «mundo dominado pela imanência».[84] Trata-se de uma observação relevante que corrobora, e conclui, o esboçado acima sobre o sentimento coletivo, sua expressão ritual e a tribo que lhe serve de suporte. Efetivamente, os signos, a «função sígnica» retoma importância quando não há objetivos longínquos ou de outros mundos, religiosos ou profanos, a atingir. A etiqueta não sendo mais do que uma ordenação, formal, de todos esses signos particulares se esgotando no próprio ato. Estes podem ser muito diversos e com frequência contraditórios. Nem por isso deixam de integrar uma mesma coerência. Assim, de maneira anedótica, surpreendi-me quando de um passeio em Tóquio, em companhia de um amigo japonês, com a proximidade existente no bairro Shibuya entre a estátua do cão Hachiko, símbolo da fidelidade e lugar de encontro emblemático dos jovens apaixonados da cidade, e as ruas, a alguns minutos dali, apinhadas de *love hotels,* onde se alugam, para casais ilegítimos, quartos de amor por hora ou meia hora! Eis a justaposição de signos opostos constituindo, *stricto sensu,* o «contraditorial» em ato: não se tenta superar dialeticamente os elementos opostos; eles são mantidos, ao mesmo tempo, entendendo-se que cada um dentre eles exprime uma parte do real tal qual ele é. Ultrapassa-se a lógica da modernidade, pela qual só o racional é real, através da lógica «contraditorial», à qual se ajustam, como podem, as múltiplas expressões do sentimento coletivo.

3

O supérfluo necessário

Há na busca do inútil uma espécie de instinto vital, algo de obscuro que não visa a nada e não quer nada, o que Schopenhauer chamava de «vontade cega». No curso de uma trajetória individual, é frequente se observar essa hibernação cíclica, o mesmo ocorrendo com as civilizações, que têm necessidade de congelar seus valores por algum tempo a fim de recompor a própria saúde. É possível que a saturação do político ou, ainda, valendo o mesmo, de uma ideologia, do «tudo é econômico», seja simplesmente a expressão dessa vacância. Pode-se imaginar que, na longa duração, numa espécie de equilíbrio cíclico, conheça-se a influência alternada do *otium* e do *negotium;* o *lazer* de um lado, com os valores que lhe são próprios, o «negócio», de outro, com o estilo de vida, as maneiras de ser e as representações, que não deixa de impulsionar. Tendo isso em mente, pode-se apreciar na justa medida essa pulsão social que força a busca, em todos os domínios, do inútil, do que não tem sentido, à imagem da noção de «despesa» em G. Bataille, cujo esgotamento dá-se no ato ou no gozo puro.

Precisemos, sem o desenvolver aqui, que apreciar isso, dar-lhe o seu preço, é coisa difícil, pois mesmo o conhecimento ingressou numa lógica político-econômica. Para toda a filosofia progressista do século XIX «saber é poder».⁸⁵ O pensamento não vale mais por si mesmo, mas é remetido a um fim que lhe é exterior: o poder sobre as pessoas (política) e sobre as coisas (economia). Reencontra-se aí o fundamento dos grandes sistemas elaborados durante a modernidade, marxismo, freudismo, positivismo, cuja pretensão, em última análise, era legitimar a ação que se pode exercer sobre si: a economia do ego (freudismo) ou, sobre o meio social, a economia do mundo (marxismo, positivismo). Em cada uma dessas situações, «poder» ou «fazer» é a *ultima ratio* do pensamento. Basta ver a obsessão pela profissionalização em todos os níveis da educação, inclusive a universidade, para perceber o caminho percorrido pela ideologia – a gangrena, dirão alguns – do utilitarismo. Ora, não o esqueçamos, a *scholè* era, de antiga tradição, o «lazer estudioso», justamente o *otium* sem utilidade direta, opondo-se ao *negotium,* derivado da ação servil.

Seja como for, convém operar uma verdadeira conversão do espírito, um novo nascimento *(metanoia)* das coisas, tais quais elas são, para poder descrever a evolução fundamental, em esboço sob os nossos olhos, em função de um «não fazer» criativo. A importância do sentimento coletivo, dos rituais que o caracterizam, em suma, do que se convencionou chamar de «função sígnica» ou, segundo Durkheim, de «função emblemática», constitui um conjunto de indícios que bem destacam a prevalência do inútil.

Já nos anos cinquenta, em referência à obra de G. Simmel, a Escola de Chicago demonstrou que se tratava de uma evolução característica do desenvolvimento urbano. De minha parte, mostrei (*No fundo das aparências*) quais eram as tendências principais do que intitulei de «megalopolização do mundo». Nessa perspectiva, é certo que o indivíduo é menos determinado por um estado econômico-social específico, ou por fazer parte de uma classe ou categoria socioprofissional (CSP) particular, do que por uma série de «signos convencionais» – a moda e a aparência são os mais visíveis – que determinarão uma arte de viver, na qual o estilo e as maneiras desempenharão um papel fundamental. Ora, a moda caracteriza-se justamente por ser livre em relação ao utilitário. Basta quanto a isso, para compreender a sua «total indiferença em relação às normas da vida»,⁸⁶ ver como ela pode favorecer o escancaradamente feio, ou reputado como tal, promover, em determinado momento, o absconso, em outro, ao contrário, o evidente e mesmo, suprema desenvoltura, servir-se do útil, ou servi-lo. A marca puramente estética da moda faz com que a criação, seja qual for, não responda a nenhuma finalidade objetiva. Em verdade, existe uma, cega, instintiva, vitalista: favorecer a agregação, a reunião. Lembro que isso está na própria etimologia da palavra estética, *aisthesis:* partilhar emoções, sem considerar critérios utilitários e identificáveis definidos pela razão. Pôde-se assim salientar o caráter «irrealista» da moda. A menos que, mas dá no mesmo, se trate de «surrealismo», isto é, da tradução de uma maneira de viver pela sinergia do sonho e da realidade, um «excedente» social.

Formados por dois séculos de dominação do produtivismo e de prevalência da razão «instrumental», temos tendência a esquecer que o «inútil» pode fazer cultura. Numerosos são os exemplos históricos nesse sentido. Assim, quando se diz que a moda favorece a agregação ou gera microgrupos, trata-se de salientar a dimensão civilizacional do sem utilidade imediata. Pode-se mesmo observar que numerosas sociedades brilhantes, cujas criações influenciaram profundamente os séculos posteriores, repousaram sobre tal princípio, por exemplo, as sociedades de corte do século XVII francês. Ou, ainda, Florença, a bela, no seu apogeu. Sem esquecer, claro, os momentos culminantes do império romano, quando o jogo ocupava um lugar de destaque. Em cada um desses casos, citados aqui a título de ilustração, a vida festiva, o epicurismo, constituía uma maneira de ser que, inegavelmente, era fonte de criação. Assim, abandonar-se, como diz Renan a respeito de Florença, «às exaltações de uma vida perfumada de juventude e de alegria» e privilegiar os costumes delicadamente corrompidos ou um hedonismo elegante retornam, de maneira recorrente, no curso das histórias humanas. [87]

Surpreende observar que tal epicurismo aparece com frequência no momento de apogeu inigualável de uma civilização. Ou, dito de outra maneira, quando os valores se invertem. Deve-se falar em saturação, decadência, fadiga? Sim, se esses termos não forem compreendidos pejorativamente, mas como tradução, antes de tudo, da mudança de concepções. Assim, à imagem do que na Edo em declínio se chamava *iki*, o «dandismo», pode-se dizer que este surge quando a visão *dramática* de uma sociedade voltada para o futuro e determinada a tudo controlar, pessoas e coisas, cede lugar a uma perspectiva *trágica*, adaptada ao que é e disposta a tirar o melhor proveito disso. O dandismo, de fato, é uma arte de viver, feita de elegância, de prazer, de gozo, fortalecendo uma ambiência erótica, que assegura a transição de um tipo de sociedade a outro. Trata-se, convém precisar, de um estilo de vida global no sentido de que cada um é capaz de se reconhecer nele e de inserir sua maneira de ser e de pensar.

Falei em período de transição a fim de sublinhar que o admitido numa civilização podia naturalmente desempenhar seu papel em outras. O carnaval, diversos períodos de inversões e outros «charivaris» têm essa função. Pode-se imaginar que na própria História existem momentos de férias, de evasão, graças aos quais a cultura, isto é, o estar-junto, revigora-se, ainda que seja nas águas turbulentas da desordem. G. Dorfles soube mostrar que não havia arquitetura, música ou produções culturais sem «intervalo»; extrapolando essa observação, vale afirmar que o intervalo – a evasão, o momento ou o espaço perdido, o ponto de suspensão – constitui toda e qualquer estrutura.[88] Isso é evidente quanto à estruturação individual, dependente das «férias» para refortalecer sua capacidade. O mesmo vale para toda a estruturação social que encontra aí uma forma de respiração específica, toma ar para assegurar, ao longo do tempo, sua perpetuação. Nesse sentido, propus falar em *ética da estética* ou da necessidade do inútil para o fortalecimento do corpo social.

Toda a sociologia do «tempo livre» está aí para lembrar que, mesmo no seio do produtivismo, a necessidade do inútil faz sentir a sua pressão. Pôde-se assim falar, desse ponto de vista, de uma «revolução do tempo livre» (J. Dumazedier); sim, caso se tome a expressão no sentido das revoluções celestes que regularmente veem retornar o mesmo astro ao ponto de partida; não, caso se trate de designar uma novidade absoluta. Pois, mesmo não estando no máximo de sua eficácia, o tempo livre está constantemente presente em qualquer configuração econômico-social. Certo, nos exemplos dados, seja em nível histórico (Florença), seja em nível do cotidiano (o carnaval), toma uma amplitude inegável e estampa-se como tal. Mas no resto do tempo, não está menos presente, em bolsões de resistência ou em práticas alternativas, à espera de dias melhores. Basta, para convencer-se disso, escutar, no apogeu da revolução industrial, as vozes que se elevam para chamar a atenção sobre um perigo à espreita e profetizam: «Devemos lutar contra as tendências exageradamente utilitárias que pode tomar, em certos momentos, o espírito nacional».[89] Essa advertência do sociólogo Guyau é do maior interesse, pois enquanto, em geral, os intelectuais apoiavam sem inquietações o devir industrial e mercantil da sociedade, ele salientava o perigo do *americanismo,* a negação do desinteresse e o triunfo das preocupações demasiado práticas.

Pouco importa o termo utilizado, mesmo se ele é pertinente. Basta que a análise nos torne atentos à necessidade de favorecer a arte pela arte, o inútil por ele mesmo. Não que se trate do único valor admissível, mas por ser frequente minorá-lo, enquanto, na longa duração, ele acaba por impor-se. De fato, o *americanismo,* como tipo-ideal, pode aparentemente triunfar. Sua língua, a exemplo do latim no seu tempo, torna-se uma *língua franca,* o *way of life* preconizado tende a contaminar a totalidade do planeta. Mas que ninguém se engane, não é certo que se trate de uma vitória estável e duradoura, pois a base dos valores dos pais fundadores da sociedade americana se inverte; basta ver o epicurismo transbordante das grandes cidades para relativizar as crispações moralistas que são como sobressaltos de um corpo moribundo.

Para bem ressaltar a influência dos valores culturais ou espirituais, pode-se estabelecer uma comparação entre esse «americanismo» e a situação de Esparta ou de Roma; ambas só sobreviveram graças a Atenas e Jerusalém, que haviam tentado destruir. Trata-se de um exemplo cristalino de «vitória de Pirro». Numerosos historiadores enfatizaram esse paradoxo e mostraram que os valores do vencido, filosóficos, no primeiro caso, religiosos, no segundo, acabaram por contaminar o vencedor. Cito aqui um fino conhecedor da sabedoria ocidental, J. Mourgues, que fala de uma «chama» criadora animando Atenas e Jerusalém ou sendo representada por estas. «Sem essa chama, sem essa dupla chama, o mundo ocidental recairia na barbárie, o que aconteceu sempre que os valores emblemáticos dessas duas cidades foram ocultados pela eficácia, valor supremo em Esparta e Roma».[90] Não há infidelidade ao autor na extrapolação que se impõe: uma civilização alicerçada somente na eficácia mina do interior a força do sentimento coletivo.

O «realismo socialista», em todos os seus aspectos, progressivamente desconstruiu o ideal ou a fé comunista, aos quais não faltava grandeza no ato fundador. Sabe-se quais são os resultados disso, na atualidade, com o brutal desabamento do «bloco» do Leste, feito um colosso com pés de barro. O mesmo está em preparação para outra grande potência, os Estados Unidos da América, e as nações aliadas que apostaram na eficácia econômica e perdem aos poucos o sentimento coletivo, tornando-se, de diversas maneiras, perfeitamente anômicas. O desenvolvimento da droga e dos psicotrópicos em geral, a desafeição pela coisa pública, o recentramento tribal etc., aparecem, nesse sentido, principalmente quanto às gerações mais jovens, como particularmente instrutivos.

Não pretendo desenvolver aqui essa temática. Lanço-a unicamente como ilustração rápida do que ocorre quando prevalecem o pensamento e a prática demasiado «instrumentais». É a eterna história da qualidade trocada por um «prato de lentilhas». Poderá ser o direito de primogenitura no mito bíblico ou certo ideal ou força espiritual em outras situações históricas, pouco importa. Há focalização excessiva no «fazer» ou no «poder», em detrimento da «potência fundadora», mais imaterial, a socialidade de base que serve de cimento a todo conjunto social.

Esse exemplo, por oposição, ressalta o que está (re)nascendo em nossos dias. De múltiplas formas, observa-se o ressurgimento desses valores imateriais. Isso se apresenta de maneira caótica, por vezes mesmo inquietante, mas sempre instrutiva para o observador social. Parece ser possível estabelecer um laço de parentesco entre a multiplicidade das ações caritativas, mais ou menos midiatizadas, e o desenvolvimento espiritual: dos movimentos carismáticos às seitas, passando pelo sucesso das grandes reuniões eclesiásticas de todas as confissões e o fanatismo étnico-religioso, como o grande ideal islâmico ou o sincretismo filosófico-religioso etc. Seria longa a lista dos exemplos que corroboram a nossa hipótese. Basta indicar a tendência que, no sentido mais amplo, pretende «espiritualizar» um mundo tornado excessivamente material. É bastante delicado dar uma única definição de todas essas manifestações, ainda mais que essa «espiritualização» é bastante pagã, politeísta e adapta-se muito bem às dimensões perfeitamente hedonistas. Em contrapartida, o menor denominador comum entre elas é, em termos categóricos, bem claro: favorecer a futilidade. Em certos aspectos, a imagem da futilidade atinge o paroxismo; por exemplo, na moda, no turismo de massa ou, ainda, na multiplicidade de festas mais ou menos dionisíacas que pontuam a vida cotidiana da juventude contemporânea.

Teme-se mais, em todas as situações, como diz um bom observador da toxicomania contemporânea, «a abstinência da abstinência».[91] A necessidade do vazio, do intervalo, faz-se sentir. Quando uma coisa vale pelo *que é,* ou seja, quando é perfeitamente inútil, torna-se obsoleta e não pode mais servir para nada. O mesmo ocorre com os valores sociais que, quando não possuem um pouco de supérfluo, se tornam, por um efeito perverso, totalmente inoperantes. Nesses momentos, por uma espécie de reação interna, o corpo social reintroduz, como num retorno do recalcado, uma série de práticas inúteis: sexuais, existenciais, de linguagem, de vestuário etc. Ele entra noutra temporalidade, com outro ritmo, e assim escapa à injunção do dever-ser político. Há nesse tempo alternativo o próprio fundamento de uma nova ética em gestação, cujo elemento central está em relação com os outros, livre de todos os constrangimentos contábeis e funcionais. Uma ecologia das relações sociais, enfim, cujas consequências qualitativas ainda devem ser exploradas.

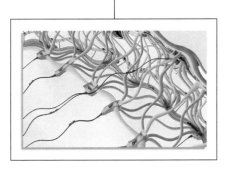

IV

O RITMO SOCIAL

Voluptas in stabilitate

A administração do tempo, antes de qualquer outra coisa, caracteriza uma época. Parafraseando um adágio célebre, podemos divertir-nos com a seguinte formulação: «diga-me o seu tempo, e direi quem você é...». Tanto é assim que enfatizar o presente, o passado ou o futuro determinará a maneira de comportar-se em relação ao meio natural e social. Mais uma banalidade que merece ser lembrada com força, pois certas evidências têm dificuldade para tornar-se objeto de análise. Ou, mais exatamente, uma vez admitida, uma evidência tende a enrijecer-se como dogma intelectual, religioso, político, e impede assim a tomada de consciência da emergência ou do retorno cíclico de outras formas de evidência. É o que acontece com o «tempo social», determinante, antes de tudo de maneira macroscópica, do *Zeitgeist* o «espírito do tempo», o qual pode ser progressista (futurista), reacionário ou presenteísta. Mas se encarnará também num ritmo cotidiano e numa gestualidade específica que fornecerão as características essenciais da relação com os corpos individual e social.

Assim, em referência à fórmula epicurista apresentada em epígrafe a estas páginas, pode-se conceber o bem-estar no movimento, *voluptas in motu* ou, ao contrário, numa forma de tempo suspenso, *voluptas in stabilitate*. Para ser mais preciso, direi que a modernidade repousou sobre a evidência desse movimento: aceleração da história, era das revoluções, mudanças sociais profundas, atitude projetiva e finalista. Tudo se inscreve num vasto desenvolvimentismo de horizonte indefinido. Essa fuga para frente se resume bem na perspectiva política: tudo tem um objetivo; basta encontrar os meios para atingi-lo. É nocivo questionar essa evidência que torna delicada a compreensão dessa outra atitude social cujo prazer vem da imobilidade ou, ainda, para empregar uma expressão um tanto categórica, baseada num «eterno presente». Para esta, o objetivo, seja qual for, importa menos do que o prazer do ato ou do momento presente.

Hedonismo difuso e envolvente que, em oposição ao progresso, enfatiza a involução, o «regresso», e dedica-se a parar o tempo a fim de gozar as múltiplas pequenas ocasiões ou ocorrências sociais ou pessoais.

Aqui intervém o *ritmo* como expansão e vivência de um tempo não direcionado, sem a obrigação de responder às injunções do *comput,* ou seja, um tempo não produtivo. Concebe-se, frequentemente, em referência a uma das suas etimologias, *rheo* (fluir), o ritmo como um fluxo com uma direção garantida. O pensamento grego pode ajudar-nos a interpretar com maior pertinência ou, ao menos, de maneira mais nuançada, essa noção, sintetizada na fórmula bem conhecida de Píndaro: «Torna-te o que és» *(Genoi otos essi mathon, Pythiques,* II, 72). Associam-se uma dinâmica e uma espécie de perpetuação ou de inércia. Para os gregos existe um ritmo em toda vida humana que estabelece uma média entre a felicidade e a infelicidade, os dias de sorte e os nefastos. Esse balanço ou, mais exatamente, a ligação dos contrários, garante estabilidade e equilíbrio ao homem em particular e à humanidade em geral. W. Jaeger, inventariando numerosas referências nesse sentido, dá uma definição do ritmo como o «que mantém a humanidade nas suas amarras». Portanto, nada a ver com um fluxo ininterrupto, mas, ao contrário, com «o que impõe limites ao movimento e cerca o fluxo das coisas». Eu diria, retomando trabalho anterior, uma espécie de *enraizamento dinâmico,* o que limita, canaliza, mas, ao mesmo tempo, faz a vida ser o que ela é.

Dessa forma, o ritmo de uma estátua ou de um monumento é a imobilidade, a limitação do movimento, mas, ao mesmo tempo, isso corresponde ao desenho, ao, conforme Aristóteles, esquema que lhes é próprio.[92] Nessa perspectiva, o ritmo não está orientado por uma razão externa voltada para um objetivo exterior, mas *corresponde* antes a uma lógica interna, permitindo a quem a ele se entrega satisfazer-se em si mesmo. Desse ponto de vista, o ritmo é uma forma harmoniosa, inscrita num processo (dinâmico) de pequenas sequências (estática), ajustadas umas às outras.

Deleitar-se em si mesmo não significa de jeito nenhum narcisismo. Trata-se unicamente de encontrar equilíbrio não no longínquo ou numa hipotética sociedade perfeita, mas no *hic et nunc,* o aqui e agora, o presente ao qual se adaptam de maneira «contraditorial», isto é, sem ser «superados», os diversos elementos heterogêneos do cotidiano. Equilíbrio que permite entrar em relação com os outros. A comparação com uma figura de dança é esclarecedora aqui. Vê-se bem como, em sequências sucessivas, o dançarino cria o seu equilíbrio, sempre provisório, mas que o situa no conjunto da dança, onde outros fazem a mesma coisa, compondo assim o quadro que se pode admirar. Nesse sentido, o dever tido em relação a si mesmo e ao próprio corpo, sendo harmonioso, serve ao corpo social na sua totalidade. É o laço entre a estética e a ética.

Platão, nos livros III e X da *República,* tentou fundamentar essa ligação entre a arte e o ritmo, tomando por base o ritmo da *forma.* A forma entendida como o estilo exterior oposto ao conteúdo. A imitação, cujo papel importante desempenhado na pedagogia antiga se conhece, impregna-se de belas formas. É o que faz a sociedade. Daí o valor «moral», no sentido da constituição dos costumes, da forma. Ora, esta só é bela quando tem ritmo, correspondendo bem à sua natureza e ajustando, harmoniosamente, os diversos elementos que a compõem. O ritmo tem, portanto, caráter étnico inegável e favorece a boa educação dos cidadãos da República.[93] Em termos mais modernos, podemos dizer que pelo viés da imitação, uma boa utilização dos sentidos favorece a intersubjetividade ou a interação social. Assim, levando em consideração a sua etimologia, vê-se que o ritmo, mesmo contendo e pressionando a força inerente ao querer-viver individual, permite, de uma parte, uma espécie de autocriação equilibrada e, de outra parte, uma harmonia coletiva. Deve estar claro que o cuidado de si equilibrado, sensível na atualidade aos diversos cuidados do corpo e de outros jogos de aparência, pode estimular um corpo social de dimensões modestas: tribos, clãs, pequenos grupos de afinidades. De maneira mais trivial, um corpo individual que se «mantém», de boa apresentação, garante as «amarras» do corpo social e permite-lhe «manter-se».

Preocupação similar encontra-se na obra do sociólogo Guyau que, num momento de dominação do pensamento pelo modelo positivista, chamava atenção para uma sociologia dos sentidos, para a importância das emoções e, claro, para os problemas estéticos. Um pouco à maneira de Nietzsche, conhecedor de sua obra, tem um procedimento «intempestivo», pouco em acordo com a sua época, mas dos mais esclarecedores para a nossa. Assim, na sua análise do ritmo já aparecem, atualizadas, as principais características indicadas aqui. Ele parte da força física, expressão de uma vontade potente e de diversos arquétipos. Sansão, Hércules, Moisés etc., servem de ilustração; depois, traça um paralelo entre essa força e o próprio ritmo, mostrando que este é uma «economia da força»; daí o seu caráter estético. O esforço muscular, o trabalho dos operários, o lenhador, o ceifeiro ou o dançarino são modulações de tal «economia». Daí a equivalência estabelecida entre o ritmo e a ordem ou o ritmo e o «esquema», o que contém, *in nuce,* a harmonia ou o equilíbrio do homem e do mundo. Assim, o ritmo traduz uma harmonia preestabelecida; ou, mais exatamente, há ritmo quando a economia dos gestos e da força visível traduz uma ordem secreta.[94]

Em outras palavras, há ritmo quando existe adequação entre a vontade potente do cosmos e o querer-viver do microcosmos. «A harmonia interior nada mais é do que a tradução da harmonia entre o interno e o externo». Guyau refere-se a uma metáfora mística: «a orquestra interior». E mostra que há ajustamento entre esses diversos instrumentos que são os sentidos. Esse ajustamento, mais ou menos bem-sucedido, garante a ordem ou a harmonia interior, a qual tende, instintivamente, a exprimir-se no exterior: o ritmo sendo a manifestação de tal vontade. Continua-se, até aí, fiel à concepção clássica, mais precisamente aristotélica, da harmonia como expressão de um esquema ou de uma ordem preestabelecida. Há enriquecimento dessa concepção quando ele mostra, de uma parte, como essa «lei do ritmo» encarna-se no corpo, como este, pela alegria, emoção, riso, palavra, gesto, alcança a «plenitude da harmonia» e, de outra parte, como essa lei do ritmo toma desde então uma coloração social. O corpo, enquanto expressão de um mundo interior, enquanto *mesocosmo,* ponto termediário entre o macrocosmo e o microcosmo, já é social em potência. Torna-se social em ato quando, por proximidade, consegue influenciar o meio circundante, o que Guyau chama de «lei do contágio simpático».[95] Ele dá nesse sentido o exemplo da simbiose unindo, progressivamente, um orador e seu público; vê-se bem, na atualidade, quantos outros exemplos tão demonstrativos, nessa linha, poderiam ser apresentados.

Esse desvio especulativo não era inútil nos limites do meu propósito. Permite mostrar que uma nova forma de temporalidade ou, mais exatamente, uma nova maneira de viver o tempo social, tem fortes raízes antropológicas e, por isso, proporciona a contaminação social conhecida. Tanto é verdade que ritmo e sociedade são os polos lógicos de todo estar-junto. Por vezes, essa relação é relegada a momentos separados da vida social; a música como forma de arte feita em lugares muito precisos é o perfeito exemplo disso. Em outros casos, ao contrário, o ritmo tende a contaminar o conjunto do corpo social. Então, a mesma música invade toda a existência: por exemplo, a música «não stop» dos lugares de lazer, de consumo e mesmo de trabalho. O ritmo torna-se ainda mais uma maneira de viver o próprio corpo, de entrar em atração-repulsão diante do corpo dos outros; em suma, de mover-se numa ambiência dominada pelo que A. Schütz chama de *sintonia*. Está-se ou não «em fase» consigo mesmo, depois com os outros, e assim se constituem conjuntos emocionais, empáticos, privilegiando o prazer de gozar o tempo que passa. Em consequência disso, ao direcionamento da vida social está sucedendo uma «sintonização», com os desdobramentos inevitáveis sobre a concepção ou a «não concepção» do projeto político global.

Enquanto a relação com o outro é determinada pelo futuro, enquanto só se concebem as relações, sejam quais forem, em função de um objetivo a ser atingido em conjunto – «olhar juntos para o mesmo ponto», conforme o clichê –, o ritmo individual ou social importa pouco. No máximo, se considerará um registro de vencimento, um «*timing*», uma tática etc.; coisas que, segundo os seus domínios de aplicação, pensam e vivem o tempo de maneira regulada e racionalmente controlável. A lógica que preside esse controle é, repito-o, exterior, sem relação orgânica com o sujeito, indivíduo ou sociedade em questão. Em contrapartida, a partir do momento em que a relação ao outro é determinada pelo presente, prevalece a busca do equilíbrio pessoal, o qual, por contágio, tentará promover o equilíbrio coletivo através da adaptação dos ritmos corporais e emocionais. A noção de *sintonização* tenta traduzir esse conjunto «musical».

Para ser mais preciso ainda, pode-se lembrar, o que não se faz com a frequência necessária, que boa parte da filosofia do século XIX foi essencialmente escatológica. Schelling, Hegel, Marx, cada um do seu jeito, têm uma metafísica da história: «o encerramento dos tempos», o «fim dos tempos» ou a «sociedade comunista». Nessa metafísica, bastante orientada para um fim, só importa o *absoluto,* o qual se atinge progressivamente. Este pode ser de diversas ordens – Espírito, Deus, a sociedade perfeita –, mas para ser atingido necessita de uma direção linear, garantida. Eis a *Zweckrationalität,* racionalidade instrumental, bem analisada por M. Weber.

Daí a dificuldade de apreciar, de compreender ou mesmo de captar um movimento que tem seu fim em si mesmo, esgotando-se na beleza do gesto, encontrado seu equilíbrio em imperceptíveis variações que constituem um todo. Numa palavra, o tempo imobiliza-se ou, ao menos, é feito de um conjunto de acontecimentos microscópicos que parecem congelar a imagem. Há suspense no ar. Bom exemplo a esse respeito seria a música *disco* que jorra, em profusão, nas casas noturnas e através do seu próprio tempo favorece uma espécie de eterno presente. O mesmo vale, de maneira mais paroxística, para a *«acid house»,* música feita de fragmentos, cujo ritmo é a tal ponto acelerado que estimula a sensação, nos ouvintes, de «planar» na intemporalidade absoluta ou, ainda, de *perder-se, strictissimo sensu,* num conjunto em fusão através do qual se escapa à dramática angústia da passagem do tempo. Certo, esses momentos de loucura musical, essas perdas de si rítmicas, são apenas pontuais, mas exprimem, em tom maior, a concepção de um tempo não direcionado que, com fúria, insiste na importância exacerbada do *carpe diem.*

À *acid house* pós-moderna corresponde o ritmo dos cultos sincretistas, «arcaicos», que contaminam a vida e o fundo sonoro de nossas cidades. Lambada, *soca, saga,* poder-se-ia enumerar com facilidade os nomes dessas músicas mais ou menos artificiais que invadem nossas ondas. O denominador comum entre elas é a evocação desses «orientes míticos» onde o ritmo segue uma pulsação natural. Élie Faure via na «arte negra» a expressão lírica do cosmos, em oposição ao ritmo europeu baseado na razão explicativa e distintiva.[96] Parece que essa «arte negra», compreendida aqui como tipo-ideal, está se tornando o modelo de uma nova concepção de espaço-tempo social, quanto aos dois pontos evocados aqui: a «perda» no todo natural e social, de uma parte; o tempo imobilizando-se, de outra.

O aspecto ritual das músicas sincretistas, da *«acid house»* à lambada, no que têm de repetitivo, imita o ritmo da natureza, sua rotina. Assim, a distinção natureza/sociedade, marca de toda a modernidade, tende a cessar em benefício de uma globalidade, de um holismo, para retomar um termo da moda, em que tudo e todos juntos formam corpo. Tal mimese vai até integrar a morte. Claro, essa integração faz-se de maneira homeopática, mas através disso o corpo social se protege dessa coisa, ao mesmo tempo tão estranha e tão natural, que é a inexorabilidade da morte. No devir histórico, esta é afastada, dialetizada e assim negada. Ao contrário, no barulho e no furor do ritmo selvagem, a morte estampa-se, afirmada, canalizada e portanto vivida no dia a dia.

A batida dos atabaques, tambores do candomblé ou, mais banal, a dos instrumentos de percussão que pontuam as danças sincretistas comercializadas, sem esquecer o *stacatto* do sintetizador dos *disc-jockeys,* responsável pela ambiência das boates ou dos bailes populares, exprime de maneira desenfreada, através da repetição ou da combinação lancinante de algumas notas, o trágico cotidiano disposto a cessar o tempo. Uma das funções do rito, sabe-se, é de representar a sucessão periódica da morte e da ressurreição. As cadências rítmicas servem para evocar essa sucessão. Por isso, o ritmo desempenha papel mais importante nas sociedades que não evacuaram a natureza e suas diversas manifestações. Pode-se pensar que o retorno em força do ritmo, na atualidade, espacializa o tempo, naturaliza a História, redinamiza a civilização, tornando-a mais selvagem. Não se trata de desenvolver aqui a temática da naturalização da cultura. Basta indicar que através do ritual, do ritmo repetitivo, um «sentimento trágico da vida» ganha novas forças de maneira não mais individual, mas coletiva. Para continuar na metáfora musical, há na ambiência do momento uma espécie de refrão do «fado», de antiga memória, que exprime, além ou aquém do ativismo voluntário, a submissão ao destino, a aceitação, mesmo a afirmação, do que é. Diz-se do fado que era uma série de intervalos, uma sucessão de vazios unidos, arbitrariamente, na trama frouxa da necessidade. Metáfora que traduz bem o langoroso não fazer, o qual, do desencantamento quanto ao político à distância tomada em relação ao trabalho, contamina as maneiras de ser das jovens gerações. Ao mesmo tempo, o fato de que nada seja visado, pretendido, não significa visar ou querer o nada. A aceitação do destino, à imagem da saudade do fado, apresenta a força viva da nostalgia, de um vitalismo irreprimível que, mesmo opaco, fluido e não consciente aos próprios atores sociais, não deixa de prosseguir sua *atualização* através da vida cotidiana.

Em suma, ou a vontade se projeta e busca realizar, como frequentemente se analisou, o sentido da História, a sociedade perfeita, o fim dos tempos, ou, ao contrário, ela encarna-se, naturaliza-se e exprime uma força vital um pouco cega e bruta que pretende ser vivida aqui e agora. Assim, como tentei mostrar, a acentuação do ritmo e, mais precisamente, do ritmo «natural» ou bárbaro é com certeza a expressão mais intensa dessa vontade vitalista e presenteísta. A época então se torna musical. Não uma música separada, em lugares e tempos determinados, dos lazeres e das recreações programadas, mas uma melodia envolvente, feita de imperceptíveis modulações, de gestos cotidianos e de sons da vida corrente, coisas que constituem a verdadeira arquitetura social, dão pleno sentido ao que partilho com os outros e, magicamente, destilam essa pequena música específica pela qual se reconhecem os que as habitam e nelas investiram afetivamente.

Ilustrarei esse propósito com uma observação de Paul Valéry. Em *Eupalinos,* ele faz seu arquiteto dizer que a «virtude misteriosa» do discurso pronunciado por um edifício ou bairro vem dos «sussurros», dos «menores silêncios», da «cor de uma voz», que geram detalhes, acidentes e outras coisas imperceptíveis constitutivas de determinado lugar (P. V, *Oeuvres complètes.* Pléiade, pp. 84-86). Com alguns toques bem colocados, o arquiteto filósofo delimita a força unificadora de um lugar: seu aspecto misterioso, o que faz seu mito, é, conforme uma tradição antiga, o que liga os iniciados entre eles; no caso, a partilha de uma ladainha cantada, paradoxalmente, pela pedra.

Um pequeno apólogo relatado por E. Bloch *(Traces),* serve de contraponto a isso. Para instaurar o reino da paz, diz, não é necessário tudo destruir a fim de gerar um mundo totalmente novo; «basta deslocar esta taça ou este arbusto, ou esta pedra, fazendo o mesmo com as demais coisas». Pequenas coisas, grandes efeitos, poder-se-ia dizer. Depreende-se desse apólogo que a nuança apenas, o ínfimo deslocamento ou a leve modificação são, em certos momentos, os vetores de transformações revolucionárias. Minúsculas variações do estático, favorecem uma dinâmica das mais importantes.

Na conjunção da pequena música de um lugar com as minúsculas situações da vida corrente pode-se ler a nova relação espaço-temporal que (re)nasce sob os nossos olhos: a de uma involução, de um «enraizamento dinâmico», de um «retrocesso» nostálgico que encontrará o equilíbrio individual ou coletivo menos na ação prometeica – fazer e agir (sobre) a própria história ou (sobre) a da sociedade – do que numa paixão, uma compaixão com o outro, num enquadramento natural ao qual se busca ajustar, acomodar-se. Isso gera naturalmente um ritmo específico que, de diversas maneiras, enfatizará a repetição, o retorno do mesmo, o lancinante e outras formas de iniciação à morte ou, o que dá no mesmo, à sua domesticação.

Em função do ritmo, o indivíduo elaborará uma harmonia feita de medida, de senso de oportunidade (de ocasião, de acontecimento), de aceitação de regras e de limitações mais vividas que pensadas. Trata-se de um conjunto de atitudes situadas na base da *paideia,* da formação do indivíduo na Grécia antiga, através da qual a natureza do ser é feita de harmonia e de ritmo, de adaptação e de oportunidade.[97] Pode parecer paradoxal estabelecer um paralelo entre essa concepção grega da vida, na base da nossa civilização, e a situação contemporânea. Mas tal comparação não está necessariamente fora de contexto, pois nos dois casos o ritmo individual e social depende da globalidade cósmica e inscreve-se profundamente num naturalismo, vitalismo imediato, da ordem, na atualidade, da sensibilidade ecológica ou da «proxenia». Seja como for, essas concepções, essas práticas ou fenômenos, são eminentemente musicais, pois colocam em relação, harmonizam, relativizam os indivíduos entre eles e com a natureza, derradeira regra a não ser transgredida. De toda maneira, com essa hipótese em mente se poderá apreciar a intensidade rítmica e sua curiosa imobilidade que pontuam a vida de nossas cidades.

Essa intensidade é particularmente identificável na cadência exacerbada de nossas cidades grandes. Maquinismo exagerado, lazeres sufocantes e imperativos, rapidez das relações e dos meios de comunicação, tudo contribui para a «intensificação da vida nervosa» *(Einsteigerung des Nervenslebens)* que era, conforme Simmel, a característica das metrópoles modernas e, claro, com mais força, das megalópoles pós-modernas. Essa cadência desenfreada gera, é evidente, uma dinâmica social específica. No mínimo, é indício de uma transformação sociocultural importante. Basta, quanto a isso, uma referência ao prodigioso desenvolvimento da tecnologia do longínquo *(telos)* – televisão, fax, telefone – para compreender que a efervescência em questão é planetária. Pode-se escutar e vivenciar nos quatro cantos do mundo, em tempo real, determinado concerto de rock. A metáfora da «aldeia global» (McLuhan) é das mais pertinentes para dar conta dos rumores, zumbidos, músicas, canções, modas de todos os tipos que, graças à rápida difusão, são um bom meio para medir a intensidade rítmica em discussão. Como numa aldeia, sabe-se tudo sobre todos e, a favor ou contra, vibra-se em uníssono em torno de sentimentos, de emoções ou de outros afetos a partilhar.

Mas, eis onde a imagem é ainda mais instrutiva, essa intensificação rítmica forma par com uma surpreendente imobilidade: ao mesmo tempo em que mostra, ouve e escreve ao distante, o processo «tele» o domestica, adestra-o, «provincianiza-o». Como num movimento de sístole-diástole, a vida social estende-se aos confins do mundo e contrai-se até o mais íntimo. Num movimento muito rápido, nega-se enquanto movimento. O grito do poeta, às voltas com o infinito e querendo demorar-se no instante – «oh! tempo, suspende teu voo, e vós, horas propícias, suspendei vosso curso...» –, é uma boa ilustração dessa condensação do tempo. A aceleração inverte-se, e os telejornais da manhã e das 20 horas marcam o ritmo de uma jornada que, do «angelus da aurora ao angelus da noite», terá visto acontecerem mil coisas anódinas, supérfluas, muito rápidas, mas, ao mesmo tempo, inscritas no ritmo lento da repetição, anulando assim seu aspecto *estressante.*

Nesse sentido, invertendo a proposição do humorista Alphonso Allais, pode-se dizer que a cidade não foi transportada para a campanha, mas esta veio se aninhar no coração das cidades. Daí o ritmo, regular, ainda que exacerbado, repetitivo, sensível, que, segundo G. Simmel, era o apanágio da «pequena cidade e da vida na campanha».[98] É claro que tal ritmo favorece as relações afetivas no interior dos microgrupos, das «tribos» urbanas, e a ambiência emocional na qual se movem. Daí talvez a impressão de irrealidade dominante em nossos dias, o sentimento de marasmo, de uniformização global, tanto é verdade que um «ritmo único» triunfa por toda parte. Os «muros» reais ou simbólicos desabam, suas ideologias esvaziam-se, e as modas contaminam tudo. Mas é no interior desse ritmo único que, em nossa «aldeia global», se afirma o particularismo de uma pluralidade de momentos específicos.

No nicho confortador de uma ambiência rítmica, vê-se eclodir uma multiplicidade de temporalidades próprias. Em outros termos, cada indivíduo, ou cada grupo, em seu ritmo autônomo, entra em ressonância com o ritmo geral. Assim se pode compreender a ênfase colocada no *carpe diem,* esse furioso gozo no presente, do presente, que, para o melhor ou o pior, perpassa as representações e práticas das jovens gerações. Daí vem essa curiosa ambiência langorosa que banha nossas sociedades, nas quais, ao mesmo tempo, nada é importante e todos esses pequenos «nada» da vida cotidiana ganham importância. Ambiência que nos sustenta! Já mostrei sua relevância social. Basta lembrar aqui que ela serve de matriz ao estar-junto em esboço sob os nossos olhos e que o «tempo», os gestos, o corpo, o não fazer, a malemolência – coisas, em princípio, chocantes – têm origem na acentuação dessa ambiência rítmica, fonte viva de uma sorte de criatividade juvenil em nada mais devedora do mecanismo ou do ativismo faustiano prevalecente no Ocidente moderno.

Em relação ao que já indiquei acima sobre a natureza ou a sensibilidade ecológica, pode-se esclarecer isso através da noção de «trajeto antropológico», desenvolvida desde muito tempo por G. Durand, que estabelece uma estreita ligação entre o homem e o seu meio. Para além do corte natureza/cultura, próprio à modernidade, o «trajeto antropológico» destaca a reversibilidade, a interdependência; postula a existência de um pré-individual, matriz fecunda da qual cada um, e cada coisa, nada mais é do que expressão ou modulação particular. Poder-se-ia também fazer referência ao pensamento oriental, que sempre enfatizou a «mediância», o «trajetivo» (A. Berque), ou seja, o vaivém ininterrupto existente entre o objeto e o sujeito. Em cada uma dessas situações, a globalidade não resulta de um *continuum* linear, causal, objetivo, mas é antes o fruto da interação constante entre os diversos pontos ou momentos de determinado conjunto. Essa teoria do *punctum,* e do ajustamento que estabelece com outros «pontos», aparece na filosofia grega, mas foi esquecida ou ocultada posteriormente.

Isso parece ressurgir na atualidade. Propus, num livro anterior (*No fundo das aparências*), falar em «orientalização» do mundo. No caso, quer dizer que tudo é feito de estados sucessivos, de oportunidades a agarrar, de bons momentos a viver. Assim, na estética japonesa, a configuração do jardim supõe uma concentração sobre «vistas sucessivas e descontínuas», apreciáveis isoladamente.[99] Bastante instrutiva, a análise de Berque permite enfatizar um ritmo que, mesmo sendo brusco e irregular, não deixa de conservar sua unicidade própria. Quero dizer com isso que em referência à dialética entre «ritmo único» e os ritmos particulares induzidos por aquele, há reversibilidade entre a ambiência global e os diversos momentos, as pequenas «iluminações» impulsionadas.

Para continuar na estética japonesa, essa dialética ocorre nos diversos rituais que a constituem. Em particular, claro, no que se convencionou chamar de «cerimônia do chá» ou «arte do chá», segundo alguns, «arte do instante em suspenso, isto é, dessa conjunção fulgurante entre o tempo vivido e um fragmento de intemporalidade arrancado ao fluxo cotidiano».[100] Através disso, a vida, inteira, torna-se obra de arte. Ou, mais exatamente, a vida cotidiana é «salva», transfigurada, por essas rupturas pontuais, esses «instantes em suspenso», respirações musicais que permitem o bom funcionamento ou a harmonia de determinado conjunto.

Pode-se dizer, transpondo isso para o nosso propósito, que o ritmo pós-moderno é feito da conjunção desses fragmentos de intemporalidade: as diversas formas de lúdico, os múltiplos jogos do imaginário ou, ainda, todas as manifestações do sonhar acordado que pontuam a vida corrente. Tudo isso, como tantos pequenos intervalos, exprime-se na publicidade, nos *clips,* no *«zapping»* televisual ou, ainda, nas múltiplas pequenas anomias da vida familiar, conjugal, profissional, interstícios de resistência diante do que W. Benjamin chamava de tempo «homogêneo e vazio» das diversas instituições dominantes (ideológicas, políticas, morais, econômicas). O instante vivido, o pequeno momento de liberdade, real ou fantasmático, asseguram a longo prazo a resistência e a perpetuação no ser.

Na continuidade da ordem mecânica, o qualitativo introduz o descontínuo. Todas as mutações importantes – revoltas, revoluções, explosões de diversas ordens – não passam, em fim de contas, de expressões dessa descontinuidade. Deixando o político de lado, pode-se imaginar que essas mutações se cristalizam, no mais próximo, em *momentos* determinados que farão amar um lugar, uma atividade, um grupo de amigos ou simplesmente a passagem do tempo. Momentos de intensidade, como se sabe, de maneira trágica, fugazes, pontuais e vividos sem grande preocupação com o amanhã. As grandes megalópoles, em particular, vivem tal ritmo irregular. É possível mesmo acostumar-se com isso, e o frenesi pontual vira uma droga geradora de dependência. Assim, cada cidade tem seus bairros, monumentos, lugares de reuniões esportivas, musicais, de consumo, desempenhando o papel desses «lugares sagrados» dos quais nos falam as diversas religiões, estimuladores da intensidade efêmera, de forte carga erótica; Beaubourg ou da Villete, em Paris, Shinjuku, em Tóquio, a Via Veneto, em Roma, ou a «42», em Nova York, a lista é longa. Sabe-se que esses lugares de efervescência existem, «vadia-se» neles um pouco ou sonha-se com eles; em todas as situações, eles induzem um ritmo de embriaguez e de deixar levar-se. Numa palavra, ritmo extático que força a sair de si e a romper a linearidade do tempo mortífero. Ao êxtase revolucionário ou político, que pretendia se apropriar do mundo, está sucedendo o êxtase doméstico, satisfeito em possuir, com outros, um momento e um lugar bem delimitados.

Falta ainda, como na harmonia desprendida da pintura «fractal» ou nas melodias válidas menos pela regularidade que pela sucessão de valores de intensidade, encontrar a unicidade fundamental de todas essas pequenas descontinuidades, o centro harmônico. Seria necessário aqui fazer referência ao barroco ou, melhor, ao rococó, talvez mesmo à música dodecafônica, para compreender que existe, para além da aparente difração, uma sólida organicidade. Ou, ainda, que a própria difração engendra uma harmonia específica, mais difícil de cercar por ser policêntrica, mas não menos real. Nesse sentido, emprego à vontade o velho termo da filosofia medieval «unicidade». Ao contrário da unidade, que reduz o real (*reductio ad unum*), a unicidade dá coerência a elementos heterogêneos, deixando-lhes as qualidades próprias (*coïncidentia oppositorum*). Esta poderia ser a definição do ritmo social que nos ocupa: mesmo fragmentado e escapando às diversas instâncias unificadoras, há uma coerência profunda, que, à imagem da vida, é um pouco selvagem, desordenada, garantindo assim a perpetuação a longo prazo.

Já o indiquei em numerosas ocasiões, mais vale insistir sobre o fato de que o ponto nodal de tal coerência consiste na acentuação do presente. É certamente esse *presenteísmo* que, de diversas maneiras, permite compreender a transfiguração do político, marca essencial da pós-modernidade. O instante, a oportunidade, o momento vivido, representam a alternativa absoluta à filosofia da história ou do progresso lentamente elaborada ao longo da modernidade. Isso não escapou a analistas tão perspicazes como W. Benjamin, que vê aí o «signo de uma parada messiânica do devir», ou Adorno, para quem a «catástrofe do instante... rompe a continuidade temporal».[101] Como diz F. Torres, há na escolha do tempo presente a recusa de «toda transformação radical». Daí a busca das *raízes* que, em todos os domínios, não deixam de exacerbar-se. Historiadores, etnólogos, romancistas, cineastas, museógrafos (a lista é vasta), numerosos são os que focalizarão o presente, ancorando-o no passado. Parece paradoxal, mas a busca das «raízes», como uma «inversão» (Ph. Ariès), é uma forma de garantia, de redesconto, permitindo viver um presente eterno.

Como sempre, o paradoxo aparente ajuda a pensar uma realidade de bom-senso que nossa tendência discriminativa ou disjuntiva (a famosa lógica do ou... ou) tem dificuldade para integrar. No caso, trata-se da conjunção, ou mesmo da sinergia, existente entre a estática e a dinâmica. Analisando os destinos do barroco e suas relações com o classicismo, com o academismo ou o rococó, G. Bazin não hesita em dizer que a vida se enriquece com os contrários e os obstáculos encontrados por ela e, para ilustrar isso, fala do ritmo biológico dos seres vivos, mostra da «misteriosa combinação, no sistema neurovegetativo, do simpático, estimulante, e do parassimpático, um freio». Eis uma excelente metáfora capaz de destacar que para além das racionalizações ou das ideologias historicistas há uma realidade bem mais complexa, a do enraizamento dinâmico ou, ainda, como dizia Umberto Eco a propósito da Idade Média, uma realidade da «transição permanente».[102]

Ocorre que essa verdade de bom-senso, e essa lucidez quanto à interpretação histórica de períodos qualificados de estáticos ou mesmo de obscurantistas (Idade Média), vai ao encontro do próprio procedimento da criação artística, que cava em profundidade, a fim de inventar (*invenire*), de dar à luz novas formas. Segundo o criador de bijuterias I. Lalaounis, isso favorece o desenvolvimento melodioso «de uma ou de várias linhas que, pela repetição, adquirem uma cadência particular. Dessa maneira, uma linha estática torna-se uma sucessão dinâmica».[103] Parece que essa cadência não se limita mais à criação artística *stricto sensu* ou, antes, que esta tira o seu mel da criação cotidiana, vivida dia a dia, cujos momentos teatrais de nossas megalópoles servem de exemplo. A alta costura, as novas tendências da pintura figurativa, a culinária e até o *design* de eletrodomésticos ou de móveis mostram facilmente a conjunção recém-analisada e que opera cada vez mais na atualidade. Talvez seja preciso ver nisso a expressão de uma forte vitalidade determinada a fazer da vida cotidiana uma obra de arte.

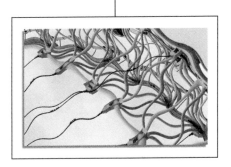

V

O «NÓS» COMUNITÁRIO

Um estranho sabor
de inexistência

G. Bufalino
Argos

1

O estar-junto antropológico

Como um *leitmotiv*, retomarei aqui o «*delenda Cartago est*» *que*, de maneira quase obsessiva, tentei explicar em meus livros anteriores: se queremos compreender a nossa época, definir os contornos da socialidade (re)nascente, é preciso admitir que o indivíduo e o individualismo, teórico ou metodológico, base de sua racionalização, não fazem mais sentido. Já mostrei a fragilidade da identidade e, ao contrário, a multiplicação das identificações sucessivas que uma mesma pessoa (*persona*) podia ter. Não é inútil desenvolver as razões antropológicas, religiosas, políticas, estéticas, que permitiram, em culturas e momentos bastante diversos, a manifestação de entidades alternativas ao indivíduo. Pode ser a massa, a comunidade, a tribo ou o clã, pouco importa o termo empregado, pois a realidade designada é intangível; trata-se de um estar-junto grupal que privilegia o todo em relação aos seus diversos componentes. Signos precursores, como a cultura dos sentimentos, a importância do afetual ou do emocional, aparecem enquanto elementos que tornam essa «grupalidade» especialmente pertinente. Outros, a exemplo da prevalência do objeto ou da imagem, fazem dessa hipótese algo bastante prospectivo.

Devemos observar, antes de tudo, que só muito recentemente se elaborou a chamada «metafísica da subjetividade», o ambicioso projeto que fazia do «eu» o elemento central da representação. Assim, o indivíduo é considerado como tal quando tem uma «consciência de si». Teoria da consciência que fará do «eu» o «*foyer* central» de todos os atos inicialmente individuais e depois, claro, sociais.[104] É o famoso *cogito* como instância fundadora. Trata-se de uma perspectiva tão banal que parece indiscutível, «natural», eterna, incontestável, característica essencial do fenômeno humano.

Parece-me que essa opinião comum, ao menos na ordem intelectual, pois não se passa o mesmo na vida popular, merece alguma contestação. Sobretudo num momento em que a transformação do mundo em objeto é inegável. Isso deveria, ao menos a título de hipótese, levar-nos a considerar que o sujeito, na sua soberana realeza, não é mais o único ângulo de ataque para a compreensão da vida do indivíduo social e de suas relações com o meio social e natural. Para dizê-lo de maneira algo irreverente, é possível que o indivíduo seja mais dirigido do que ator, mais submetido do que mestre e possessor, em primeiro lugar, de si mesmo e, em seguida, da natureza. Ao «eu penso», opõe-se desde então o «eu sou pensado» que, claro, convém delimitar e analisar, mas parece convir ao desenvolvimento da moda, das práticas de mimetismo e outras formas de hábito, de rituais ou atitudes «animais» que regem a vida em sociedade.

Sub-repticiamente, portanto, o objeto toma o lugar do sujeito. Não se trata de simples provocação, mas antes de uma constatação, particularmente evidente no consumo, onde o «uso», transformado em «signo», tende a acabar na ausência de freios, não tendo mais o objeto nenhuma referência, servindo apenas de encantação mágica, de laço fetichista com a matéria; consumo que faz da vida social um imenso *«potlatch»,* pelo qual o desperdício absoluto traduz o secreto desejo de morte que atormenta o corpo social. Sem ir muito além, direi que se vive numa ambiência «objetal», responsável pelo fato de o indivíduo não ser mais o «eu» poderoso e solitário, mas um objeto entre outros, intercambiável à vontade; pode haver nisso uma forma de gozo, geradora dessa ambiência erótica, um pouco perversa, na qual a pornografia, o desenvolvimento do sadomasoquismo ou a recrudescência da escravidão sexual são apenas os aspectos mais visíveis.

Em termos diferentes, mas de maneira próxima, G. Simmel fala de «cultura objetiva» e mostra como na cidade moderna, a técnica de produção, a arte, a ciência e, claro, o meio doméstico são dominados pelo «espírito objetivo». Trata-se de uma «cultura» superando o que o espírito individual e subjetivo pode apreender; no máximo, podemos nos reapropriar de uma pequena parte dessa cultura objetiva, e ainda de maneira coletiva.[105] Tudo isso acarreta a atrofia da cultura individual sobre a qual se assentava a modernidade. Tal diagnóstico, profético, no momento em que Simmel fazia essa análise, apresenta total atualidade nesta pós-modernidade triunfante, de hipertrofia da «cultura objetiva», quando a soma dos conhecimentos só pode ser a expressão de corpos, de grupos, e torna-se assim conhecimento e memória coletivos. Observa-se bem esse «espírito objetivo» no domínio universitário, onde a antiga função de transmissão de conhecimento, de cultura geral, tende a ceder lugar, sob a pressão dos diversos poderes, mas também por obra mesma dos professores, a um saber útil, direcionado, «profissionalizado», como se costuma dizer.

Pode-se, enfim, observar o «espírito objetivo» na nova relação estabelecida entre a natureza e a cultura. No lugar da clássica dicotomia entre o sujeito e o objeto, aquele como garantia da cultura, este como testemunha da natureza, há uma fusão, confusão, superação dessa oposição demasiado estrita. A sensibilidade ecológica é, quanto a isso, esclarecedora, pois tende a reavivar, a animar esse conjunto de coisas – natureza, meio ambiente, fauna, flora, paisagem – que a modernidade se inclinava a considerar objetos inertes, controláveis e exploráveis à vontade. Remeto aqui aos trabalhos de G. Durand sobre o «trajeto antropológico», demonstração pertinente da reversibilidade existente entre o espírito e o objeto, a dinâmica e o estático ou, ainda, aos de A. Berque que, através da noção de *mediância*, se dedica a analisar o mesmo processo. Isso delimita uma ambiência comum na qual cada um desses polos, até então separados, entra em interação constante, gerando uma nova relação com a natureza, sem estigma ou desprezo, considerando esta como um lugar matricial determinante na relação aos outros.[106] Nos seus diversos aspectos, apenas esboçados aqui, o objeto ou, para melhor enfatizar sua dimensão de conhecimento, o mundo «objetal» favorece a *participação,* com o aspecto mágico atrelado a esse termo. Em suma, por participar do mundo natural, o dos objetos, comungo com o outro, o «eu» cede lugar ao «nós», a distinção inverte-se em viscosidade, a crítica do mundo *como ele é* se torna afirmação da existência e, enfim, o ativismo tende a deslizar para a impassibilidade. Tudo isso caracteriza, entre outras coisas, o ar do tempo, em que o indivíduo, na sua identidade, sexo, ideologia, profissão, relações institucionais (familiares, conjugais, partidárias), não tem mais a certeza de antes, mas tenta buscar refúgio nos grupos restritos, nichos da segurança não mais concedida pela identidade.

Assim, a prevalência do objeto é um bom caminho para pensar o coletivo ou o que chamei de atitude «grupal»; por estar, enquanto «mesocosmo», no meio, liga o macro e o microcosmo. O mesmo ocorre com a imagem, que serve de introdução a uma interdependência ao mesmo tempo natural e social. Já mostrei em outro lugar que o estereótipo cotidiano da imagem trivial (publicidade ou televisão, por exemplo) se enraizava profundamente no substrato arquetipal e, ao mesmo tempo, estabelecia uma comunhão relevante entre os «participantes» de tal «estéreo-arquétipo». Em resumo, há uma estreita relação entre o individualismo e o «desencantamento do mundo»; o século XIX é um bom exemplo disso. Em contrapartida, cada vez que a imagem tende a prevalecer, assiste-se à elevação da ideia ou do ideal comunitários. Quase se poderia elaborar uma lei verificável sempre e em todo lugar: a dos vasos comunicantes entre imagem e comunidade.

Isso foi muitas vezes destacado; inútil, portanto, insistir. Em contrapartida, deve-se lembrar o aspecto precário de toda individuação, o fato igualmente de que esta é fonte de morte, enquanto a comunhão em torno de uma imagem comum reintroduz numa «interdependência universal» e, através disso, garante uma forma de eternidade. Poderá ser a eternidade da memória coletiva, a perpetuação dos mitos, o papel desempenhado pelos contos e lendas no imaginário social e, claro, os costumes que, por sedimentações sucessivas, marcam o corpo das sociedades. Coisas que de Aristóteles a Mauss, passando por Tomás de Aquino, têm sido chamadas pelo nome genérico de «habitus». Tudo isso ultrapassa a individuação e produz-se a partir de uma imagem ou de um conjunto de imagens que se trata de redinamizar, celebrar ou rememorar regularmente. Não é portanto surpreendente que depois de um período de inquietude, até mesmo de suspeição, a imagem suscite, contemporaneamente, movimentos de efervescência, mostras de um vitalismo inegável. Música, esporte, religião ou mesmo política, tudo passa pela imagem espetacular e tudo é pretexto para reuniões nas quais se possa partilhar essa imagem.

Assim, pois, o objeto e a imagem, o seu desenvolvimento conjunto, o mundo «objetal» ou o mundo «imaginal» gerado por eles, devem ser considerados como os sintomas cristalinos do fim do individualismo, ou do narcisismo, sua expressão psicológica. Ambos estimulam a imitação, a viscosidade grupal, lembrando a matéria primordial ou o arquétipo fundador. Isso, ao mesmo tempo, designa a saturação de uma ordem distintiva, racional, mecânica, e testemunha a eclosão de uma ordem confusional, imaginativa, orgânica, exemplificada fartamente pela vida cotidiana. Os exemplos mais simples são, claro, essas pequenas tribos afetuais que salpicam as megalópoles pós-modernas, mas se pode anexar a essa ordem orgânica todos os movimentos étnicos, a recrudescência dos movimentos religiosos e, mais precisamente, carismáticos ou fanáticos, sem esquecer fenômenos como o redespertar do islamismo. Já falei desse tribalismo e da religiosidade ambiente impulsionada por ele; basta, portanto, assinalar que seu aspecto grupal é essencialmente devido à partilha de objetos-imagens de diversas ordens, reforços do corpo social.

A fim de facilitar a compreensão do deslizamento do mecânico para o orgânico e, logo, de captar a socialidade ou o estar-junto esboçado a partir desse deslocamento, retomarei, rapidamente, a comparação feita por H. Wölfflin entre a pintura clássica e a pintura barroca. Essa comparação, pertinente por inúmeras razões, destaca que o «clássico» enfatiza a autonomia dos personagens em relação à independência das formas componentes do quadro, enquanto o barroco suprime essa autonomia, agrupa os personagens, enfatiza a *composição,* no sentido profundo do termo. Há neste último caso uma unicidade indivisível que privilegia o «motivo central» do quadro. Não há como solicitar indevidamente a interpretação para mostrar que essa unicidade, essa composição, essa prevalência do motivo central sobre as partes, é uma boa ilustração da preeminência do grupo sobre o indivíduo.

H. Wölfflin dá inúmeros exemplos nesse sentido: «Descida da cruz» em Dürer e Rembrandt ou, ainda, o quadro de Terbourg intitulado «Exortações paternas» (Amsterdã). Quanto a este, ressalta, cheio de ironia, que a jovem a quem se destina a exortação é representada de costas. Isso seria, na perspectiva clássica, considerado como uma brincadeira. Em contrapartida, numa pintura barroca, isso possibilita sublinhar a preeminência do grupo (pai, mãe, filho), considerado em conjunto antes de ser individualizado. Outro ponto, com frequência analisado, ao lado da perspectiva grupal, é o fato de que o barroco favorece o vaporoso, a utilização do claro-escuro, uma forma de impressionismo pictural. O conjunto gera uma ambiência que favorece o secreto escondido nessa obscuridade. Ambiência que não se esgota em si, mas serve de enquadramento ao êxtase, ao desvanecimento tão utilizado pelo barroco.[107]

Se faço aqui essa referência ao barroco e a algumas de suas categorias é porque ele me parece, por várias razões, totalmente pertinente. De uma parte, permite ilustrar o aspecto antropológico da prevalência do «nós», do grupo, sobre o indivíduo. Deve-se, obviamente, compreender o barroco não como arte de uma época determinada, mas como uma constante (estrutura antropológica) passível de ser encontrada em lugares e civilizações bastante diversas. De outra parte, essa constante antropológica ajuda a esclarecer a modulação tomada na pós-modernidade. É o caso para o primado do grupo (da tribo), também o é quanto ao êxtase. Não se trata mais, certamente, do êxtase religioso conhecido no século XVII, mas do êxtase musical, esportivo, consumista, que prevalece na atualidade. Em ambos os casos – grupo, êxtase – trata-se de uma «perda», de uma despesa; o indivíduo vale menos por si mesmo do que pelo conjunto onde se situa. Coisa importante que a metafísica da subjetividade não permite pensar, sendo deixada de lado pela ênfase na consciência e na reflexão. Ocorre que essa «despesa», à maneira do que G. Bataille vira para um número reduzido, tende a espalhar-se pela totalidade do corpo coletivo, cada vez mais em *estado de êxtase*. «Inconsciência» que relativiza, no mais alto grau, todas as atitudes de seriedade, de simples razão ou de responsabilidade, bases de toda sociedade moderna e do *contrato social* que a codificava.

Compreendamos pois o barroco como metáfora do plural, da cultura do sentimento, da exacerbação dos sentidos, da eflorescência das imagens. Voltarei a falar disso, mas é certo que a estética em geral e a estética barroca em particular enfatizam a força coletiva da emoção, em todos os domínios. Mas, para além do barroco, o que constitui uma constante antropológica é a busca do belo. Esta sendo, claro, relativa e totalmente diferente segundo os lugares, os costumes e as civilizações. Nesse sentido, não se deve considerar a beleza enquanto conteúdo, mas como continente. Na acepção mais profunda, utilizada por mim a partir de Simmel, direi que se está em presença de *uma forma*: o que determina, limita, mas, ao mesmo tempo, gera. Forma formante. Ora, o que a forma gera é, antes de tudo, a comunidade. Por isso, em diversas tradições culturais, o belo é uma força invisível que une, suscita fantasmas e desejos, origina conflitos (o eterno mito do rapto das mulheres); em suma, um dos fundamentos do estar-junto.

Reencontra-se essa força coagulante do belo na noção de empatia, essa *Einfühlung* que suscita tantas reticências da parte dos intelectuais e dos políticos contemporâneos, sem deixar de ser a expressão de uma simpatia simbólica, dessa estranha pulsão que me leva a perder-me no outro.[108] Não se trata de uma categoria simplesmente psicológica. Pareto, Weber e Durkheim, questionaram-se sobre o que constituía o laço social e, sob denominações diferentes, reconheceram o papel desempenhado pela estética. Sentimentos, emoções, pulsões, resíduos, a lista é longa dos termos empregados; a realidade designada é a mesma: há uma misteriosa atração em torno disso (desses) que se experimenta em comum e faz sociedade. É aí que, seja qual for, em geral desprezada, suspeita ou segregada num setor marginal da vida social e da análise intelectual, a estética é um bom indicador antropológico da comunidade, em especial por ressaltar a coerência, a solidariedade das diversas pequenas partes constitutivas de um todo.

Numa reflexão sobre o rosto, G. Simmel mostra que o efeito estético de toda figuração sustenta-se justamente graças a essa estreita solidariedade, a ausência de «afastamento ou de despedaçamento». Assim, o «feio» seria o que «interrompe e enfraquece a ligação com o centro». O centrífugo é «esteticamente insuportável».[109] Pode-se, com certeza, discutir, no domínio da arte, sobre as aplicações de tal concepção; certa, em contrapartida, é a ênfase na força de união dos diversos elementos, na reversibilidade deles, em suma, a «figura» do social é essencialmente composta pela cooperação, ou seja, pela integração de elementos heterogêneos que, mesmo conservando suas particularidades, concorrem para a formação de um conjunto coerente. O rosto ou o corpo individual é uma boa metáfora para compreender a interação da comunidade, do estar-junto social. Cada elemento do rosto, do corpo, é particularizado, mas esses elementos só têm sentido na coerência do todo, em sua unicidade, que constitui o *«plus»* específico chamado espírito, alma, o charme, a presença individual. O mesmo vale para a figura ou o corpo social, que só alcança sentido na complementaridade ou mesmo na sinergia entre os seus diversos componentes. É isso mesmo que caracteriza a «alma» de um conjunto, o espírito de um tempo ou a ambiência de determinada época.

Há momentos em que essa sinergia, discreta, escondida ou mesmo minorada até então, adquire importância inimaginável. Na minha opinião, depois de uma modernidade marcada pelo isolamento ou pelo contrato, individualista, assiste-se ao redespertar da estética, no sentido que já dei a esse termo. Em todos os campos, inclusive no da indústria, com a constituição de pequenas unidades de produção (modelo japonês) ou no consumo (produtos para públicos segmentados), sem esquecer a comunicação (o desenvolvimento tecnológico favorece as pequenas tribos informacionais). Em todos os casos, encontra-se a «conexão tátil» que os historiadores da arte aplicam ao barroco. Mas esse «conexionismo», acelerado pelas tecnologias da informação e pelo desenvolvimento da informática, ocorre também em política: a constituição de pequenos clãs; em religião: as formas menores do sagrado (seitas); na ordem do pensamento: a república das letras, a *Universitas,* substituída pela profusão de igrejinhas intelectuais. Não é mais o contrato racional que predomina, mas a atração e a estética emocionais.

O ressurgimento da «atração social» (P. Tacussel) é certamente o testemunho mais forte da dimensão antropológica da comunidade. O fato de que, apesar de todos os esforços da modernidade, assiste-se ao retorno do transe e da possessão coletiva é um signo indiscutível da animalidade política, no sentido passional do termo, do homem. Lembro aqui a surpresa de M. Mauss diante das cerimônias nazistas de 1936: «Que grandes sociedades modernas... possam ser sugestionadas, como os australianos por suas danças e estímulos semelhantes aos de brincadeiras de roda, é uma coisa que no fundo *nós* não tínhamos previsto. Esse retorno ao primitivo não foi objeto de nossas reflexões. Contentamo-nos com algumas alusões aos estados das multidões, quando se tratava de outra coisa... No fundo, não tínhamos contado com os extraordinários novos meios».[110]

Há nessa observação uma lúcida confissão que a sequência dos acontecimentos confirmaria centuplicada. Para além do paroxismo nazista, os «estímulos semelhantes aos de brincadeiras de roda» multiplicaram-se na segunda metade do século XX. Não foi somente o rádio, como no caso de Hitler, a favorecer os transes coletivos, mas muitos outros «novos meios». Graças a estes, toda uma série de arcaísmos, em princípio superados, irrompeu na vida social. O rock, o jazz e outras músicas «bárbaras», o consumo frenético de objetos, as histerias esportivas, as grandes paradas políticas ou religiosas, tudo o que exprime, com estardalhaço, a nostalgia e o retorno da comunidade recebe ajuda do desenvolvimento tecnológico. Penso que aí se acha o ponto nodal da pós-modernidade: a sinergia do arcaísmo, essencialmente a nostalgia do «nós», com a tecnologia.

Diante dessa onda violenta, que tudo arrasta ao passar, a independência, a personalidade, a crítica do indivíduo não fazem mais sentido, mas cedem lugar à interdependência, ao mimetismo e à aceitação do que é. Pode-se, claro, lamentar tal situação, mas, antes de estigmatizá-la, convém constatar, descrever-lhe os contornos e, sobretudo, é a minha preocupação aqui, verem que ela é apenas a modulação dessa antiga estrutura antropológica, difícil de denominar, consistindo em reconhecer-se a partir do outro, a só existir através e no olhar do outro. Em oposição à atitude esquizomorfa, que tende a dissociar, cortar, separar, até, por vezes, a patologia, G. Durand identifica uma «estrutura *glischromorfa*» que se dedica a reatar, soldar, ligar, reaproximar etc., enfatizando a viscosidade. Psicólogos, de Kretschmer a Rorschach, passando por um artista como Van Gogh ou um antropólogo como Pryluski, mostram a eficácia de tal estrutura fundada sobre a «pouca dissociação» e que busca constantemente a «hipersocialização». Comunidade quase religiosa, cooperativa de amigos ou ligação cósmica, o denominador comum dessa estrutura é a aglutinação ou, ainda, a fobia da separação.[111] Os termos empregados podem sugerir uma conotação pejorativa ou patológica, ainda mais que com frequência só se veem os aspectos paroxísticos de tal tendência, mas é possível também lembrar que sublinham o vivido de forma minimalista no cotidiano: o desejo de «participar» magicamente com os outros, com os objetos, das situações, dos acontecimentos que nos envolvem. Não há neutralidade, de resto, no fato de G. Durand classificar essa tendência à *adesividade* entre as estruturas místicas do imaginário, estrutura que busca a intimidade, a perda na transcendência, seja da deidade ou, mais difusa, do corpo social. Sempre é questão de fusão com o Outro e portanto de preeminência do todo sobre as partes.

Essa tendência à *adesividade,* cujas consequências sociológicas são imediatamente visíveis, enraíza-se profundamente na natureza humana; talvez fosse melhor dizer natureza animal ou, simplesmente, domínio «mundano». É o que Heidegger chama de *«on».* Assim, no seu jargão: «O *Dasein* é primeiramente *On».* Ou seja, o «eu» não é inicialmente ele mesmo, mas o é através dos outros e segundo as modalidades do «On», «conforme a vontade do On»; é a partir deste que sou dado a mim mesmo. Ou, ainda: «Enquanto On, vivo sob a influência discreta dos outros; cada um é o outro e ninguém é ele mesmo».[112] Tal análise, bastante corrosiva, tem o mérito de enfatizar o que une essencialmente ao outro e, em suma, faz sociedade. Não está em questão, evidentemente julgar esse «on», o que ocorre com frequência em Heidegger ou, ao menos, entre os seus epígonos, mas antes de ver aí a qualidade fundamental do estarjunto. Perspectiva que não substitui, certo, as análises sociológicas mais empíricas, mas que não deixa de dar a esta uma profundidade, uma acuidade em geral ausentes.

O «on» como fundamento antropológico de toda sociedade é pois uma constante que se exprimirá com maior ou menor intensidade. Assim, ao contrário das sociedades tradicionais, pode-se dizer que a modernidade tentou evacuá-la totalmente ou ao menos apagar-lhe os efeitos mais espetaculares. A partir de Descartes, por exemplo, seguido pelos Iluministas, elaborou-se essa metafísica da subjetividade, filosofia da consciência com os efeitos conhecidos. Certo, os filósofos não puderam fazer totalmente a economia do espírito coletivo ou outras mentalidades de grupo, mas a tendência do que está em jogo é bem a realização do sujeito pensante, autônomo, consciente, senhor de uma história individual a realizar e ator contratual de uma história coletiva em marcha. Em tudo isso, ao menos como ideal ou como ideologia, o «on» só ocupa um lugar menor. Não por acaso é então que se elaboram os grandes sistemas de interpretação, as «grandes narrativas legitimadoras» que marcaram a modernidade e fazem dos sujeitos individuais, ou do sujeito histórico, a chave universal de toda explicação do mundo.

Tudo isso já está bem analisado, inútil continuar. Completamente diferentes são as chamadas sociedades tradicionais, arcaicas, antigas, medievais, nas quais o olhar do outro é primordial na constituição do «eu». Isso, claro, mereceria nuanças, pois se podem encontrar dentro de uma mesma época diferenças notáveis entre países, cidades ou civilizações. Assim, não se pode julgar da mesma maneira a constituição do indivíduo em Atenas ou em Esparta. Mas aqui, na minha visão global, basta indicar que, mesmo por razões essencialmente práticas, segurança, proteção, educação, o indivíduo só podia viver ou sobreviver estando estreitamente enquadrado pela rede societal. Ele só tinha, no sentido profundo do termo, identidade sendo membro integral de uma cidade, de uma tribo, de uma família precisa. Guardadas as proporções, algo da mesma ordem opera-se entre nós. Certo, não podemos comparar, termo a termo, a situação do indivíduo nas sociedades tradicionais com a de nossos dias, mas aproximações esclarecedoras podem, com pertinência, ser feitas. Antes de tudo, quanto ao que diz respeito à massificação de nossas sociedades. Parece, efetivamente, que o «instinto de massa», dado fundamental da humanidade, vem alcançando uma atualidade inimaginável. Pode-se, aqui, fazer referência à análise de E. Canetti que, no seu livro *Massa e poder,* mostra, de maneira profética, como essa «massa», considerada superada, encontra-se em toda parte e em todos os domínios como explicação de numerosas atitudes, de múltiplas situações e fenômenos de nossos séculos. Ora, para ele, uma das características da massa é a exacerbação da potencialidade de cada indivíduo em metamorfosear-se. A metamorfose é essencialmente a possibilidade de «transformar-se em todas as coisas».[113] Atitude mágica, especialmente pertinente para compreender as diversas metáforas operadas quando das aglomerações esportivas, musicais, religiosas ou políticas. Através disso, imitando o outro, comungo com essa entidade coletiva da qual participo e, em conjunto, reinterpreta-se mimeticamente a criação.

    Há de fato uma «potência» na massa que ultrapassa cada indivíduo, fazendo-o membro de um «genius» coletivo, gênio que, a exemplo da deidade, cria a sociedade no seu meio natural e social. É possível que exista na massa pós-moderna uma energia criadora, tendo por fonte uma força vital indiferenciada, reatando assim como o substrato arcaico, fundamento de todo estar-junto. É o que Szondi chamava de *«Urform* do ego», responsável pelas projeções, as «participações» e outras formas de exteriorização.[114] Sem isso, as atitudes altruístas, generosas, idealistas tornam-se perfeitamente incompreensíveis; a criação artística ou sua recepção também, tanto quanto as emoções televisuais, esportivas, turísticas. Tudo isso suscita a surpresa, a suspeita, o desprezo ou a condenação pelas belas almas racionalistas, desfavorecendo a compreensão de um fenômeno social fadado a desenvolver-se ainda muito mais. Parece mais judicioso analisar todos esses fenômenos, para além de nossos juízos de valor, como expressão de um querer-viver irreprimível, o que, para além dos estereótipos servindo de emblemas, encontra no mais primitivo dos arquétipos seu fundamento cultural.

Agora que se acabam os charmes discretos do racionalismo moderno ou, ao menos, quando irrompe na praça pública tudo o que o racionalismo quis evacuar – os imaginários, os sonhos coletivos, o lúdico e outras manifestações de simbolismo –, não é inútil, no âmbito de um procedimento intelectual lúcido e sem demasiadas ilusões, analisar a sutil dialética existente entre a consciência humana mais civilizada e a «solidariedade primitiva», totalmente inconsciente, do sistema vegetativo de base. Isso nos obrigaria a admitir, como bem o indica o sociólogo bastante e injustamente ignorado J. M. Guyau, que «nosso pensamento é fundamentalmente impessoal». Ou, ainda, que existe um vaivém constante entre o agradável (inconsciência, sentido) e o belo (consciência); vaivém que dá seu caráter social à emoção estética e ressalta «esse nós que reside no eu».[115] Agarrar-se a esse arcaico «nós» não significa ser obscurantista, pois suas manifestações ganham amplitude cada vez maior e ele está presente na maioria das atitudes cotidianas, profissionais, políticas, étnicas, onde a «tribo», o clã, a igrejinha, o grupo de amigos, em suma, a atração emocional desempenha papel primordial na constituição da sociedade pós-moderna.

Equivale a dizer que o indivíduo é uma realidade relativa, nos dois sentidos do termo; realidade relativizada por outros e que põe em relação com outros, pressuposto de uma realidade *arcaica,* no sentido etimológico do termo, uma realidade que serve de suporte. G. Simondon fala a esse respeito de uma «realidade pré-individual», fonte de todas as possibilidades, de todas as potencialidades, que a individuação não esgotaria. Além do mais, essa «realidade pré-individual» permite dizer que o indivíduo sempre se situa num meio; ele é «mediância» nos ambientes natural e social. Assim, o indivíduo é relativo «porque não é todo o ser, e porque resulta de um estado do ser no qual ele não existia nem como indivíduo nem como princípio de individuação».[116] É isso mesmo que permite compreender, no seu aspecto mais concreto, aquém ou além de legitimações, racionalizações de todas as ordens, que cada um não pode reduzir-se à unidade, nem responder somente ao princípio de identidade, nem se dobrar simplesmente à lógica do «terceiro excluído». A pessoa sempre supera os limites nos quais se quer encerrá-la; certo, ela tem um sexo, uma ideologia, uma profissão, mas, ao mesmo tempo, ultrapassa, amplamente, as diversas características desse sexo, dessa ideologia, dessa profissão. Trata-se de um processo em ampliação na atualidade, mas que certamente se explica pelo enraizamento no «ser pré-individual», no ser arcaico. Assim, o fato de «participar» magicamente dos objetos, com os outros que nos cercam, dos diversos lugares que habitamos, tudo isso só é possível porque assim se comunga da «carga de realidade pré-individual que o indivíduo contém», das potencialidades encerradas por ele, as quais, pela «participação», encontram um meio de expressão.[117]

Essa «realidade pré-individual», sobre a qual insiste G. Simondon, é certamente a pedra angular a partir da qual se poderá construir a comunidade ou outras formas de agregação orgânica. É de fato um alicerce antropológico, por vezes passível de ocultação, caso da modernidade, mas que ressurge sempre, como parece ser o caso atualmente. Desse ponto de vista, todas as ladainhas entoadas sobre o individualismo ou o narcisismo nada mudarão nas constatações que a realidade empírica nos obriga a fazer, e a reflexão antropológica nos incita a formalizar: o indivíduo é um estado passageiro, incerto, flutuante, que tira o seu ser de uma realidade pré-individual, da qual extrai regularmente suas diversas potencialidades.

Tal identidade incerta ou, ainda, o que chamei de multiplicidade de identificações, não deve de forma alguma ser considerada como uma diminuição das capacidades individuais. Bem ao contrário, isso alarga o campo de ação, aumenta as possibilidades e permite à pessoa atingir as dimensões do universo. Lou Andreas-Salomé bem o viu, pois se dedicou justamente a deformar o conceito psicanalítico de narcisismo. Ela mostrou, em particular, que este não era *egocêntrico* ou, ainda, não se reduzia a um investimento da libido sobre o ego, mas que se ampliava numa dimensão macroscópica. Para isso, lembra que o Narciso do mito não se contempla num espelho artificial, mas no da natureza. Assim, o importante é o «nosso próprio enraizamento no estado originário ao qual permanecemos atrelados, mesmo nos afastando, como a planta continua ligada à terra, ainda que se distancie pelo crescimento em direção da luz», o que significa ir «mais longe do que si mesmo, não ser um obstáculo a si mesmo enquanto ego nos reencontros felizes com o *estado originário,* ainda estranho ao ego».[118]

Essa bela metáfora é instrutiva e mostra que o arcaico – a «realidade pré-individual» da qual falei – não é um *estado,* uma estrutura intangível, um paraíso perdido pelo qual poderíamos nos lamentar, mas antes uma tensão, um acontecimento que deve sempre ocorrer. Ou, ainda, em outras palavras, o caráter precário do indivíduo, e do individualismo que o teoriza, é antes de tudo a expressão de um querer-viver, de um *élan* vital meio cego e animal que leva cada um a procurar a intimidade, até mesmo a promiscuidade com o outro. Daí essa «síndrome hipersocial» (Kretschmer) que tende, de maneira paroxística, ou mais «normalmente», a fazer-me buscar a presença do outro, seu contato, e a perder, a gastar-se no outro. Conforme o caso, tratar-se-á das diversas aglomerações que pontuam a vida e a cidade pós-modernas ou então se assistirá à multiplicação dessas «tribos» urbanas das quais, de alguma maneira, cada um dentre nós participa; poderá ser enfim a «copresença» amigável ou amorosa que serve de fundamento à busca de uma vida qualitativamente diferente. Em todas as situações, o que está em causa é uma vontade de união de origem antropológica, forma erótica generalizada que se dedica a unir os diversos elementos dos fenômenos mundanos; animados ou inanimados, subjetivos ou objetivos, naturais ou culturais, todos são arrastados nesse processo de atração que é a base de uma estética como sentido e vivido comuns.

2

A comunidade religiosa

Esse enraizamento no solo, esse crescimento para o céu, essa ligação entre os diversos elementos do macro e do microcosmos, eis o que define a transcendência imanente, essência mesma da religião vista de um ponto de vista socioantropológico. Boa caracterização igualmente do que Durkheim chamava de «divino social», conjunto complexo em que todos os elementos dos meios social e natural entram em interação permanente. E, portanto, um vasto movimento, perpétuo relacionamento, constante *conexionismo,* base de Deus, o qual, segundo J. Böhme, é um «acontecimento incessante». Entende-se Deus, claro, como a metáfora do social ou, talvez, dessa «realidade pré-individual» já abordada.

A mesma concepção holística encontra-se na mística, penso aqui na tradição judaico-cristã, que estabelece uma correlação, um vaivém entre o «processo cosmogônico», obra e espelho de Deus, e o «processo teogônico». Em outras palavras, Deus faz-se fazendo o mundo. Ele só existe no e pelo olhar deste (ou daquele) que criou. É esse paradoxo que facilita a compreensão da interação, a correspondência no fato mundano, onde cada um e todas as coisas também só existem se são vistos pelo outro. É «no fundo das aparências», já disse, que existe a socialidade; deve-se entender isso como sendo o *cadinho* no qual, sob o olhar do outro, através do jogo das aparências, pela força dos fenômenos, cada ator social ocupa o seu lugar num vasto *theatrum mundi,* onde cenários e personagens se respondem num jogo sem fim: o que constitui a sociedade.

O cristianismo deu um nome a essa interação constante; é o mistério da Trindade. Trata-se de um mito lindamente evocador, pois mostra (mais do que demonstra) a vitalidade de Deus a partir de sua «trimorfia». Schelling fala mesmo de uma «heterusia» interna de Deus: o outro ou a alteridade é sua essência?[119] Há nesse

Deus tripessoal um perpétuo movimento, um desequilíbrio constante e é isso mesmo que faz sua vida, faz a vida, pois com a vida da qual é pleno, Deus cria a vida do mundo. Assim, depois do estar-junto antropológico, a comunidade religiosa, divina, pode ajudar-nos a compreender o aspecto plural, pluralista, de toda a vida social, sua «heterusia», ou seja, a alteridade como seu fundamento essencial. De acordo com São Paulo, o Universo consumado, o que chama de «Pleroma», é a realização perfeita da comunhão entre as pessoas. Trata-se do que na sequência se tornará a teoria da «comunhão dos santos», esse laço misterioso, ao mesmo tempo frágil e indestrutível, que me liga aos vivos partilhando a minha fé e aos que, na espera da ressurreição dos corpos, alcançaram o reino dos céus. Com frequência, para facilitar a compreensão do «pleroma», os teólogos serviram-se de analogias sociais. Atualmente, parece-me, pode-se inverter o problema e dizer que a vida social sabe exprimir-se através das analogias místicas, a exemplo dessa do «pleroma». Isso nada tem a ver com um novo anúncio do fim dos tempos, com a realização de uma sociedade perfeita ou com um paraíso terrestre, mas, ao contrário, significa insistir sobre esse presente, eterno, vivido com o outro aqui e agora. A religião, como acontecimento, é do cotidiano, do perpétuo relacionamento; «religação» de uns com os outros e, claro, ligação com esse «mundo-aí» que serve de enquadramento, de matriz de interação social.

Tem-se aí os dois aspectos essenciais da religião ou, melhor, da religiosidade, no que esta precede e engloba aquela, pois, de uma parte, ela permite a «coexistência de todos os contrastes» e, ao mesmo tempo, exprime e epifaniza «o que há de obscuro, de sensual, de submisso à força da gravidade em nós, isso seguramente tanto nas formas de ascetismo quanto do êxtase».[120] Daí, prossegue Simmel, o quanto é errôneo reduzir a religião à moral. Há, de resto, uma dialética entre a aceitação, a integração mesma dos contrários formadores do todo social, e a afirmação dessa «força da gravidade» que nos inclina em direção à terra. Humano, húmus! Assim como o húmus é composto de elementos bastante diversos que, pela negação de suas particularidades, ou seja, pela decomposição, constituem um substrato nutritivo, o humano implica o relacionamento, a *religação,* das coisas (sentido, culturas, modos de viver) mais diversas, espécie de morte de si permitindo nascer no outro. A religião, portanto, não remete a uma moral, enquanto lei dominadora, geral e abstrata, mas antes a uma ética, *ethos* específico, que fazendo cimento, partindo de baixo, cresce a partir do choque dos contrastes e da interação suscitada por ele.

Como se pode ver, a analogia religiosa é totalmente pertinente e prospectiva para entender a comunidade social, o *conexionismo* crescente em nossas sociedades e a multiplicação das interações que o desenvolvimento tecnológico e a comunicação tendem a exacerbar. Efetivamente, ela permite sobretudo pensar a força interna que rege o corpo social. Este não encontra mais sentido fora de si mesmo, no longínquo e no fim a atingir, como lhe fora ensinado pelo político, mas vai retirar sua energia da interação, no choque das diferenças vividas no presente. Daí a metáfora da Trindade cuja constituição repousa sobre a tensão de elementos (Pai, Filho, Espírito Santo) heterogêneos. Pensemos nessa evidência teológica: *Deum de Deo.* Deus vem de Deus, e de nada mais. Pode-se aplicar esse adágio ao divino social que nos ocupa aqui. Enquanto durante a modernidade sua energia foi extrínseca – desenvolvimento, progresso, sociedade perfeita a realizar, atitude, em suma, extensiva *(ex-tendere)* –, parece que na atualidade ela se concentra no mais próximo, intensifica-se *(in-tendere)* e repousa sobre a gestão de antagonismos que não se superam numa síntese qualquer. O pluriculturalismo, o sincretismo religioso, os *patchworks* ideológicos ou o «contraditorial» lógico são as expressões mais evidentes de tal antinomia de valores.

Esta, que poderia ser considerada como um signo de anarquia ou de desordem, parece agora ser aceita como a manifestação de um vitalismo reforçado. Ao mesmo tempo, fortalece o papel da imagem em torno da qual nos agregamos. Durkheim já havia destacado o papel dos «emblemas totêmicos» na expressão dos sentimentos. Ele observou, contra a própria vontade, que o «princípio totêmico» era ao mesmo tempo uma «força material» e uma «potência moral» constitutiva dos clãs, que por concatenação delimitava uma espécie particular. Ora, a principal característica dessa força é ser «anônima e impessoal» ou, ainda, «imanente ao mundo».[121] Trata-se portanto de uma energia global (material e espiritual) que se investe no presente num pequeno «nós» grupal, o qual se adaptará em seguida, em momentos especiais, por exemplo, às festas de «confirmação», a outros pequenos grupos. Essa acomodação que pode, do exterior, parecer anárquica é, pois, uma sinestesia integrando ordem e desordem numa ordem orgânica cuja solidez se mede na longa duração. Tudo isso mostra bem a potência religiosa do «nós» enquanto tal, e dos «nós» em conjunto. Assim, as imensidades específicas, fundamento das tribos, e a antinomia dos valores engendrados por ela podem desembocar numa ordem sem mais nada a ver com a lógica racionalista, mas que não deixa de ter a sua própria razão, intrínseca, produtora de sociedades. A metáfora religiosa é um bom ângulo de ataque para captar a lógica passional em obra em tal ordem orgânica. Essa lógica pode ser exclusiva e excludente, e as intolerâncias, os fanatismos, as efervescências emocionais estão aí para prová-lo; mas na longa duração, à maneira de um «saber» etológico que sente até onde pode ir a sua intolerância, essas exclusividades conseguem ajustar-se entre elas e constituir uma harmonia conflitual talvez mais sólida que o equilíbrio imposto por decreto, do exterior, abstratamente, como foi o caso durante a modernidade. A implosão do Estado-nação, o enfraquecimento das instituições e de outras estruturas estáveis demonstram-no. Portanto, voltar à religiosidade do «nós» pode ajudar a pensar a lenta elaboração de uma ordem orgânica em esboço durante a gestação de uma nova maneira de estar-junto.

Não se trata de algo novo. Tomemos apenas alguns exemplos. Quando se considera a elaboração, no Antigo Testamento, do Povo eleito, observa-se que, ao lado da história política ou dos acontecimentos guerreiros que a constituem ou, por vezes, atravessam-na, a importância do papel desempenhado pelos profetas que vivem em colônias, formam comunidades unidas e comungam no êxtase. Tudo isso revela a energia intrínseca, exclusiva, parecendo ter pouca relação com o mundo circundante. No entanto, essa energia se difunde no corpo social de maneira, por vezes, contrastada e conflitual e resulta numa força extrínseca capaz de permitir a conquista de um território e de constituir o Povo eleito em questão. Essas comunidades extáticas não deixam de se opor aos poderes estabelecidos, de vituperar contra eles, de tirá-los da sonolência e de assim restaurar a força vital enfraquecida.

O mesmo vale para a constituição do que se tornará a Igreja católica. No começo, não passava de um aglomerado de pequenas seitas em torno de um *topos,* de um lugar: túmulo de um santo, de um bispo renomado, de um personagem epônimo; pequenas seitas portanto com suas particularidades, modos de vida, liturgias, exclusivas e intolerantes em relação ao mundo exterior e, com frequência, entre elas. Depois, progressivamente, essas seitas «ajustam-se», compõem entre elas e com o «mundo» até produzir a Igreja conhecida, e a civilização consequente. É interessante, de resto, observar que nas querelas, por vezes violentas, consecutivas a essa adaptação, a imagem emblemática, o «princípio totêmico», desempenha um papel de relevo. Luta-se por ele, em torno dele, excluem-se outras imagens, outros princípios, até se formar uma hierarquia de santos que produzirá a «comunhão dos santos», cimento inicialmente vivido, depois teorizado, a partir do qual se constrói a Igreja.[122] Ainda aí, o primordial é o grupo primário com a troca afetual e emocional inerente a ele; grupo que se antecipa ao indivíduo, sem deixar de constituir uma totalidade coerente na qual este encontra segurança, proteção e confiança.

Último exemplo, enfim, que se pode tomar de empréstimo à mística alemã da Idade Média e serve para dissolver e ab-rogar o ego. As noções empregadas por Mestre Eckhart ou Franz von Baader são interessantes, pois estabelecem uma distinção entre o «mau ego», a ser ultrapassado, e a «verdadeira personalidade», que se torna o «laço de união». Em outras palavras, o «mau ego», ego retardado e limitado, através da união mística com Deus, sublima-se, participa da potência deste recolhendo parcelas do ego absoluto. Participa, no sentido mágico do termo, «corresponde» à imagem de Deus, e assim repõe sua energia. Torna-se dessa forma um gênio «cuja genialidade criadora reflete o fato de que o espírito absoluto se realiza e *atualiza* nele».[123] Assim, para o místico, a despesa na deidade, logo a morte de si mesmo, é uma maneira de voltar à plenitude, de atualizar todas as potencialidades em gérmen nele e que encontram em Deus a expressão última. No sentido simples do termo, a *virtus,* sinônimo de potência, de faculdade, de *möglichkeit,* deve regenerar-se constantemente em sua fonte primeira: *potentia ex Deo veniens.* Essa «possibilidade» de Deus, segundo Lutero, herdeiro nisso da mística renana, torna-se *ato,* no dia a dia, conforme os acontecimentos, as ocorrências e as situações vividas diariamente.

Pode-se facilmente extrapolar esse propósito e atribuir à massa *a* ou *as* qualidades que eram apanágio de Deus. A energia vital, um dom de Deus, é uma boa metáfora da força suscitada pelo grupo. Os fenômenos de histeria coletiva ou os mimetismos delinquentes são os exemplos paroxísticos e um pouco inquietantes disso, mas também a moda ou disseminação caritativa, sem esquecer as efervescências lúdicas ou festivas de todas as ordens. Em cada situação, a propensão a seguir o outro tem por fonte a exaltação desse grande Outro que é o grupo, a massa ou multidão. Podemos, certamente, nos inquietar com isso. Não é possível, entretanto, negar o efeito de envolvimento, de aceleração, desempenhado, no caso, pela religiosidade ambiente. Isso é especialmente evidente nas seitas em que se requer de maneira brutal a ab-rogação do ego. Mas essa união religiosa não é menos real em domínios não reputados como tal: mimetismo intelectual, adesão política ou conformismos de diversas ordens. Tal união religiosa, à imagem da «inclinação» identificada pelos astrólogos, é uma busca de globalidade, um desejo de perda num grande todo, num nicho matricial, fusional, onde graças aos outros e através dos outros cada um pode, na totalidade ou em parte, realizar a plenitude de suas potencialidades. Realização que pode ser real, mas também fantasmática; isso nada muda no caso, pois também o imaginário é uma das modalidades do ser individual e social.

Seja como for, é urgente, mesmo arrancando-o às mãos dos especialistas, reconhecer na comunidade religiosa o fundamento de toda vida em sociedade. Esse foi um dos desafios de Durkheim nas *Formas elementares da vida religiosa* e certamente é uma das apostas epistemológicas e práticas do nosso tempo: há um vaivém constante entre a comunhão, o estar-junto e as «inclinações integrais» (G. Durand). São estas que explicam a nostalgia do *Unus Mundus*, o qual, das antigas utopias às gangues de "rebeldes sem causa" contemporâneas, passando pela atração generalizada induzida pela comunicação, fustigam constantemente o ser social, com a atualidade conhecida.

Assiste-se, com certeza, ao reflorescimento da ideia de comunidade. Esta pode ser facilmente estigmatizada: populismo, integrismo, obscurantismo, fanatismo... Essas encantações nada mudam no caso. Pois, sem negar que esses qualificativos recobrem uma parte da realidade designada, não permitem, entretanto, ver que é *também* questão de comunidade, de um para além dos imperativos utilitários marcantes na modernidade. Sobressai igualmente o que F. Ferrarotti chamou de «retorno à candura dos Gregos, esse povo de eternas crianças»[124] ou, ainda, a expressão de um «preconceito favorável estético», o das emoções, dos sentimentos e de outras coisas imateriais, que partilho com os outros sem preocupação com o amanhã. As efervescências lúdicas – festas, turismo, festival, esporte, música – demonstram-no compondo aos poucos um ritmo social no qual o *Puer aeternus,* um tanto irresponsável, tende a tornar-se, de maneira escancarada ou discreta, o derradeiro referente da imagem que uma sociedade tem de si mesma e, em consequência, cada indivíduo possui de si mesmo.

O *Puer aeternus* remete à verdadeira personalidade impessoal dos místicos; não se trata de um «ego» egotista e limitado, o do pequeno-burguês ou do intelectual crítico, mas o «eu» que se esgota no outro.

Pode-se retomar aqui uma distinção feita por Abellio entre o polo formado pelo «eu» e o «nós», de uma parte, e o «ego» e o «todos», de outra. O primeiro polo engendra uma dialética da «ascensão espiritual», enquanto o segundo preside os destinos do político. Remeto à análise proposta pelo autor e às suas diversas aplicações[125] e contento-me em reter dele a inspiração geral. Para além das qualificações empregadas, pode-se reconhecer que, durante a modernidade, a órbita do político esteve formada pela relação conflitual, consensual ou contratual existente entre um «ego» autônomo e esse «todos» que é o social. Toda a filosofia política dos séculos XVIII e XIX gira em torno desse problema. O «ego» pode ser um sujeito individual ou histórico, referir-se às classes sociais, às categorias socioprofissionais ou às camadas identificadas pelos cientistas políticos e os sociólogos, mas sempre é consciente e senhor de si ou, ao menos, *deve* sê-lo se quer corresponder à sua essência. Através disso, permanece sempre distante do «todos», extrínseco a ele.

Isso faz com que, em certos períodos, quando a ideologia ou o mito, utilizado como suporte, tende a enfraquecer-se, a saturar-se, assista-se a uma disjunção crescente entre esses dois elementos que, na melhor das hipóteses, tinham feito um casamento de conveniência. Talvez essa disjunção marque nosso fim de século, originando o desencantamento do político, a distância em relação à coisa pública ou outras formas, suicidas, tendentes a fazer do Estado uma realidade exterior e a favorecer um recolhimento para a esfera privada. Nada mais tendo a fazer juntos, o casamento de conveniência entre o «ego» e o «todos» termina em divórcio, amigável ou, ao contrário, com perdas e estardalhaço. A anomia galopante, os escândalos financeiros, a perda do senso público, a exacerbação dos corporativismos, são certamente os indícios mais nítidos desse divórcio. Atitude suicida, eu disse, pois, tendo perdido os seus polos de referência, o corpo social, sem equilíbrio, só pode implodir.

Totalmente diferente é a relação entre o «eu» e o «nós». Pode acontecer um confronto entre eles, o que é mesmo constitutivo da dialética deles, mas como o «eu» não passa de um momento da elaboração do «nós», não se colocando enquanto entidade absoluta e abstrata, o confronto não resulta em destruição. Se o «eu» perdesse no «nós», ele obtém, ao final, novas forças. É um «confronto transcendental» (Abellio) no sentido de que a dialética «eu-nós» constitui uma ambiência englobante comparável à reversibilidade existente entre a ação e a retroação, bem analisadas pela cibernética, em que os diversos momentos da relação contribuem com um suplemento de ser a cada elemento em particular. Assim, o «eu» da pessoa se perderá no «nós» da tribo e, portanto, dará a esta uma nova energia, obtendo, ao mesmo tempo, a renovação de suas próprias forças. É, por exemplo, a impressão dada pelos diversos protagonistas dos grupos religiosos, das tribos amicais, afetuais, culturais ou filosóficas; é igualmente o que pode explicar a vitalidade desses agrupamentos, e o papel cada vez mais importante desempenhado por eles na praça pública. É enfim essa sutil dialética que dá a esses micro-grupos um inegável aspecto prospectivo. Tal interação ajuda a explicar o êxito das associações, de todos os tipos, japonesas, onde o «nós» industrial, comercial, cultural, religioso é a resultante de uma constante relação entre o «eu» e o «tu», e onde há mesmo pouca distinção entre esses dois pronomes que se abolem, na ação, em um «nós» (o *Ma,* em japonês) dos mais eficazes.

O mistério da Trindade, e de sua «heterusia» fundadora, como indiquei acima, é certamente um bom ângulo de ataque para compreender o aspecto pertinente e prospectivo da comunidade religiosa e de seu ressurgimento na pós-modernidade. Sua essência consiste na relação amorosa cuja particularidade é ser causa de si. Ao mesmo tempo, precede os protagonistas da relação, engloba-os, constitui-os e fortalece-os no que cada um é em particular: dialética da perda de si e do renascimento para si. Trata-se de um *primum relationis* em que, conforme a teoria da comunicação, a relação se põe antes dos seus termos constitutivos. Mistério, de fato, que une os iniciados, aos quais se pode aplicar a bela imagem do Angelus Silesius: «A rosa é sem por quê».

Caso exista acordo, nem que seja de maneira heurística, sobre esse primado da relação, pode-se compreender essa surpreendente incerteza da identidade, essa fragilidade do ego, abnegação do indivíduo, teoricamente de difícil aceitação, sendo, contudo, uma realidade empiricamente constatável na vida diária. Na moda, nos modos de vida, nas agregações juvenis, nas modalidades de fala, na música, nas atitudes de consumo e, claro, nos hábitos ou rituais da vida de todos os dias, tudo se passa como se o indivíduo tivesse sido encoberto pelas ondas de uma energia coletiva da qual é apenas um espectador-ator, no sentido teatral do termo, entre outros. À maneira dos «mistérios» medievais, isso gera uma teatralidade geral, espécie de ambiência englobante, na qual cada um e cada coisa comungam e assim constituem uma comunidade orgânica das mais sólidas.

Toda a metafísica do sujeito ou a filosofia da consciência, marca da modernidade ocidental, é contestada por isso, o que nos força a sacudir muitas das atitudes de pensamento, antropológicas e depois sociológicas, que consideravam a subjetividade como uma entidade suficiente e solitária, fundamento do «contrato social»: político, econômico, institucional. O relacionamento trinitário, símbolo do infinito, postula que a vida social não é constituída pela plenitude, mas pelo vazio, o buraco *(mundus)*, o oco onde se elabora, essencialmente, a relação com o outro. Assim, a «relação aparece ontologicamente como a manifestação dinâmica da falta. Ela confirma a impotência para o Mesmo de ser sem o Outro».[126] Esse Outro pode ser compreendido de maneiras bastante diversas; é, claro, o outro império com o qual estabeleço relações simples de socialidade, mas também a alteridade, que constitui as formas mais sutis de socialidade, e enfim o Outro englobante que determina toda vida em sociedade. O conjunto formando esse «divino social» (Durkheim) faz-me ser o que sou, pensa e age através de mim e constitui-me portanto quanto ao que sou.

Está-se no coração do processo que transfigura o político em força alternativa. Misteriosa alquimia de mecanismos secretos que permanece opaca diante do racionalismo ou do causalismo moderno, mas se exprime melhor, na vida corrente, na viscosidade das práticas amicais, sexuais, grupais, em suma, em tudo o que faz a existência do «eu» no e através do olhar do outro. Revolução copernicana, portadora do gérmen do estar-junto pós-moderno, que sublinha com intensidade que as «afinidades eletivas» não são apanágio de algumas marginalidades intelectuais, artísticas ou anômicas, mas constituem a dinâmica de uma *subjetividade de massa,* a qual, de maneira irruptiva ou plácida, delimitará os contornos da socialidade em gestação.

3

O corpo político

À maneira de uma fusão em cadeia, a transfiguração opera-se quando uma imagem se apoia sobre uma figura existente para tornar-se outra coisa. No caso, por conter elementos comunitários a política pode transformar-se em figura alternativa. Ou, ainda, o «contrato social», o consenso político e outras formas de projeto de sociedade repousam sobre essa propensão a associar-se que delimitou, em todos os tempos e lugares, a ordem societal. Não é portanto inútil lembrar os termos dessa associação. É a partir dela que se saberá apreciar os deslizamentos pelos quais nos interessamos aqui. A metáfora do corpo social, opinião comum do pensamento político é, quanto a isso, esclarecedora. Ressalta a existência de um *a priori* de atração, de inclinação no dado mundano. Em geral, essa expressão é empregada sem que se preste atenção à sua significação, em particular a seu aspecto orgânico. Mas, observando mais de perto, só podemos ficar surpresos pela correspondência, o relacionismo induzido por ela, responsável pelo fato de que a ligação do todo e das partes repousa sobre uma reversibilidade constante.

Para continuar na lógica da comunidade, desenvolvida aqui, pode-se lembrar que o corpo individual deve sua existência à realidade do corpo social. Ou, ainda, numa perspectiva construcionista, o próprio corpo é «construído» pelo corpo social: é o olhar do outro que me cria. Trata-se de uma temática cada vez mais admitida, mas da qual não se extrai, curiosamente, a consequência essencial: a primazia do conjunto, do global, do que Durkheim chamava de holismo. Perspectiva bastante difundida nas diversas filosofias «orientais», mas que tem dificuldade para ser aceita na tradição ocidental. Parece-me, entretanto, que só tendo uma visão clara de tal ligação se poderá apreciar corretamente a multiplicidade dos fenômenos de atração, de agrupamento de todas as ordens, que pontuam a vida de nossas cidades contemporâneas. Encontramos, em todo caso, algumas análises teóricas nesse sentido no começo da modernidade. Por exemplo, a filosofia de Leibniz sobre o corpo *individuado* da mônada: esse corpo «sendo como a sombra das outras mônadas sobre ela».[127] Em outras palavras, da obscuridade maciça do corpo social nasce o corpo individual ou, em termos de reversibilidade, é a sombra entrecruzada do corpo das mônadas que faz o corpo social. Pode-se interpretar isso de diversas maneiras; de minha parte, vejo a expressão de um ajustamento ou, *stricto sensu,* de uma *organização* dos corpos entre eles, fazendo sociedade, com o efeito retroativo que o corpo social assim constituído não deixa de ter sobre o corpo individual. Eis o que justifica a correspondência mágica, a «religação» religiosa ou o acordo natural revelado, como tentei mostrar, pela antropologia e a religião. Para dizê-lo de maneira um pouco excessiva, as sensações, os sentimentos, as emoções que cada um pode experimentar em sua existência são apenas o reconhecimento de sentimentos, sensações, emoções primitivas constitutivas do lote comum a toda humanidade. Reminiscência platônica, vestígio de uma filosofia da vida? Em todo caso, referência a um estatuto «pré-individual» (G. Simondon) como fundo comum de toda existência, o «lugar e o momento onde, mesmo sendo si mesmo ao máximo, o indivíduo sente que se torna outros, onde se apreende no próprio coração a pulsação profunda e imortal da vida». [128]

Essa observação que o sociólogo Guyau aplica à arte pode ser facilmente extrapolada para o conjunto da existência social. Para abusar de uma metáfora fácil, há uma «memória da água» feita de sedimentações sucessivas que constituem um tesouro comum, no qual, de maneira mais ou menos consciente, cada um vai abastecer-se. O mundo sendo então *taken for granted* (Schütz), que partilho com outros. Eis o que constitui o fundamento socioantropológico de um «corpo» político, causa e efeito do corpo individual. É isso também que nuança o inatismo ou o naturalismo de certa interpretação platônica, mostrando a reversibilidade existente entre o aspecto estático desse dado e a dinâmica da utilização, do reinvestimento individual do mesmo.

Na base do político, encontra-se essa partilha. Lembremo-nos de que na sua origem, este é a administração «parental» dos bens comuns, de tudo o que a natureza coloca à disposição da tribo, do clã, do grupo familiar. M. Weber utiliza, de resto, o termo «parentesco» *(Verwandtschaft)* para qualificar um conjunto de relações que, ao mesmo tempo, insiste sobre a identificação e a distinção dos grupos primitivos entre eles.[129] A partilha nesse sentido relaciona-se diretamente com a maior ou menor distância. A partir disso, progressivamente, constituem-se entidades de amigos-inimigos, relações de poder, negociações, conflitos, em suma, tudo que faz o político. Assim, a noção de parentesco insiste, com razão, sobre a prioridade comunitária. Certo, esta tende a se complexificar, enrijecer, legitimar e racionalizar, conforme o processo que leva da comunidade à sociedade. Mas, ainda que sob a forma de resquício, a partilha comunitária de um corpo comum – o corpo da natureza, o corpo dos bens, o *corpus* mítico ou ideológico – permanece uma referência à qual, em caso de necessidade, não se deixa de apelar. As constituições dos Estados-nação, as reivindicações étnicas, as afetações imperiais, os nacionalismos ou afirmações culturais estão aí para prová-lo.

Não pretendo desenvolvê-lo longamente aqui, mas o ideal comunitário é uma constante à qual se faz referência quando se trata de garantir, de reforçar ou de rememorar a força dos sentimentos ou das razões que justificam o estar-junto. Até mesmo Marx, apologista do progresso, destacou a fecundidade do arcaico. Na sua carta à Vera Zassoulich, sobre a comuna (a *obscina*) russa e o seu aspecto prospectivo, reproduzida na *Origem da família,* ele mostra que não se deve hesitar e saltar por cima da Idade Média «na época primitiva de cada povo» para compreender que com frequência encontramos «no mais antigo, o mais moderno».[130] Tem-se aí, sem paradoxo, o que poderia ser uma definição da pós-modernidade: o arcaico reinvestido pelo moderno ou o moderno entrando em sinergia com os elementos mais arcaicos, primeiros, primordiais de toda a humanidade.

Seja como for, de Leibniz a Marx, para citar apenas os que, *a priori,* estão bastante afastados de preocupações nostálgicas, pode-se seguir o rastro da comunidade e da partilha induzida por ela; fio condutor que serve de ossatura à constituição do político, garante-lhe mesmo a solidez e que se rememora quando se faz necessário lembrar a solidariedade orgânica dos protagonistas da vida social. Sejam quais forem, depois, as legitimações ou as racionalizações dadas ao político, há sempre esse alicerce comunitário que se pode querer superar, corrigir, reformar, conforme as perspectivas ou as tendências teóricas, mas se reconhece como uma realidade absolutamente incontornável.

Além de tudo, cada vez que uma sociedade se interroga sobre o que, no sentido mais simples do termo, «garante» sua realidade de sociedade ou, ainda, sempre que se tenta encontrar as razões justificadoras do estar-junto, faz-se referência à utopia comunitária como princípio do político. A história das utopias é bastante longa e complexa, não a abordarei aqui, mas o ponto comum a todas elas é o retorno, o renascimento ou a solidificação da «comunidade orgânica» como modelo da relação sem poder entre o «eu» e o «tu». Relação que permite superar o peso das limitações econômicas e sociais e assim reestruturar uma nova totalidade, pois o Estado racionalizador ou outras formas de institucionalização tinham-na um pouco enrijecido.[131] Reencontra-se aqui a dialética entre o instituinte e o instituído que é, na minha opinião, a lei essencial de toda estruturação social: a dinâmica instituinte desempenhando um papel fundador que o instituído tende a esclerosar, até a ação de uma nova força instituinte vir regenerar o corpo social. Ora, essa energia regeneradora caracteriza-se pelo «nós» fusional ou confusional, ou seja, a comunidade.

Tal dialética, claro, é a substância das utopias sociais e encontra-se nas instituições estatais, partidárias, econômicas ou associativas, mas também opera nessas microagregações que são os grupos de amigos, as «tribos» informais e mesmo as relações conjugais, as camaradagens amorosas ou outras de relacionamentos eróticos que pontuam a História ou a vida cotidiana. Em cada um desses casos, o «era uma vez» comunitário serve de anamnese e portanto de fortificante do presente. Depois de tê-lo mostrado quanto à instituição em geral, o sociólogo italiano F. Alberoni aplicou-o à relação afetiva falando do «choque amoroso». Essa expressão fala por si, pois a lembrança do «nós» fundador ou da comunidade fundadora é de fato um choque que desperta, produz acontecimento e assim dá novas forças a determinada instituição.

Esquema análogo propõe Durkheim, para quem «não pode haver sociedade que não sinta a necessidade de atualizar e de fortalecer, a intervalos regulares, os sentimentos coletivos e as ideias coletivas que fazem sua unidade e personalidade. Ora, essa *recomposição moral* só pode ser obtida por meio de reuniões, de assembleias, de congregações nas quais os indivíduos são estreitamente aproximados uns dos outros». Além da prudência na escolha dos termos, marca de Durkheim e de seu tempo, sua análise enfatiza a necessidade do coletivo, de viscosidade, do que nenhuma sociedade política pode fazer à economia. Tal fusão se exprime com perfeição nas reuniões festivas onde, sempre conforme o nosso sociólogo, a «efervescência ganha tais proporções que conduz a atos extraordinários». Assim, tendo «alcançado esse estado de exaltação, o *homem não se conhece mais»*. Sente-se na descrição quase um lamento ou, ao menos, do ponto de vista racionalista, o reconhecimento de um perigo, pois essa exaltação engendra a exteriorização, a explosão, a agregação fusional em torno dessas múltiplas imagens que são os totens emblemáticos.[132]

Essa análise clássica poderia, rigorosamente, aplicar-se à situação contemporânea. Não são apenas, com efeito, os selvagens primitivos e irracionais que entram em «exaltação», mas também os homens civilizados de nossas sociedades policiadas. A multiplicidade e o ressurgimento das ocasiões festivas mostram que a «exteriorização», a abertura para o outro, a necessidade de tocá-lo é mesmo uma constante antropológica que, depois de ter sido ocultada durante toda a modernidade, volta à tona com a força conhecida. Mas, sobretudo, essa efervescência lúdica, como Durkheim bem o indica quanto às festas «corrobori», tem uma função política: ao ressoldar a comunidade, ela faz sociedade e relembra ao corpo social a sua dimensão orgânica, integrando todos os elementos que o compõe, inclusive o sentimento ou a paixão.

Ao insistir com a globalidade, integrando todos os elementos do dado mundano, focalizando o corpo social, a temática da comunidade enfatiza a realidade simbólica do político: permite o reconhecimento. Isso se faz, claro, através da escolha de imagens ou de emblemas com destacado papel em toda vida política, mas também pela superação da dicotomia privado/público. A barreira da intimidade ou da carapaça individual salta, e a emoção ou as paixões tornam-se expressões condensadas do mundo social. Foi o que demonstrou P. Ansart ao declarar que a política baseia-se na «gestão das paixões» ou, ainda, na manutenção das «paixões conformes». A análise que ele faz de uma cerimônia sobre Luis XIV é totalmente instrutiva, pois salienta como pela «participação fusional», pela erotização do poder, pela sedução utilizada por este, opera-se a constituição do corpo social.[133] Assim, através das festas patrióticas, comemorativas, bem como das celebrações urbanas, regionais, aldeãs, sem esquecer os festivais culturais ou mesmo as feiras de produtos típicos, afirma-se e estampa-se com solenidade, em graus diversos e com maior ou menor consciência, a vinculação de todos ao corpo social.

Além ou aquém do aspecto fragmentado do Estado moderno, existe assim um ponto nodal, que chamei de «centralidade subterrânea», responsável pela unicidade, ou a coerência, do fato societal. Estará isso próximo do que Hölderlin chamava de «nacional»? Trata-se de um sentido de vinculação, de uma quase consciência de fazer parte de um todo ou, para retomar um termo mais clássico, de uma solidariedade orgânica de contornos pouco precisos, mas cuja eficácia e resistência não podem ser negligenciadas. Numa certa tradição do pensamento alemão tem-se isso no conceito de nação, o qual, se não se opõe, ao menos funda o de Estado ou, ainda, na célebre dicotomia proposta por F. Tönnies, entre sociedade (*Gesellschaft*) e comunidade (*Gemeinschaft*). A comunidade e nação são aí realidades místicas, traduzindo a unicidade imanente, para além de toda racionalização ou consciência explícita, de um determinado conjunto de indivíduos que, em função de uma história, de um espaço, de um corpo de tradições e de mitos, se sentem e querem em comunhão. A comunidade assim compreendida é uma evidência com forte carga «erótica» que vai ao encontro do «parentesco» weberiano citado acima.

Ainda que evanescente, essa unicidade imanente constitui uma sólida ligação que pode se manifestar seja nos acontecimentos importantes (conflito, guerra, catástrofes), seja, ao contrário, nos mais ínfimos fatos do cotidiano. Constitui um sentimento de vinculação, chamado pelo romantismo alemão de «experiência do laço» (*Bundeserlebnis*), encontrável, de maneira paroxística, nos grupos de jovens, precisamente em seus rituais de nomadismo juvenil, mas que permanece, sob a forma de nostalgia, de memória fundadora, na vida adulta. Nesse sentido, sem contar o movimento dos *Wandervogel* (pássaro migrante), na Alemanha, com papel de destaque na formação de grupos políticos de esquerda ou de direita, seria preciso estudar o papel desempenhado por essa «experiência do laço» no escotismo ou, ainda, na juventude cristã, comunista ou socialista entre as duas guerras. Certas pesquisas mostraram também o que as tribos urbanas, os «zulus» de periferia e outros *«indiani metropolitani»* lhe deviam.[134]

União romântica com a natureza, claro, mas, a partir e no quadro dessa matriz, união com os outros numa fraternidade arquetipal que, mesmo sob a forma de vestígio, servirá posteriormente de pedra angular para toda rebelião ou simples solidariedade política. Basta lembrar os laços de entreajuda, de «camaradagem» que uniram, na imprensa, os partidos políticos de esquerda, as altas funções públicas, os antigos protagonistas do movimento de «68» para se apreciar a solidez dos sentimentos de vinculação comunitária.

Existiriam muitos outros exemplos a dar e mostrar que *o* político em geral, mas também *a* política, em suas manifestações profissionais, partidárias e mesmo nas manifestações mais desinteressadas ou idealistas, repousa sobre um substrato comunitário de uma paixão partilhada ou sobre a nostalgia de uma fusão fraterna arquetipal. Georges Sorel não se enganou ao mostrar o papel do mito social, e precisamente do mito da greve geral, na constituição do movimento operário. O mesmo vale para a filosofia do político C. Schmitt, segundo o qual «é dos instintos vitais profundos e autênticos, e não de raciocínios ou de considerações de utilidade, que nascem os grandes entusiasmos, as grandes decisões morais e os grandes mitos».[135] É, efetivamente, a partir de uma intuição, uma «visão do interior», uma visão do que constitui sua unicidade primordial, que o corpo social elabora os mitos necessários como fonte de energia ou de força à sua existência para agir, lutar, entrar em conflito ou em negociação com outros corpos sociais funcionando da mesma maneira. Assim se define toda a ordem do político. Longe se está dessa concepção estreita que atribui exclusivamente às leis racionais a organização do político. Certo, estas são especialmente evidentes em períodos «normais», ou seja, quando a sociedade, em movimento, não precisa questionar-se sobre si mesma. Mas, quando por cansaço, saturação dos valores, confrontos internos ou externos de envergadura ou, simplesmente, mudança de época, acontece uma crise, o sentimento de vinculação comunitária ressurge e força a tomar consciência de que essa sociedade é um «corpo» social. Do contrário, sobrevém, mais cedo ou mais tarde, a sua implosão. A História não é avara de qualquer uma dessas possibilidades. Estas mostram diretamente ou por oposição a prevalência do sentimento comum, do arquétipo comunitário, sobre todas as racionalizações ou legitimações posteriores.

Há uma expressão de Musil que traduz bem esse arquétipo: *Gruppenseele,* «alma de grupo», no qual cada um se reconhece. Tal reconhecimento pode ser explícito (momentos de crise) ou, ao contrário, constituir uma evidência. Em todos os casos, gera um modelo de referência, causa e efeito desse «habitus», profundamente arraigado no cotidiano e no imaginário de determinado corpo social: costumes, maneira de ser, posturas, gestos, modos de pensar. Eis o que permitirá, no seu sentido nobre, a formação do indivíduo na sociedade. Nas sociedades tradicionais, a adequação a essa «alma» permitia ou não a integração ao «corpo» social. Assim, para os gregos, ela condicionava a participação na política, isto é, na vida da cidade. O homem completo, o que tinha realizado o ideal do *kalos kagatos,* do belo e do bem, integrou o *tupos,* o tipo elaborado pela comunidade. Os historiadores, refletindo sobre o conceito de *tupos,* não hesitam em falar de *imagem de moldagem* para caracterizar os seus efeitos.

Nessa moldagem, o «eu» corresponde a um conjunto e é, ao mesmo tempo, um ator ativo e passivo da cultura ambiente. Deve-se insistir sobre esse duplo aspecto da «moldagem» e não se ter dela apenas uma visão estática. Ao corresponder ao tipo, integrando as suas características essenciais, o cidadão-político participa do que os sociólogos chamam de «coletivo de pensamento», com todos os mecanismos de conformidade, mas também de iniciativa atrelados a isso.[136] Nesse sentido, a ação política virá de alguém que pode entrar em sintonia com os outros por ser um produto dessa sintonia.

Assim, o «tipo» repousa sobre o ideal de um corpo orgânico, garantia de que o homem político é capaz de solidariedade com o meio social. Efetivamente, é quando se faz parte de um «coletivo de pensamento», de um mito ou de um discurso comum que se pode entrar numa relação de reciprocidade. Ilustrado de diversas maneiras por historiadores ou antropólogos, isso é bem analisado pelos filósofos, para os quais o «dizer a outrem» (E. Levinas) ou o «dizer com outros» (F. Jacques) precede toda ontologia ou todo sentido.[137] Somos feitos pelo discurso que engloba e ultrapassa os diversos protagonistas que o pronunciam. Talvez aí se encontre o fundamento essencial da ideia comunitária como fundamento do político, o qual nada mais é do que uma «bela história» contada por muitos. A relação interlocutiva ou, mais simplesmente, a língua comum sendo em verdade a base de todo parentesco, partilha ou reciprocidade, a partir do que se inaugura a ordem à política.

Certo, a linguagem comum não é condição suficiente da ordem política, mas, com certeza, é condição necessária. Permite a cooperação, as negociações, as ações, numa palavra, o que se convencionou chamar de interacionismo, através do qual se toma em consideração o ocorrido em torno de nós. Isso não significa de maneira nenhuma algum tipo de unanimismo, pois, como salientei com frequência, a harmonia podia ser conflitual. Mas, participando de uma linguagem comum, sou obrigado, mal ou bem, a adaptar-me ao outro; eis outra maneira de expressar o político.

Como se pode ver, o deslizamento sucessivo das noções utilizadas por mim tende a mostrar que, da utopia à banalidade cotidiana, o *pressuposto* do político é mesmo a fraternidade, mais ou menos mítica. Esta pode ser repleta de amenidade ou, ao contrário, tensão total. Nada importa além da relação, do relacionismo, o tropismo que me empurra para o outro e faz com que, reconhecendo-o (mesmo como meu inimigo), eu me reconheça. Sob nomes diversos, trata-se sempre da perspectiva chamada por Goethe de «afinidades eletivas» (*Wahlverwandtschaft*). Essa noção é um instrumento privilegiado para a investigação sociológica. Pode-se aplicá-lo à história das ideias, a uma teoria da literatura, mas também à vida social em geral, como tentei fazê-lo quanto ao «tribalismo contemporâneo».[138] Sobretudo, pode-se ver o quanto ela é pertinente para entender a organicidade da política. Não o esqueçamos, as «afinidades eletivas» de Goethe falam também de crueldade, dor e morte. Mas, em fim de contas, elas resultam numa espécie de serenidade trágica que integra essa morte, pelo hábito, vivendo-a no dia a dia. É possível que a violência assim ritualizada, homeopatizada, introduza uma estética enquanto sentir comum, estética à qual não é estranha nem a felicidade nem a infelicidade. O erótico e a crueldade têm numerosos pontos em comum. A paixão política como expressão do social expressa isso à sua maneira; por isso, existem momentos de prevalência da dimensão afetual que permitem ao estar-junto dar o melhor de si mesmo.

4

A identificação estética

Ao fim desse panorama sobre as diferentes facetas do estar-junto comunitário, pode-se, sob a forma de pistas de reflexão, mostrar, de uma parte, que este é atravessado pela dimensão estética e, de outra, que essa dimensão ganha especial relevo em nossos dias. É nesse sentido, aliás, que se pode falar da *transfiguração* do político ou do social, numa figura diferente da predominante durante a modernidade. Lembro rapidamente, pois já o precisei em livro anterior (*No fundo das aparências*), que entendo por estética, de acordo com a etimologia do termo, o fato de experimentar emoções, sentimentos, paixões comuns, nos mais diversos domínios da vida social. De encontro ao sentido prevalecente na modernidade, a estética pós-moderna, mais ampla, não se limita às belas-artes ou às obras da cultura, mas contamina o conjunto da vida cotidiana e torna-se uma parte nada desconsiderável do imaginário contemporâneo.

Em síntese, essa estética é uma maneira de designar a interação constante, a «copresença» mais ou menos intensa que tende a se amplificar na vida social. Totalmente o oposto do individualismo ou do narcisismo que alguns, com muita pressa, creem descobrir em nossas sociedades. Mas, ao mesmo tempo, essa interação é completamente diferente do político, ao menos da forma deste nos últimos dois séculos. Ela não é direcionada, não tem projetos, mas se contenta em viver dia a dia, no simples prazer de viver, com outros, uma existência «sem qualidade». Para retomar uma antiga expressão, outra vez na moda, um *carpe diem* renovado.

Assinalo que essas interações por mais intensas que sejam não necessitam forçosamente de um face a face físico. Em *Outsiders*, H. Becker dá um exemplo engraçado de colecionadores de selos que, sem se encontrarem, não deixam de viver uma forma de interação.[139] Poder-se-ia extrapolar esse propósito e, a partir das pesquisas sobre videotexto (Minitel), em particular, mas também sobre a microinformática e os diversos tipos de jogos, lembrar que a «copresença» pode ser também uma *cosa mentale,* um imaginário que me une a outros de maneira um pouco misteriosa, mas não menos real. Nesse sentido, por mais paradoxal que isso pareça, pode-se estabelecer uma estreita ligação entre o desenvolvimento tecnológico e a amplificação da estética. A técnica que fora o elemento essencial da reificação, da separação, inverte-se e favorece uma espécie de tatilidade, uma experiência comum. Essa «experiência da ligação» ou da «tribo» (*Bunderlebnis*) que os românticos alemães tinham, marginalmente, vivido com a natureza, tornou-se por capilarizações sucessivas um fato social de consequências ainda desconhecidas.

A experiência comum, a tatilidade derivada disso, pode ser observada, de maneira paroxística, nas aglomerações urbanas. Simmel via na interação «a forma de vida nas cidades grandes». Tal constatação é, naturalmente, ainda mais evidente nas megalópoles contemporâneas. Assim como as cidades deram o tom aos modos de vida do conjunto dos países, a sinergia tecnologias-megalópoles faz do mundo inteiro uma «aldeia global», onde as modas, os costumes, os pensamentos, as músicas e os esportes são partilhados sem que as diferenças de classe, as especificidades locais ou culturais determinem mudanças notáveis. Com a ajuda da televisão, está-se na presença de um *melting-pot* gigante, espécie de sincretismo geral em que cada um, indivíduo, país, regiões, «tribos», encontra as suas marcas e onde sobretudo se busca a excitação dos sentidos que parece ser a droga necessária ao espírito do tempo.

Numerosos são os exemplos que pleiteiam nesse sentido. Há, claro, cidades emblemáticas: assim, conforme os interesses particulares, se preferirá São Paulo, Rio, Paris, Nova Iorque. Mas a característica comum será a ambiência secretada na qual estamos imersos e que tende a ser um molde onde os indivíduos, e suas particularidades, esgotam-se num conjunto mais amplo. A cidade tornou-se então um cadinho gerador de grupos miméticos, matriz que favorece a superação da autonomia e reforça o fato de que só existo em relação ao outro, na relação com o outro, sob o olhar do outro. Comprova-o essa descrição, de um conhecedor atento, de Shinjuku, em Tóquio, bairro cuja aura específica se conhece, «produzido por milhões de vontades anônimas, ignorando-se umas às outras, mas que convergiram, e ainda convergem, como atraídas por um ímã»; lugar de mistura, de conflito, de eliminação das diferenças numa «grande colagem» onde todas as maneiras de ser, de viver, de pensar encontram expressão».[140] Isso que é dito de Shinjuku, e da superação das identidades impulsionadas por ele, acha-se também em inúmeros outros lugares do globo. É sobretudo interessante destacar o ritmo específico que secreta, característica da estética pós-moderna. Trata-se de um ritmo sincopado, com tendência a agregar mais do que a distinguir. Efetivamente, nunca será demais lembrar que a modernidade se dedicou a separar os indivíduos entre eles (classes, camadas, categorias socioprofissionais), o corpo do espírito, a natureza da cultura. A política era a forma racionalizada dessa separação e de sua administração. Já a viscosidade tratada aqui tende à indistinção, à constituição de pequenos corpos específicos, de «tribos» que viverão, de forma mais ou menos explosiva ou barulhenta, o prazer de estar-junto através de diversos mimetismos, cuja aparência é apenas o aspecto mais visível.

Os termos «tribo» ou tribalismo parecem-me mais adequados para traduzir as identificações sucessivas derivadas dessas matrizes comuns que são as megalópoles. Assim como as tribos primitivas se identificavam ao meio ambiente e através disso ao meio social, com o qual partilhavam a natureza, nas selvas de pedra da «civilização do asfalto», as tribos contemporâneas comungam com seus bairros, ruas, lugares de encontro e criam assim uma socialidade específica impossível de ser compreendida com nossos clássicos e demasiadamente racionais instrumentos de análise. Há um imaginário da cidade, do espaço, que suscita imaginários tribais, nos quais o fantasma, o desejo, a nostalgia, a utopia têm a sua parte, longe de ser desprezível. Não posso deixar de citar, em italiano, esta bela descrição da cidade americana que traduz bem o sentimento de correspondência baudelairiana estimulada por determinado lugar: *«In certe notti d 'inverno, a New York come a Los Angeles o a Chicago, I grattaciali vibrano. Il vento li fa cantare a labbra chiuse. Vedo allora nei grattacieli I pioppi alti e snelli con le verdi foglioline che stormiscono in cima, della campagna piemontese nei giorni della mia infanzia».* Mais adiante, Ferrarotti fala dos arranha-céus como árvores da «civilização do asfalto» e enfatiza a dimensão natural das cidades, natureza matricial lembrando os doces e nostálgicos momentos de uma infância fundadora».[141]

Correspondência baudelairiana, participação mágica, pois é essa comunhão com a natureza da cidade que produzirá, pouco a pouco, essa ambiência estética que, *volens nolens,* sou levado a partilhar com outros. Em verdade, eis o que é interessante na ênfase do espaço e no mecanismo de identificação suscitado, o importante é «participar» com outros. Daí, sob nomes diversos, o ressurgimento do fenômeno comunitário que funciona essencialmente sobre a identificação emocional. Esta pode ir de encontro ao que se costuma chamar de verdadeira realidade ou de princípio de realidade. Muitos são os exemplos históricos sobre a capacidade de a realidade emocional impulsionar movimentos de massa contra o esperado, em função do princípio de realidade ou da objetividade dos acontecimentos e de seu desenvolvimento racional. Lembremo-nos do aforismo de Pascal: «Se o nariz de Cleópatra fosse menor...» talvez não tivesse suscitado a paixão de Marco Antônio, com as consequências sabidas. Com mais fundamentação histórica, G. Scholem mostra que a adesão dos fiéis ao profeta Sabbataï Zevi engendrou uma «realidade emocional» suficientemente forte a ponto de a conversão deste ao islamismo não mudar em nada os sentimentos deles. Essa realidade emocional foi mais forte do que a «realidade» política e histórica, o que lhes permitiu resistirem, com astúcia, aos judeus ou aos muçulmanos e assim se perpetuar no tempo. No caso, a emoção, o sentimento experimentado em comum, faz entrar no tempo do mito, o do vivido em comum. Renan apresenta ideia semelhante a propósito dos primeiros cristãos: «O entusiasmo e o amor não conhecem as situações sem saída. Jogam com o impossível, e a abdicar da esperança, preferem *violentar a realidade*».[142] Ocorre que essa violência um pouco irrealista triunfa sobre os poderes estabelecidos, até se tornar uma potência das mais sólidas no tempo e no espaço.

Evidentemente, compreendemos a aplicação contemporânea de tal ideia. Submergindo a *realpolitik* de qualquer tendência, de todas as partes pode-se ver a eficácia da identificação ou da realidade emocional. Não existe império ou tirania que, quando ela ganha corpo, possa resistir-lhe. É possível limitar sua extensão, canalizar-lhe os efeitos, mas não erguer uma barreira, suficientemente sólida, para estancar-lhe o desenvolvimento inexorável. Para os que sabem ler, a História está aí para ensiná-lo; para os que sabem ver, a atualidade está aí para ilustrá-lo. Trata-se de uma comodidade de espírito tentar interpretá-lo em termos políticos. Pois mesmo, como é frequentemente o caso, se a realidade emocional toma de empréstimo as modalidades do político, mesmo se por vezes utiliza o seu discurso, é por tratar-se de um «estoque de conhecimentos» à sua disposição. Com efeito, é bem além, ou aquém, que convém procurar a sua fonte, no irreprimível querer-viver social, da qual o simbolismo coletivo é a expressão mais acabada.

Assim, pode-se encontrar a origem dessa realidade emocional no despojamento de si, na pulsão que leva a partilhar uma existência sensível, vivida com outros, «aqui e agora». Quando essa pulsão alcança a maturidade, nenhuma ideologia, nenhuma legitimação racional está em condições de resistir. Os acontecimentos históricos ou de atualidade apenas expressam, em relevo, o que em geral vive em tom menor no cotidiano. Considero de fato que é progressivamente, por sedimentações sucessivas, que a emoção comum atinge um ponto de não retorno, permite aceder a um limiar, pelo qual se torna explosiva e derruba tudo no seu caminho. Então, não é inútil considerar a vida sem qualidade, para compreender a ambiência específica, condição de possibilidade de todas essas atitudes explosivas convocadas a desenvolverem-se, de maneira exponencial, na próxima década.

A megalópole, portanto, serve-lhe de matriz e, na sequência, por contaminações sucessivas, atinge-se o conjunto do território. Assim, é esclarecedor ver como, em certos momentos do ano, para retomar a expressão que Simmel aplicava à cidade, «a excitação da vida nervosa» (*Einsteigerung des Nervenlebens*) desloca-se para lugares de vilegiatura na moda ou para as campanhas isoladas. Festas, boates, festivais, «férias», numerosas são as manifestações lúdicas que pontuam esse momento de «vacância de todos os valores» (E. Morin) engendrado pelo valor das férias. Trata-se de um processo vital que, mesmo circunscrito no tempo, deixa marcas quando do retorno à vida profissional. Há portanto uma dialética entre a excitação urbana e a sua continuação estival. Turismo e televisão são os principais canais dessa «difusão explosiva» que tende a fazer do trabalho um valor secundário; trabalha-se pela obtenção dos meios para outras ocupações bem mais hedonistas. Ainda aí, o barulhento Dionísio tomou o lugar do laborioso Prometeu. A realização ou a conservação de si não se faz mais na profissão, mas no «*laisser faire*», no «*laisser aller*» destes tempos vazios partilhados com outros e que assim se tornam uma «duração» vivida e sensível.

Nessa «duração», a estética coletiva repousa sobre a multidão, o estar-junto. Estranha pulsão que me empurra para o outro, no formigamento urbano ou na balbúrdia do turismo. Turbilhões nos quais cada um é arrastado e lembram «a atração apaixonada» cara ao utopista Fourier. A Harmonia derivada desses turbilhões e o *Novo mundo amoroso* anunciado por eles não estão mais restritos aos falanstérios, mas espalham-se pela totalidade do corpo social.[143] Combinação, circulação generalizada, dilatação de si, desaceleração das potencialidades individuais, poder-se-ia achar numerosas expressões para caracterizar tal atração. Todas enfatizam essa sensação de perda e o desejo de despesa, em todos os sentidos do termo, que nos liberam; cada um se torna o que gosta ou, numa palavra, adere-se aos «nós» fusionais, confusionais.

Em síntese, ocorre o confronto com uma espécie de despojamento de si, uma extensibilidade do ego que era característica do procedimento místico e tende a tornar-se um dos traços mais importantes do espírito do tempo. Nunca se insistirá o suficiente sobre esse processo, pois ele é pleno de consequências para a vida social nas suas diversas manifestações (esportivas, musicais, políticas, sindicais, profissionais). Nada, nem ninguém, escapa a tal contaminação. Tudo se passa como se, à imagem dos aforismos de místicos célebres, a felicidade consistisse em não mais existir por si mesma: «Como para as gotas d'água, a felicidade consiste em alcançar o oceano, onde se encontra a plenitude das águas...» ou, ainda, conforme diz São Bernardo, «a entrada no abismo da luz» e a «absorção no oceano da eterna felicidade».[144] Bastaria mudar alguns termos ou atualizá-los para exprimir as sensações procuradas nos concertos de rock, nos *raves* da *acid house music* e em outras reuniões de natureza semelhante, onde o que está em causa é bem o «estilhaçamento», a preocupação com uma existência plural, o jogo das identificações múltiplas, em suma, tudo o que faz experimentar a paixão por procuração. Está-se longe de um ego poderoso e solitário, senhor e possuidor de sua própria história. A soberania caracteriza o grupo, a globalidade; o indivíduo é apenas o seu depositário provisório ansioso por devolvê-la ao grupo na primeira oportunidade.

Durkheim mostrou como a «efervescência» era o meio pelo qual uma comunidade reforçava o sentimento que tinha de si mesma. Para M. Mauss, igualmente, as leis da psicologia coletiva «violentam as leis da psicologia individual». Trata-se de lugares-comuns, mas, como todas as banalidades, elas merecem ser lembradas, pois explicam a metamorfose que sofre, contemporaneamente, a sociedade. Metamorfose facilmente identificável nas aglomerações das quais acabo de falar, mas também observável na multiplicação das seitas, na proliferação das tribos urbanas e suburbanas ou, ainda, na explosão dos cultos sincretistas e das filosofias «orientais» que submergem o Ocidente ou ressurgem, como reivindicações de identidade cultural, em todos os países onde a ideologia progressista acreditava tê-las evacuado. A participação intensa, em ação nas formas paroxísticas de possessão, acha-se, em tom menor, nas técnicas do *New Age,* nos inumeráveis seminários de «realização de si», nas medicinas alternativas e em outros estágios de mediação. O «si» em questão nisso tudo nada tem a ver com *«ego cogito»* cartesiano e tampouco com o indivíduo autônomo do contrato social. É um «eu» poroso em estado de transe perpétuo que aderirá, com maior ou menor intensidade, aos movimentos de massa, à publicidade, às diversas modas, em resumo, aos sentimentos ambientes que lhe garantem assim a calorosa segurança de uma comunidade arquetipal.

Eis o paradoxo: esse esquecimento de si, esse mergulho do indivíduo na viscosidade ambiente, eleva-o a uma espécie de universal. Talvez esteja aí a razão da sorte de serenidade que caracteriza a época. Certo, existem crises, estremecimentos, conflitos violentos, mas nada disso impede a predominância de um sentimento de indiferenciação. É difícil demarcar-se politicamente; as lutas de classe arrefecem, e os debates de ideias assemelham-se mais a *escaramuças,* ou delimitações territoriais, que aos épicos combates precedentes: não há mais nada a perder ou ganhar. Tudo arrefece, adapta-se, compõe. Há consenso no ar. Em termos de lógica, pode-se dizer que o contraditório elemento motor da dialética – esse contraditório que era preciso combater e *superar* – cede o lugar ao «contraditorial» (S. Lupasco), que vê os elementos heterogêneos decomporem-se para fazer uma realidade tensional adaptada à alteridade. Daí uma espécie de tolerância geral que, por indiferença, aceita coabitar com o outro, na medida em que esse outro não pretende impor os seus próprios valores.

Tudo isso engendra um ritmo social específico. Em termos metafóricos, ele é menos sinfônico do que dodecafônico, ou seja, não obedece a uma regularidade exterior e, em conclusão, programada, mas obtém seu equilíbrio através do jogo sutil entre os elementos heterogêneos. Já mostrei o papel que podia desempenhar tal ritmo na sociedade contemporânea. Basta dizer-se que em todos os domínios da vida social – trabalho, centros comerciais e, claro, eventos musicais, esportivos e mesmo políticos –, ele garante uma sorte de coesão, serve de cimento, tem uma função englobante. Para empregar uma expressão trivial, esse ritmo contrastado e essa música *non-stop* forçam a se «deixar levar», a abandonar-se num frenesi um pouco selvagem. Ao mesmo tempo, não deixam de evocar uma superabundância da vida, um desejo sem limite que, como dizia J. M. Guyau, a respeito do movimento, exprime o «desdém pela individualidade, a necessidade de sentir-se fluir sem obstáculos, de fundir-se no todo».[145] É verdade que a massa em movimento e os movimentos de massa favorecem uma sorte de embriaguez. Isso sempre existiu, mas essa excitação, tornando-se quantitativamente bem mais importante, resulta num estado social qualitativamente diferente: um estado estético no qual se pode sofrer e gozar juntos, o que cria um laço simbólico dos mais sólidos, uma simpatia, vinda de baixo, mais firme que todas as ideologias impostas de cima. «É doce, prossegue Guyau, sentir-se dominado por uma emoção ao mesmo tempo em que toda uma massa... a humanidade sempre gosta de reunir prazeres e sofrimentos.»

Tal observação de bom-senso, espécie de constante antropológica, toma uma significação singular quando a massificação da cultura, do lazer, da comunicação, torna-se uma realidade incontornável e, sobretudo, quando, por intermédio da televisão, a comunicação não tem mais fronteiras e podemos nos apiedar ou gozar, magicamente, dos sofrimentos ou com as alegrias do mundo inteiro. Na Idade Média, num tempo que, por vários aspectos, é semelhante ao nosso, a arte tinha por função atualizar a estrutura harmônica do macro e do microcosmo. O mesmo vale hoje para a estética; a experiência partilhada dá conta de uma socialidade, caótica, dirão alguns, que prefiro denominar fractal. Socialidade em que todos os elementos esparsos do dado mundano se organizam numa harmonia conflitual, sorte de politeísmo de valores que não deixa de lembrar, segundo Max Weber, a organicidade do politeísmo grego. Em todo caso, evidente em tal estética é de fato a dissolução do ego. Esta, sabe-se, está na base do ato criativo *stricto sensu:* para exprimir o seu gênio, o artista é obrigado a fundir-se no «genius» coletivo, do que assume as características; ele se «indiferencia» até se perder naquilo que pretende expressar os contornos. O mesmo acontece quando a vida inteira se torna (ou quer se tornar) uma obra de arte: ela decompõe o ego para que sirva de material ou componha com outros elementos (natural, social, individual) e assim o objetivo seja atingido. Seguindo, em substância, o que Kant analisa na *Crítica da faculdade de julgar,* pode-se dizer que tal estética depende menos do que o sujeito frui e mais do sentimento de pertencer a determinado grupo, com o qual, e no qual, entra em composição.

Esse «grupo» poderá ser a vinculação a um território, onde eu me invista intensamente, ou, *stricto sensu,* um grupo de amigos que prevalece sobre o resto ou, igualmente, um bom momento vivido com outros ou mesmo o jogo fantasmático e a ligação simbólica graças a instrumentos como o Minitel. A diversidade, aqui, pouco importa, pois primordial é a comunhão da qual o grupo é causa e efeito. A exemplo do sacramento da teologia católica, torna visível o invisível: a graça de estar-junto. É certamente com esse parâmetro que convém medir as atitudes qualificadas, com demasiada rapidez, de delinquentes, das tribos de periferia. Para o observador descomprometido com os juízos de valor, o conteúdo de suas ações importa pouco. Estas podem de resto mudar radicalmente, e tais «rebeldes», reputados perigosos, tornarem-se, de uma hora para outra, protagonistas ativos de um movimento caritativo: a análise dos «Restos du coeur»,* na França, é nesse sentido esclarecedora, o que o fundador, Coluche, tinha compreendido bem, pois apostava menos na bondade, a priori, das pessoas às quais recorria do que na capacidade delas de operar em conjunto, de fazer portanto obra estética, de fundir-se numa causa comum. Sem provocação alguma, poder-se-ia fazer a mesma análise no que diz respeito às grandes reuniões religiosas suscitadas pela hierarquia católica. Não é certo que todos os participantes estejam de acordo com o magistério e a doutrina, muito puritana, a ser introjetada durante as manifestações. Sem muita preocupação com o que é dito, eles vêm para cantar, vibrar, emocionar-se juntos, tocar-se, estabelecer contatos, entrar em fusão. E assim viver juntos um bom momento, uma oportunidade, sentir que são um corpo coletivo. No dia seguinte, eles não serão forçosamente os apóstolos esperados; em contrapartida, ficará, durante a espera de outra reunião, a lembrança da calorosa fraternidade que os uniu por um instante. Seria possível dizer algo semelhante das reuniões e festas políticas, a exemplo da mítica festa do Partido Comunista, o qual, a cada ano, reúne uma multidão de jovens que não são e não têm vontade de vir a ser militantes do PC. Que exista de parte deste, ou da instituição Igreja, no exemplo citado acima, o desejo de ganhar aderentes ou de «colocar carteiras», isso é bastante evidente; menos, entretanto, é a inversão dessa estratégia, e que a «pseudomorfose», bem descrita por Spengler para as civilizações, funciona maravilhosamente aqui; a festa oferecida serve de nicho para um motivo completamente diferente ao da instituição: vem-se para aproveitar o espetáculo, «piratear» a ocasião de efervescência, o que é sempre bom fazer. Em resumo, em todos os casos referidos, presta-se menos atenção ao conteúdo do que ao continente, favorecedor de um estado de congregação. Na perspectiva «formista», utilizada com frequência por mim, a forma é formante; além ou aquém das justificações apre-

---

* Restaurantes caritativos, criados por Coluche para oferecer refeições aos excluídos (N.T.).

sentadas, é antes de tudo um cadinho, uma «pseudomorfose» onde germina o puro gozo da ligação estética. Esse apagamento do ego num ato criativo, já o disse, seja o momento anódino de fusão, de efervescência, deixa marcas, lembranças e, mesmo sem fazer a História, ambição do político, suscita histórias de menor ou maior duração. Assim, certas relações, contatos, amizades, continuarão no futuro, criando redes de conhecimento e de hospitalidade que não são desprezíveis no nomadismo juvenil contemporâneo. Mas, mais do que isso, está em questão uma ambiência geral; corre-se atrás das festas, dos ajuntamentos e de outras ocasiões convivais.

O «boca a boca» funcionando com perfeição, não há necessidade de canais oficiais de informação. Com o instinto dos pássaros migrantes, indiferentes às fronteiras, e para todas as ocasiões, as «congregações» constituem-se e desempenham papel idêntico ao que Durkheim atribuía às festas «corrobori»: reforçar o sentimento comum, estimular a tomada de consciência da participação numa mesma comunidade.

Pode-se esclarecer esse propósito com uma referência às noções de *Einfühlung,* de W. Worringer, ou de vontade de arte, de A. Riegl. Termos amplamente utilizados pelos historiadores da arte, mas que continuam pertinentes – a exteriorização, a pulsão gregária, o desejo de viscosidade –, operam na «ética da estética» que me preocupa aqui. Cada um do seu jeito enfatiza a empatia, a «objetivação de si», a globalidade orgânica derivada do gozo estético. Em conjunto, destacam a estreita ligação existente entre a renúncia de si, a projeção e o querer-viver. Em resumo: «enquanto nos sentimos movidos *(Einfühlen)* por essa vontade de agir noutro objeto, *estamos* no outro objeto» (W. Worringer). Essa participação permite as referências ao *«Urform* do ego» (Szondi), à identidade arcaica (C. G. Jung), coisas que não deixam de lembrar a força integrativa da matriz, e a potência do pré-individual, determinantes, nas suas especificidades, da vida.[146]

Trata-se de um paradoxo fundador do qual se pode medir a pertinência extrapolando-o para a realidade social. De fato, projetando-se, participando, magicamente, de um conjunto mais amplo, e rompendo, assim, a carapaça individual, alcança-se uma espécie de realização de si oriunda da recepção do outro, da perda no Outro. Pode-se logo dizer que há gozo estético na vida cotidiana, no imaginário grupal, em todas as fusões pontuais já referidas – musicais, esportivas, religiosas – que fazem da vida uma obra de arte. A ênfase na busca do qualitativo, a ambiência hedonista, a insistência na erotização da existência, a epifanização do corpo e a importância da aparência, eis, entre outros, os indícios mais seguros de tal vontade de arte. Esta, claro, não se reivindica, nem mesmo se reconhece como tal, mas é causa e efeito de um espírito do tempo que não é mais futurista, mas se dedica a valorizar um inegável gozo no presente. É certamente nessa perspectiva que se pode compreender as intensidades cotidianas, as culturas de empresa, os levantamentos dos povos. Em cada caso, pode-se falar de democracia, é mais fácil e evita pensar esses fenômenos em profundidade, mas é um termo que não serve, ao menos no sentido obtido na cultura política. De fato, o que está em jogo é a ordenação de um tempo, de um espaço partilhado com outros, fora de preocupações com teorias gerais ou programas projetivos. Há menos projeção na direção de um fim a atingir do que introjeção coletiva *hic et nunc.* Isso delimita a experiência estética que pretende viver e expressar as coisas, as pessoas, a natureza, na existência cotidiana. É isso enfim que permite falar em transfiguração do político numa forma de «doméstico», este não sendo a aceitação do *status quo,* mas antes uma maneira de adaptação ao outro, de agregação ao outro, numa dinâmica que, se nada tem de linear, não pretende menos exercer uma espécie de soberania em relação ao tempo vivido. Ao tempo homogêneo e vazio do conceito histórico, sucede assim a oportunidade do acontecimento, a intensidade da duração, o cuidado, algo trágico, de viver um instante eterno.

Tudo isso é que se vê em obra nas tribos contemporâneas, desprezando o «dever-ser» projetivo e privilegiando, sem falsa vergonha, o que é, o mundo como ele se dá a ver, e a viver, com toda sua imperfeição. De Santo Agostinho, retirando-se com alguns amigos na campanha milanesa, às diversas comunidades *ardéchoises* que marcaram os anos 70, sem esquecer os grupos de estetas que, no fim do século passado e na virada deste, gostavam de encontrar-se em jardins para sentir o prazer de um conhecimento e de uma erótica enfim reunidos,[147] a lista é longa desses retiros refinados onde se pode viver, fora ou ao lado das diversas pressões sociais, a vida dos sentidos, o prazer da arte, em companhia de seres escolhidos. É o mosteiro de Thélème ou o parque das *Afinidades eletivas*. Em cada caso, está em jogo o mito do paraíso e seu jardim maravilhoso. Em nossos dias, esse jardim pode ser uma realidade simbólica, um bistrô, uma praça pública, um banco no *square* das redondezas, tal rua onde se ama deambular e ainda muitas outras coisas. Pouco importa. Basta que favoreça a «congregação» e permita escapar à sociedade de controle: pais, educadores, para os jovens, família, patrões, para os adultos. Isso, certo, pode parecer bem esquemático e dar bom (ou mau) cheiro à contestação social. Nada disso, a utopia em questão é na melhor das hipóteses uma utopia intersticial e, de toda maneira, não é reconhecida como tal nem por seus protagonistas nem pelos intelectuais cuja função é dar nome às coisas. Digamos simplesmente que a busca do jardim mítico nada mais é do que a expressão dessa antiga pulsão, refortalecida na atualidade, consistindo em considerar o jogo do mundo como um mundo de jogos.

Lembro-o aqui, o trágico faz parte dessa estética. Pouco importa gerir racionalmente as imperfeições socioeconômicas. A superação dramática (conflitos, greves, luta de classes) das contradições atuais não está mais na ordem do dia. Gestão e luta podem de resto existir, sob a forma de vestígios ou de explosões incontroláveis, mas o essencial não é isso, consistindo, enfim, em usufruir, ainda que de maneira relativa, do que é dado, do *taken for granted* (Schütz): o mundo tomado como concedido. É essa visão lúdica que anima, em profundidade, a estética cotidiana, para o melhor ou o pior, evidentemente, pois para além da gratuidade do jogo há toda a sua mercantilização, mas, dentro do nosso interesse aqui, somente a tendência, inexorável, conta, ao menos quanto às próximas décadas, que circunscreve um «novo-antigo» estar-junto feito de despreocupação e de leveza.

Filósofos e sociólogos, penso especialmente em Kant e Spencer, salientaram, de maneira constante, a estreita ligação existente entre a estética e o lúdico; «os sentimentos estéticos derivam da impulsão do jogo». Além disso, ocorre que a oposição entre a ideia e a beleza recorta a existente entre as concepções individualista e coletiva da vida social. A arte, desse ponto de vista, é uma tensão contínua pela libertação, em conjunto, dos limites impostos pelas barreiras econômicas. Trata-se, claro, de uma tensão que não poderia ser realizada em sua totalidade, mas que, em certas épocas, (re)encontra inegável atualidade. O que era até agora específico de individualidades isoladas tende a tornar-se uma ambiência geral, sem preocupação, ou muito pouco, com a realidade, a utilidade ou mesmo a verdade, mas se satisfazendo num vasto jogo de ilusões, de simulacros (J. Baudrillard), de duplicação de si e do mundo; tudo isso se exprimindo numa constelação de imagens desenfreadas e reluzentes, que como as figuras de um fogo de artifício se esgotam no ato, suscitando intensa emoção coletiva.

Pois, esse é de fato o interesse, aparentemente paradoxal, da estética: favorece a identificação e assim faz sociedade. A aglutinação em torno de um guru, de uma imagem emblemática, de uma ideia política, intelectual, religiosa, é uma forma de estética que repousa sobre um sentimento partilhado. O sociólogo J. M. Guyau via no amor o fundamento mesmo das emoções estéticas; a admiração desempenha o mesmo papel, e um dos interesses da psicanálise é realmente a ligação estabelecida entre a sexualidade e toda uma série de fenômenos sociais em princípio bastante distanciados de motivações sexuais. Com efeito, não é frívolo quem se interessa pela estética, mas sim quem tende a considerar «o sentimento moral à parte dos instintos simpáticos».[148] Essa ligação entre a vida moral, isto é, a vida social, e a simpatia participativa pode de vez em quando ser minorada, como foi o caso durante toda a modernidade, mas ela não deixa de ser o referente ao qual se volta regularmente, a exemplo da atualidade, onde, talvez por saturação da atitude principalmente abstrata que marcou os últimos dois séculos, vemos afirmar-se com força a primazia da vida dos sentidos.

Numerosos são os que por julgar isso negativamente ou por valorizá-lo, admitem reconhecê-lo. Mas um erro amplamente disseminado consiste em estabelecer uma ligação entre esse grande retorno do sensível e o individualismo ou o narcisismo que lhe seriam anexos. Efetivamente, e é isso que justifica a identificação ou a participação estética, no sentido mais simples do termo, a transmissão das emoções opera-se pelo viés dos sentidos.

Já mostrei em outro lugar, numa reflexão sobre o barroco, o papel do tocar, da tatilidade na estruturação social, mas também arquitetural, pictural ou escultural. Pode-se dizer a mesma coisa desse barroco *redivivus* que é a pós-modernidade: o fato de tocar o outro, de escutar com ele, de sentir conjuntamente e, claro, de ver juntos é uma maneira de socializar, de comunicar e mesmo de harmonizar as diferenças. Sem fazer jogo de palavras, pode-se dizer que há portanto uma relação estreita entre os sentidos e o sentido da vida.

Assim, para retomar a distinção de Worringer, ao contrário da abstração, a *Einfühlung,* a empatia, é um vetor de socialização. Talvez seja mesmo o vetor mais importante e, se consideramos com serenidade o tribalismo juvenil ou adulto que se espalha em todos os domínios, seremos obrigados a conceder à imaterialidade da emoção estética um papel consequente na instituição material da sociedade.

Estamos no coração do paradoxo essencial da nossa época, aquele que, mesmo enfatizando as características da pessoa – valorização do corpo, jogo de aparências, hedonismo multiforme – metamorfoseia os seus efeitos numa espécie de subjetividade de massa. A exacerbação do sentimento individual transfigura-se numa cultura do sentimento negando o que lhe serve de suporte.

A estética relativiza, nesse sentido, o ego que lhe gerou. Trata-se de um paradoxo que, como acontece frequentemente na dinâmica em espiral dos conjuntos culturais, encontra uma «forma» social tendo velhos atestados de nobreza. Para tomar apenas um exemplo entre mil, façamos referência a Michel Foucault que mostrou que a *cura soi*, o cuidado de si, desenvolvido por Sêneca, Epicteto ou Marco Aurélio não era de jeito nenhum um «exercício de solidão, mas uma verdadeira prática social».[149] O exemplo das comunidades neopitagóricas ou dos grupos epicuristas mostra, de forma totalmente pertinente, de encontro ao atribuído tradicionalmente a essas filosofias, que elas favorecem menos uma retração sobre o indivíduo preocupado unicamente consigo do que uma forte «intensificação das relações sociais». Através disso se instaura uma «nova estilística da existência» que é preciso compreender no sentido profundo do termo: o estilo sendo, no caso, a marca de uma época, a ambiência global, na qual cada um se banha, e que o torna tributário dos outros. É isso mesmo que relativiza o indivíduo e o individualismo teórico de sua legitimação. Assim, o cuidado de si, a relação consigo mesmo, significa ao mesmo tempo a saturação de uma ordem social puramente racional e mecânica e uma «arte de viver», a qual, por força das coisas, exprime-se num quadro comunitário de hegemonia emocional e orgânica. Trata-se de um processo recorrente nas histórias humanas que tende a valorizar o que propus chamar de «narcisismo de grupo». Este hipertrofia o sentimento coletivo e resulta nessas emoções exacerbadas que podem ser as efervescências tribais (levantamentos de grupos de periferia, por exemplo), as reivindicações étnicas, os diversos corporativismos ou clanismos. Assim se anuncia a implosão das instituições bem estabelecidas, dos Estados-nação de tipo jacobino ou dos impérios construídos, abstratamente, sobre uma base ideológica. Numa palavra como em cem, é isso mesmo que assinala a transfiguração do político e através disso prepara o nascimento de uma *ordem* social marcada pela empatia.

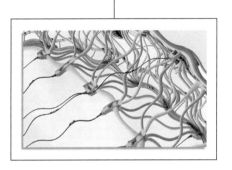

ABERTURA

Assim se lê o livro
antes de tudo
fora dos seus limites

Edmond Jabès

O fato de que a vida social, nacional ou internacional, não se baseie mais na simples razão mecânica, numa gestão do político ou em considerações geopolíticas ou econômicas, não significa que ela seja totalmente desordenada. Bem ao contrário, a implosão de todo esse conjunto pode gerar, como foi o caso nas sociedades tradicionais, uma ordem secreta, uma razão interna (o *logos spermatikos* da filosofia grega), na qual a paixão, o sentimento, a razão não instrumental entram em «sintonia» para constituir uma das mais sólidas organicidades. Isso, claro, faz-se mais por ajustamentos *a posteriori* que por vontade consciente *a priori*. Mas é passível de ser considerado à imagem do que se passa com o corpo individual, do qual nos ocupamos; existe uma cenestesia global integrando funcionamentos e disfuncionamentos e resultando, em consequência disso, num equilíbrio, de contornos imprevisíveis, mas que constitui, no sentido profundo do termo, um verdadeiro corpo social.

Isso se faz, de maneira ecológica, pela reversibilidade constante que tende a estabelecer-se entre o indivíduo e o seu meio; este devendo ser compreendido como meio natural, mais também como meio social. Considerando «a arte do ponto de vista sociológico», Guyau via no gênio uma forma «intensa da simpatia» ou uma «potência da sociabilidade». O gênio sendo então aquele que é capaz de «interessar-se por tudo e por todos para tudo compreender».[150] Trata-se de uma faculdade de entusiasmo que sabe, graças a um saber incorporado, condensar a energia circundante ou, ainda, que se dedica a cristalizar o mundo na sua totalidade. Assim, faz parte da estrutura do gênio despersonalizar-se, duplicar-se ao infinito a fim de esposar, através de sua criação, todas as facetas e todas as potencialidades da existência.

A exemplo do que aconteceu em outras épocas, pode-se realmente considerar que esse gênio e essa faculdade de entusiasmo se tornam uma capacidade coletiva: o «genius», enquanto gênio de um povo, de uma comunidade, de um lugar, de um determinado pequeno grupo. É assim que se pode compreender a vida como obra de arte, a existência como processo de atração generalizada, como criação de um novo meio social. Nesse sentido, o gênio coletivo e a subjetividade de massa harmonizam as faculdades que são a imaginação, a razão, o simbólico, o sensível, numa espécie de simpatia universal, outra maneira de expressar e de viver um laço societal para além da redução do decreto racional, do «contrato social», sobre o qual se assentou a modernidade. Como a *glutinum mundi,* essa cola do mundo que tanto preocupava os alquimistas medievais, o entusiasmo, a emoção, a paixão comum seriam o cimento que garantiria a ligação, a gestão, o ajustamento dos indivíduos e dos grupos entre eles, coisas que foram asseguradas pela política durante os últimos dois séculos. Em síntese, um novo paradigma ou, para empregar o termo de M. Foucault, uma nova episteme instala-se, dando ao estar-junto, nas suas modulações nacional ou internacional, uma figura completamente diferente.

Através de um balanceamento clássico, direi que a civilização burguesa, cujos contornos são bem conhecidos – razão, progresso, fé no futuro –, amplamente disseminada pelos quatro cantos do mundo, de Leste a Oeste, baseada no *principium individuationis,* cede lugar a uma cultura, em seu momento fundador, alicerçada no sentimento partilhado. Nos limites dessa distinção, vale lembrar que a cultura é uma efervescência primordial que contém *in nuce* todos os valores, míticos, organizacionais, religiosos, intelectuais, constitutivos da vida em sociedade. Nesse sentido, antes de se «civilizar» em «obras da cultura» (música, pintura, arquitetura), a cultura é o húmus, mais ou menos fértil, a partir do qual crescerão os costumes e as maneiras de ser, características do «gênio» de um grupo particular. É, portanto, um conjunto englobante, favorecendo o que os gregos chamavam de *paideia,* a qual, mais do que uma simples pedagogia, no sentido habitual do termo, remete à formação, à formatação, do homem em sociedade.

A *paideia,* segundo W. Jaeger, grande historiador do espírito grego, finca «suas raízes no mais profundo da vida comunitária» e exprime assim uma «vida suprapessoal todo-poderosa».[151] Trata-se de uma observação que se pode utilizar, metaforicamente, para compreender os períodos de fundação e, em particular, o nosso, encruzilhada do fim da modernidade e do esboço do que, na falta de melhor, pode-se chamar de pós-modernidade. Esta, de diversas maneiras, vê o ressurgimento de valores arcaicos: particularismos locais, ênfase espacial, religiosidade, sincretismo, culto do corpo, etnicidade, narcisismo de grupo, cujo denominador comum é bem a dimensão comunitária. Tudo isso se exprime na saturação do político ou, mais exatamente, na sua transfiguração. Significa dizer que o político, em seu aspecto universal, normativo, racional e contratual, cede lugar ao «doméstico», no que este tem de particular, de libertário, de imaginário e de afetual. É isso que propus chamar, no começo deste livro, de «duplo» do político, a sua face obscura, da paixão, da centralidade subterrânea, numa palavra, da potência popular, das utopias intersticiais que favorecem a fusão, as efervescências pontuais e a prioridade dada à vida sem qualidades, coisas que possuem uma forte carga hedonista e presenteísta.

Alguns denominam isso de idade ou de sociedade «pós-industrial» (A. Touraine, F. Jacques), o que é totalmente pertinente caso se trate de designar, de uma parte, a relativização do produtivismo ou do «fazer», através dos quais se inauguram os tempos modernos, e, de outra parte, a dimensão simbólica ou, de forma mais atual, a tensão comunicacional da subjetividade. Mais do que uma ação sobre o mundo, prevalece uma forma de contemplação do mundo. Contemplação partilhada com outros. O *principium individuationis,* do trabalho sobre si e sobre o mundo, que serve de base ao político, cede lugar ao *principium relationis,* da emoção partilhada, da cultura do sentimento, de um desenvolvimento tecnológico orientado para a interação, o relacionamento, a tatilidade, essencialmente apolítica. Tem-se, claro, algumas dificuldades para apreciar essa mudança. Isso exige uma subversão teórica que sofre para se exprimir, tanto os nossos modos e instrumentos de análise são formados por um intelectualismo mecanicista. Mas, depois de tudo, as histórias humanas dão-nos o exemplo desses momentos em que, para retomar os próprios termos de M. Weber, concedia-se um «valor positivo ao êxtase, isto é, à orgia extrema como embriaguez divina».[152] Esta pode ter uma forma exacerbada ou, ao contrário, suavizada e cotidiana. Em todos os casos, não deixa de exprimir um ritmo social específico cuja compreensão constitui certamente o desafio epistemológico maior do período atual.

A orgia divina e as diversas formas de transe específicas da sociedade pós-moderna nada mais têm a ver com nenhuma transcendência *stricto sensu*. Ao contrário, são causa e efeito dos pequenos grupos (tribos) que as expressam. Trata-se de uma espécie de transcendência imanente que se preocupa, antes de tudo, com a ordenação de um território, real ou simbólico, que partilho com outros. Em termos etológicos, trata-se de um ordenamento intraespecífico e de um ajustamento interespecífico; coisas que dão ao doméstico *(domus)* ou à ecologia *(oïkos)* a atualidade sabida. Encontra-se aí a diferença essencial entre a «extensão» judaico-cristã, que conta com o juízo final ou com a História para realizar a sociedade perfeita, e a «intensão», meio pagã *(paganus),* terrestre, que, através da possessão, da contemplação, pretende realizar, aqui e agora, a divindade ou a divinização do social. De um lado, a política e a história; de outro, o doméstico e suas pequenas histórias.

Ainda que seja da ordem da banalidade, não é inútil talvez lembrar que o grande processo de homogeneização e de racionalização, inaugurado, no pensamento, na religião e na política, com Descartes, Lutero e a Revolução francesa, teve o seu apogeu no século XIX com os grandes sistemas teóricos (Marx, Freud), a romanização da Igreja (ou outras instituições eclesiásticas) e o Código napoleônico. Da mesma forma, e correlativamente, o individualismo, homogeneização da pessoa *(persona)* plural, não parece mais ter atualidade. Enfim, e isso de maneira lógica, o contrato social, nacional, internacional, não parece mais ser um modo operacional em nenhum domínio. De todos os lados, uma heterogeneização galopante contamina integralmente as sociedades: o trabalho não obedece mais às leis da negociação, as economias são submetidas a uma lógica guerreira, as instituições tendem à fragmentação, a política tribaliza-se e obedece cada vez mais a um mecanismo de sedução, a religião cede lugar às formas menores do sagrado e a família nuclear não tem mais o monopólio da gestão do sexo. Quanto ao indivíduo, há bastante tempo que sua identidade, sexual, ideológica, profissional, despedaçou-se, deixando-o em confronto, de maneira interna, com sua própria pluralização e, de maneira externa, com a exacerbação de uma alteridade das mais cruéis. Pode-se então continuar a pensar o social a partir do pressuposto da solidariedade mecânica?

Pode-se certamente fazer isso. E numerosos são os observadores ou atores da coisa pública – universitários, jornalistas, autoridades, políticos – que continuam a fazê-lo. Afinal de contas «inteligência sem utilização» pode ser um agradável jogo de sociedade, de salão, de jantares ou de colóquios, tomando assim, contemporaneamente, o lugar do divertimento pascaliano.

Tentei mostrar, ao longo deste livro, que o interesse e o desafio estão em outro lugar. De minha parte, vejo-os na instalação, progressiva, de uma solidariedade orgânica, feita de atrações e de repulsões, de identificações afetuais ou de emoções partilhadas, em todos os domínios. Tudo isso nada mais tem a ver com a política. Para os espíritos atentos, é surpreendente observar que, para desespero das autoridades de todas as cores, as lutas recentes ou os conflitos fazem-se, como assinala o filósofo Giorgio Agamben, sem conteúdo reivindicativo preciso, a democracia ou a liberdade sendo no caso «emoções demasiado vagas e genéricas para constituírem objeto real de conflito». De fato, a luta ou o conflito existe, mas dá-se entre o «Estado e não Estado»[153] ou, ainda, entre a instituição regulada contratualmente, o político racional, e o «nós» fusional de reações totalmente imprevisíveis. A ordem que parece desenhar-se é a de um conjunto de comunidades nem positivas nem unanimistas, mas precárias e submetidas à versatilidade da emoção. Mais do que uma união plena, uma união do projeto, a solidariedade nascente origina-se de uma união na falta, no vazio; comunhão de solidões que, pontualmente, vivem o trágico da fusão, onde, de maneira orgânica, a «pequena morte» e a vitalidade são vividas no dia a dia.

Graissessac-Palavas,
1989-1991

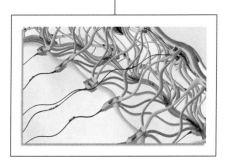

APÊNDICE

Nos vetera instauramus nova non prodimus.

Erasmo

Notas

Advertência

[1] FREUD, S. *Moïse et la religion monothéiste.* Paris, 1986, p. 98, 137.
[2] NIETZSCHE, F. *La Naissance de la tragédie.* Paris, 1977, p. 27. Remeto igualmente a meu livro, MAFFESOLI, M. *An Creux des apparences, pour une éthique de l'esthétique,* Paris, 1990 [No fundo das aparências, Petrópolis, Vozes, 1996.], e a FERRY, L. *Homo aestheticus,* Paris, 1990.

Capítulo I

[3] Cf., por exemplo, SIMMEL, G. *Sociologie et épistémologie,* Paris, 1981, prefácio de J. Freund, p. 52. Do último, deve-se, claro, consultar o livro básico, *L'Essence du politique,* Paris, 1965.
[4] DURKHEIM, E. *Les formes élémentaires de la vie religieuse,* Paris, 1968, p. 298, nota 2. Sobre os diferentes tipos de «dominações legítimas» em Max Weber, cf. *Économie et Société,* Paris, 1971.
[5] DURKHEIM, E., Ibid., p. 207.
[6] MAFFESOLI, M. *La Violence totalitaire, essai d'anthropologie politique,* Paris, 1979, capítulo I [A violência totalitária. Porto Alegre, Sulina, 2001]. Cf. FREUND, J. *L'Essence du politique,* Paris, 1965. Cf., igualmente, CLASTRES, P. *La Société contre* l'État, Paris, 1974.
[7] FREUND, J. *Sociologie du conflit,* Paris, 1983, p. 11. De minha parte, abordei esse tema in *Essai sur la violence banale et fondatrice.* Paris, 2ª edição, 1984 [MAFFESOLI, M. *Dinâmica da violência.* São Paulo, Vértice, 1987.]
[8] SLAMA, A.G. *Les Chasseurs d'absolu.* Paris, 1980, p. 203.
[9] ANSART, P. *La Gestion des passions politiques,* Lausanne, 1983, pp. 54-55, 11. CLASTRES, P, op. cit, pp. 171, 59.

[10] Cf. a análise feita por BURNHAM, J. *La Domination mundial*. Paris, 1947, p. 200. Quanto às tribos primitivas, cf. FARB, P. *Les Indiens*, Paris, 1972, p. 21.
[11] REINACH, S. *Orpheus*, Paris, 1930, p. 197; WEBER, M. *Le Judaïsme antique*. Paris, 1970, pp. 28-31. Cf. também LÉVI-STRAUSS, C. *Tristes Tropiques*, Paris, 1955, p. 327.
[12] Cf. LUBAC, H. *La Postérité Spirituelle de Joachim de Flore*, tomo I, de Joachim a Schelling, Paris, 1987, pp. 153-154. Cf. igualmente WEBER, M. *Le Judaïsme antique*, op. cit, p. 22.
[13] Cf. EVOLA, J. *La Mystique du Graal et l'idée impériale gibeline*, Paris, 1970, e o livro bastante erudito de YATES, F. A. *La Lumière des Rose-croix*, Paris, 1978. Remeto igualmente a meu livro, MAFFESOLI, M. *La Violence totalitaire*, Paris, 1979, capítulo sobre os Alurs de Uganda [*A violência totalitária*, Porto Alegre, Sulina, 2001]; cf. BALANDIER, G. *Anthropologie politique*. Paris, 1969, p. 123.
[14] DUMÉZIL, G. *Mythe et épopée*, tomo I, Paris, 1968, pp. 195-197.
[15] LE BON, G. *Psychologie des foules*, prefácio de André Akoun, Paris, 1975, pp. 85-87. Sobre o México, cf. GRUZINKY, S. *La Guerre des images, de Christoph Colomb a Blade Runner (1429-2019)*, Paris, 1990. Sobre o marxismo, cf. PAZ, O. *Point de convergence*. Paris, 1976, pp. 148-149.
[16] DURKHEIM, E. *Les Formes élémentaires de la vie religieuse*, op. cit., pp. 300-309. É preciso fazer referência ao excelente comentário desse livro de Durkheim feito por PRADES, J. *Persistance et métamorphoses du sacré*, Paris, 1987. Eu mesmo utilizei essa análise durkhaniana in *L'Ombre de Dionysos, contributions à une sociologie de l'orgie*, Paris, 1982, Livre de Poche, 1991 [*À sombra de Dionísio, contribuição a uma sociologia da orgia*, Rio de Janeiro, Graal, 1985].
[17] HUIZINGA, G. *L'Automne du Moyen Age*, Paris, 1975, p. 396.
[18] DELEUZE, G. *Le Pli, Leibniz et le baroque*, Paris, 1988, p. 175.
[19] Sobre esses exemplos históricos, cf. LE ROY LADURIE, *Le Carnaval de Romans*, Paris, 1979, p. 34. MAQUIAVEL, N. *Histoires florentines*, Paris, Pléiade, 1952, p. 1066. CROCE, B. *Galeas Caracciolo*, Genebra, 1965, pp. 28 e 31.
[20] Cf. SÉCHAN, L; e LÉVÊQUE, P. *Les Grandes divinités de la Grèce*, Paris, 1966, p. 327, reeditado em 1990.
[21] Sigo aqui livremente a análise de Santo Agostinho feita por PUECH, H. C. *En Quête de la gnose*, Paris, 1978, tomo I, pp. 8-9. Quanto à revalorização da parte de sombra do conhecimento, remeto ao livro de GILLABERT, E. *Judas*, Paris, 1989.
[22] De memória, remeto às obras de FOUCAULT, M. *Surveiller et punir*, Paris, 1975, e de ELIAS, N. *La Civilisation des moeurs*, Paris, 1973, e a meu

livro, MAFFESOLI, M. *La Violence totalitaire*, Paris, 1979 [*A violência totalitária*, Porto Alegre, Editora Sulina, 2001].

[23] DURKHEIM, E. *Le Socialisme*, Paris, 1928, pp. 148-149.

[24] Remeto às obras sobre Port-Royal de MARIN, L. *Critique du discours*. Paris, 1975, e SFEZ, L. *L'Enfer et le paradis*, Paris, 1978, pp. 77 e 79.

[25] Noção tomada de empréstimo a S. Lupasco, M. Beigbeder e G. Durand. Remeto a meu livro: MAFFESOLI, M. *La Connaissance ordinaire, précis de sociologie compréhensive*, Paris, 1985 [*O conhecimento comum*. São Paulo, Brasiliense, 1988]. Sobre o racionalismo exacerbado nos campos de concentração, cf. SCHEER, L. *La Société sans maîtres*, Paris, 1977.

[26] REINACH, S. *Orpheus*, Paris, 1930, pp. 32-36. Sobre a origem conventual da democracia, cf. MOULIN, L. *La Gauche, la droite et le péché originel*, Paris, 1984.

[27] SMITH, A. *Recherches sur la nature et les causes de la richesse des nations*, 1770, livro II, cap. I, citado por SFEZ, L. *L'Enfer et le paradis*, Paris, 1978, p. 106. Cf. também os postulados do político, SLAMA, A.G. *Les Chasseurs d'absolu*, Paris, 1980, p. 43.

[28] JAEGER, W. *Paideia. La formation de l'homme grec*, Paris, 1964, p. 466.

[29] Remeto a duas análises distanciadas no tempo, mas próximas quanto aos resultados: BALZAC, E. *La Bureaucracie céleste*, Paris, 1968, e PAZ, O. *Courant alternatif*, Paris, 1972, p. 147. O primeiro, sobre a China antiga; o segundo, sobre o marxismo contemporâneo.

[30] JAMOUCH, G. *Conversations avec Kafka*, Paris, 1978, p. 158.

[31] Cf. CROCE, B. *Galeas Caracciolo*, Genebra, 1965, p. 31, e LE ROY LADURIE, *Le Carnaval de Romans, Paris*, 1979, pp. 107-108. Sobre a guerra dos camponeses, cf. BLOCH, E. *Thomas Münzer, teólogo da revolução*, Paris, 1964.

[32] IANNI, F. *Des Affaire des familles*, Paris, 1973, p. 64. Eu mesmo consagrei um artigo a esse tema: MAFFESOLI, M. «La Maffia comme métaphore de la socialité», *Cahiers internacionaux de sociologie*, Paris, PUF, vol. LXXIII, 1982.

[33] Cf. sobre a *virtu* em Robespierre a análise de COCHIN, A. *Les Sociétés de pensée*, Paris, 1978, p.77.

[34] SLAMA, A.G. *Les Chasseurs d'absolu*, Paris, 1980, p. 179.

[35] Cf. BURNHAM, J. *La Domination mondiale*, Paris, 1947, pp. 252-253. Quanto a Pareto, remeto à referência feita por BUSINO, G. *Introduction à une histoire de la sociologie de Pareto*, Genebra, 1968, p. 79. Interpreto livremente essa análise de Pareto. Cf. enfim ABELLIO, R. *Sol invictus*, Paris, 1980.

³⁶ Sobre o efeito perverso, cf. a boa apresentação feita por BOUDON, R. *Effets pervers et ordre social,* Paris, 1977. Cf. também GRAS, A. *Sociologie des ruptures, Paris, 1979, pp. 194, 164, 40.*

Capítulo II

³⁷ DURKHEIM, E. *Le Socialisme,* Paris, 1928, p. 144. Sobre a dialética instituído-instituinte, remeto às obras de ALBERONI, F. *Le Choc amoureux,* Paris, 1984. Sobre o saber popular, cf. meu livro, MAFFESOLI, M. *O conhecimento comum,* op. cit. Cf. igualmente WATIER, P. «Sociologie et sens commun», *Cahiers de l'imaginaire,* Paris, 1990, n° 5.

³⁸ HEGEL, *Leçons sur la philosophie de l'histoire,* trad. Gibelin, Paris, 1963, p. 347. Quanto a Platão, cf. DODDS, *Les Grecs et l'irrationnel,* Paris, 1959, p. 212.

³⁹ DURKHEIM, E. *Les Formes élémentaires de la vie religieuse,* Paris, 1968, p. 298.

⁴⁰ Sobre a morte sacrificial da chefia, cf. o capítulo I, «Poder/Potência», de meu livro, MAFFESOLI, M. *La Violence totalitaire,* Paris, 1979 [*A violência totalitária,* Porto Alegre, Editora Sulina, 2001]. Para uma aplicação à atualidade, cf. BAUDRILLARD, J. *Simulacres et simulations,* Paris, 1981, p. 45. Cf. igualmente DURKHEIM, E., op. cit., p. 452, e DETIENNE, M. *La Cuisine du sacrifice,* Paris, 1973, pp. 32-34.

⁴¹ LUBAC, H. de, *La Postérité spirituelle de Joachim de Flore,* Paris, 1981, tomo l, pp. 105, 113, 167, 177. Remeto igualmente a VANEIGEM, R. *Les Frères du libre esprit,* Paris, 1986, e a BLOCH, E. *Thomas Münzer., théologien de la révolution,* op. cit. Cf. também BENSAÏD, D. *W. Benjamin, sentinelle messianique,* Paris, 1990, p. 204.

⁴² STROHL, H. *Luther jusqu'en 1520,* Paris, 1962, p. 126. Sobre Santo Agostinho, cf. LUBAC, H., op. cit., p.62.

⁴³ Cf. COCHIN, A. *Les Sociétés de pensée,* Paris, 1978, p. 79. Cf. igualmente MICHELET, *Histoire de la Révolution française,* Paris, 1979. Sobre o imaginário da Revolução, remeto a meu artigo, MAFFESOLI, M. «D'un imaginaire à l'autre», in revista *Is Viesseux,* Florença, 1990.

⁴⁴ Sobre o tema da violência fundadora, cf. as obras de René Girard. Remeto também a meu livro, MAFFESOLI, M. *Dinâmica da violência,* op. cit.

⁴⁵ BATAILLE, G. «Structure psychologique du fascisme», *Oeuvres complètes,* Paris, tomo II, p. 161. Cf. também MONNEROT, J. *Sociologie da revolution,* Paris, 1969, pp. 416, 520, 571.

⁴⁶ Sobre a duplicidade, remeto ao capítulo consagrado a esse tema no meu livro, MAFFESOLI, M. *La Conquête du présent,* Paris, 1977 [*A conquista*

do presente, Rio de Janeiro, Rocco, 1984]. Sobre a sociedade compósita, cf. SLAMA, A.G., *Les Chasseurs d'absolu,* Paris, 1980, p. 36.
[47] LEWIS, B. *Les Assassins, terrorisme et politique dans l'Islam médiéval,* Bruxelas, 1982, pp. 122, 176.
[48] SCHOLEM, G., *Le Messianisme juif,* Paris, 1974, p. 219.
[49] Ibid., p. 229. Cf. também as páginas 223 e 226. Sobre a metáfora da ponte e da porta, ver SIMMEL, G. *La Tragédie de la culture,* Paris, 1988, p. 159.
[50] SCHOLEM, G., op. cit., p. 243. Cf. também, sobre a atitude relativa à administração, a página 232.
[51] SCHOLEM, G. *Sabbataï Tsevi,* edições Verdier, 1983, pp. 385-386. Cf. também p. 719. Sobre os frankistas, cf. SCHOLEM, G. *Le Messianisme,* op. cit., p. 241.
[52] SCHOLEM, G. *Le Messianisme,* op. cit, p. 364.
[53] A respeito do século XIX e do «sublimismo», cf. POULOT, D. *Le Sublime,* prefácio de A. Cottereau, Paris, 1980. Sobre as astúcias contemporâneas, cf. WILLEMER, A. *L'Héroïne travail,* Genebra, 1979. Cf. também algumas monografias desenvolvidas no CEAQ – Sorbonne, Paris V – sobre o «não trabalho» no trabalho e sobre a «cultura partilhada nas empresas».
[54] Cf. MATTA, Roberto da. *Carnaval, malandros e heróis,* Rio de Janeiro, Zahar, 1983 [*Carnval, bandit e héros,* Paris, 1984, pp. 65,170, 260]. Cf. também DUMAZEDIER, J. *La Révolution du temps libre,* Paris, 1988. Eu mesmo desenvolvi o tema do lúdico em MAFFESOLI, M. *L'Ombre de Dionysos, contribution à une sociologie de l'orgie,* Paris, 2ª edição, 1991 [*À sombra de Dionísio, contribuição a uma sociologia da orgia,* Rio de Janeiro, Graal, 1985].
[55] JANOUCH, J. *Conversation avec Kafka,* Paris, 1978, p. 169. sobre a relativização da influência da televisão, cf. WOLTON, D. *La Folie du logis,* Paris, p. 136. Sobre a «estratégia da adaptação», cf. ADORNO, T. *Notes sur la littérature,* Paris, 1984, p. 278.
[56] SANTO TOMÁS DE AQUINO, *De Deo uno,* Quest. 23, art. 7.3. Remeto sobre esse ponto ao capítulo que consagrei ao «saber popular» in *Le Temps des tribus,* Paris, 1988, p. 183 [*O tempo das tribos,* Rio de Janeiro, Forense-Universitária, 1988].
[57] Para um bom exemplo, entre outros, dessa postura intelectual, cf. ISAMBERT, F. *Le Sens du sacré,* Paris, 1982, pp. 21, 100.
[58] Cf. sobre a *Schlamperei,* JONHSTON, W.M., *L'Esprit viennois, une histoire intellectuelle et sociale, 1848-1938,* Paris, 1985, pp. 23 e 54. Sobre a Viena *fin de siècle,* cf. LE RIDER, J. *Modernité viennoise et crises d'identité,* Paris, 1990.

⁵⁹ Cf. SAFRANSKI, R. *Schopenhaeur et les années folles de la philosophie,* Paris, 1980, p. 122. Sobre a «orientalização do mundo», cf. meu livro MAFFESOLI, M. *Au Creux des aparences,* Paris, 1990 [*No fundo das aparências,* Petrópolis, Vozes, 1996].
⁶⁰ LÉVI-STRAUSS, C. *Tristes tropiques,* Paris, 1973, p. 336. Sobre o «*taken for granted*», cf. SCHÜTZ, A. *Le Chercheur et le quotidien,* Paris, 1987.
⁶¹ Cf. a esse respeito BENEDICT, R. *Échantillons de civilisation,* Paris, 1950, pp. 114-115.
⁶² FOUCAULT, M. *Le Souci de soi,* Paris, 1984, p. 113.
⁶³ RETZ, cardeal de, *Mémoires,* Pléiade, Paris, 1984, p. 325. Sobre o irracional na história, cf. SLAMA, A.G. *Les Chasseurs d'absolu,* Paris, 1980, p. 21.
⁶⁴ Cf. LE RIDER, J. *Modernité viennoise et crises d'identité,* Paris, 1990, pp. 173 e 185. Remeto também a meu livro, MAFFESOLI, M. *Au Creux des apparences,* Paris, 1990, capítulo 7, p. 239 [*No fundo das aparências,* Petrópolis, Vozes, 1996].
⁶⁵ BRETON, A. Manifeste du surréalisme, *Oeuvres complètes.* Pléiade, Paris, 1988, p. 319. Sobre o «doméstico» em Fourier, cf. HOCQUENGHEM, G. e SCHERER, R. *L'Ame Atomique, pour une esthétique de l'âge nucléaire,* Paris, 1986, p. 300.
⁶⁶ Sobre a «vida geralmente boa», cf. DURKHEIM, E. *De la Division social du travail,* Paris, 1926, p. 225.

Capítulo III

⁶⁷ Sobre a mitologia do Progresso, remeto a meu livro, MAFFESOLI, M. *La Violence totalitaire,* Paris, 1979 [*A violência totalitária,* Porto Alegre, Sulina, 2001]. Sobre o «fazer» e a noite de Tübingen, cf. SAFRANSKI, R. *Schopenhaeur et les années folles de la philosophie.* Paris, 1990, p. 164.
⁶⁸ SIMMEL, G. *La Tragédie de la culture,* Paris, 1988, p. 238-242. Sobre a «mediância», cf. BERQUE, A. *Le Sauvage et l'artifice,* Paris, 1986. Sobre o «trajeto antropológico», cf. DURAND, G. *Les Structures anthopologiques de l'imaginaire,* Paris, 1960.
⁶⁹ WÖLFFLIN, H. *Principes fondamentaux de l'histoire de l'art,* G. Monfort, 1986, p. 17. Sobre *habitus,* cf. MAUSS, M. *Sociologie e anthropologie,* Paris, 1973, pp. 363...
⁷⁰ DURAND, G. *Beaux-arts et archétypes,* Paris, 1989, pp. 21-22. Sobre a «reliance», cf. BOLLE DE BAL, M. *La Tentation communautaire,* Bruxelas, 1988.
⁷¹ SIMMEL, G. *Sociologie et epistémologie,* Paris, 1981, p. 116.

[72] Sobre a força do dionisíaco, cf. MAFFESOLI, M. À sombra de Dionísio, op. cit. Sobre a «osmose» do espírito, cf. ABELLIO, R. Approches de la nouvelle gnose, Paris, 1981, p. 251.
[73] DURKHEIM, E. Les Formes élémentaires de la vie religieuse, Paris, 1968, pp. 317 e 333.
[74] FREUD, S. Un Souvenir d'enfance de Léonard de Vinci, Paris, 1927, p. 71.
[75] Cf. sobre esse ponto, SAFRANSKI, R. Schopenhaeur et les années folles de la philosophie, Paris, 1990, pp. 201 e 204.
[76] Remeto aqui ao capítulo sobre o «ritual» e a repetição em meu livro, MAFFESOLI, M. La Conquête du présent, Paris, 1979 [A conquista do presente, Rio de Janeiro, Rocco, 1984]. Cf. também RIVIÈRE, C. Les Rituels politiques, Paris, 1989.
[77] Cf. DURKHEIM, E. Les Formes élémentaires de la vie religieuse, Paris, 1968, p. 49. Cf. também PRADES, J. Persistance et métamorphoses du sacré, Paris, 1987, análise exaustiva das Formes élémentaires...
[78] Cf. DURKHEIM, E., Paris, 1913, pp. 95 e 101.
[79] DURKHEIM, E. Les Formes élémentaires..., op. cit., p. 596.
[80] DURKHEIM, E., ibid, pp. 589-590.
[81] Remeto aqui aos trabalhos de AUCLAIR, S. Le Mana quotidien, Paris, 1972, sobre os faits divers. Cf. também sobre o boato, REUMAUX, F. tese de doutorado de Estado, Sorbonne, Paris V, 1990.
[82] MOSCOVICI, S. La Machine à faire des dieux, Paris, 1988, pp. 63-64. Cf., sobre Halbwachs, NAMER, G. Mémoire et société, Paris, 1987, p. 38. Sobre a atração, cf. TACUSSEL, P. L'Attraction sociale, Paris, 1985.
[83] KENJI, T. Etude sur le rôle et les transformations de la culture traditionnelle dans la société contemporaine japonaise, Sorbonne, Paris V, 1982, p. 33. Cf. também PONS, P. D'Edo à Tokyo, Paris, 1988, p. 150.
[84] PONS, P, ibid, p. 144. Cf. também BERQUE, A. «Paysage d'une autre civilité», in Le Temps de la réflexion, Paris, 1983, p. 98.
[85] Sobre esse tema, cf. SLOTERDJIK, P. Critique de la raison cynique, Paris, 1987, p. 8. Cf. também SAFRANSKI, Schopenhaeur et les années folles de la philosophie, Paris, 1990, pp.164 e 265.
[86] SIMMEL, G. La Tragédie de la culture, Paris, 1988, p. 93. Cf. também a propósito de Chicago, HANNERZ, U. Explorer la ville, Paris, 1980, p. 44.
[87] Para um bom exemplo, entre outros, dessa postura intelectual, cf. ISAMBERT, F. Le Sens du sacré, Paris, 1982, pp. 21 e 100.
[88] Cf. DORFLES, G. L'Intervalle perdu, Paris, 1986. Sobre o «iki» japonês, cf. PONS, P. D'Edo à Tokyo, op. cit., pp. 122-123. Cf. também sobre as «férias» da História, D'ORS, E. Du Baroque. 1935, p. 134.

[89] GUYAU, J.-M. *Problèmes de l'esthétique contemporaine,* Paris, 1911, p. 111. Sobre o tempo livre, cf. DUMAZEDIER, J. *La Révolution du temps libre,* Paris, 1988.
[90] MOURGUES. J. *La Pensée maçonique, une sagesse pour l'Occident,* Paris, 1988, p. 273.
[91] OLIEVENSTEIN, C. *Le Non-dit des émotions,* Paris, 1988, p. 52. Cf. também as pesquisas sobre o «rock» de CATHUS, O. e, sobre a «acid house music», de GILLABERT, O., no CEAQ, Sorbonne, Paris V.

Capítulo IV

[92] Cf., pelas referências e as citações que dá, JAEGER, W. *Paideia, la formation de l'homme grec,* Paris, 1964, pp. 161-162. Remeto também a meu trabalho, MAFFESOLI, M. *O enraizamento dinâmico,* Grenoble, 1973, mimeo, publicado em parte sob o título de *Logique de la domination,* Paris, 1976 [*Lógica da dominação,* Rio de Janeiro, Jorge Zahar, 1978].
[93] Cf. a análise de PATER, W. *Essai sur l'art et la Renaissance,* Paris, 1985, pp. 158-159.
[94] Cf. GUYAU, J.-M. *Problèmes de l'esthétique contemporaine,* Paris, 1911, pp. 38-39 e 46.
[95] GUYAU, J.-M., ibid, pp. 48,59,178-179. Pode-se aproximar isso da noção de «sintonia» empregada por A. Schütz. Cf. «Faire la musique ensemble» *in Sociétés,* n° 0, Paris, 1984. Cf. também as pesquisas de CATHUS, O., «Les Tribus rock», e de GILLABERT, O., «Acid house music», CEAQ, Sorbonne, Paris V.
[96] Cf. BASTIDE, R. *Images du Nordeste mystique en noir et blanc,* Pandora, 1978, p. 193. Sobre a «acid house music», cf. as pesquisas citadas acima.
[97] Cf. JAEGER, W. *Paideia, la formation de l'homme grec,* Paris, Gallimard, 1964, p. 205.
[98] SIMMEL, G. *Philosophie de la modernité,* Paris, 1989, p. 235.
[99] Cf. DURAND, G. *Les Structures anthropologiques de l'imaginaire,* Paris, 10ª edição, 1984. Cf. também *Beaux-arts et archétypes,* Paris, 1989, p. 265. BERQUE, A. *Le Sauvage et l'artifice,* Paris, 1987; aqui a referência é tirada de *Vivre l'espace an Japon,* Paris, 1982, p. 144.
[100] PONS, Ph. *D'Edo à Tokyo, mémoires et modernités,* Paris, 1988, p. 276.
[101] Citado in TORRES, F. *Déjà vu,* Paris, 1988, pp. 94, 306 e, sobre as raízes, 135-140. Remeto também à minha análise sobre a ética do instante, in MAFFESOLI, M. *La Conquête du présent,* Paris, 1979 [*A conquista do presente,* Rio de Janeiro, Rocco, 1984].

[102] Cf. BAZIN, G. *Destin du baroque,* Paris, 1970, p. 231. ECO, U. *La Guerre du faux,* Paris, 1983, p. 82.

[103] LALAOUNIS, I. *Réflexion sur les racines communes de l'homme créateur,* Paris, Académie de Beaux-Arts, 1986, p. 6. Sobre a pintura figurativa, cf. DURAND, G. *Mitolusismo de Lima de Freitas, Post-modernisme et modernité de la tradition* (bilíngue), Lisboa, 1987.

Capítulo V

[104] Cf. JACQUES, F. *Différence et subjectivité,* Paris, 1982, pp. 46-47.
[105] Cf. SIMMEL, G. *Philosophie de la modernité,* Paris, 1989, tomo l, pp. 249-250.
[106] Cf. DURAND, G. *Les Structures anthropologiques de l'imaginaire,* Paris, 1960. E também BERQUE, A. *Vivre l'espace au Japon,* Paris, 1982, p. 41.
[107] Sobre essas categorias e comparações, cf. WÖLFFLIN, *Principes fondamentaux de l'histoire de l'art,* 1986, pp. 178... e 235. Cf. também FERNANDEZ, D. *Le Banquet des anges,* Paris, 1984, p. 49. Eu mesmo consagrei um capítulo ao barroco in MAFFESOLI, M. *Au Creux des apparences,* Paris, 1990 [*No fundo das aparências,* Petrópolis, Vozes, 1996].
[108] Sem falar dos autores contemporâneos sobre as origens dessa reticência, cf. LALO, Ch. *Notion d'esthétique,* Paris, 1948, p. 38.
[109] SIMMEL, G. *La Tragédie de la culture,* Paris, 1988, p. 139.
[110] Citado por ARON, R., «Sociologisme et sociologie chez Durkheim et Weber», in *Commentaire,* 1986, 8, p. 1036. Cf. também MOSCOVICI, S. *La Machine à faire des dieux,* Paris, 1988, p. 118. Sobre o *conexionismo,* cf. ROBIN, J. *Changer d'ère.* Paris, 1988, p. 19.
[111] DURAND, G. *Les Structures anthropologiques de l'imaginaire,* Paris, 1960, pp. 311...
[112] HEIDEGGER, M. *Etre et Temps,* Paris, 1985, pp. 108-109.
[113] ISHAGHPOUR, Y. *Elias Canetti,* Paris, 1990, p. 94.
[114] Cf. SZONDI, *Ich-Analyse,* Berna, 1956, p. 35.
[115] GUYAU, J.-M. *L'Art au point de vue sociologique,* 11ª edição, Paris, 1920, pp. 7 e 9.
[116] SIMONDON, G. *L'Individuation psychique et collective,* Paris, 1989, p. 12.
[117] Ibid, pp. 13-14, 18. Cf. também meu livro, MAFFESOLI, M. *Au Creuw des apparences,* Paris, 1990 [*No fundo das aparências,* Petrópolis, Vozes, 1996], capítulo sobre as identificações múltiplas.
[118] ANDREAS-SALOMÉ, L. *L'Amour du narcissisme,* citado in LE RIDER, J. *Modernité viennoise,* Paris, 1990, p. 78. Sigo aqui, livremente, a análise de J. Le Rider.

[119] Cf. LUBAC, H. *La Postérité spirituelle de Joacnim de Flore,* Paris, 1987, tomo l, p. 379.
[120] SIMMEL, G., «La religion et les contrastes de la vie», in *Philosophie et sociétés,* Paris, 1987, pp. 66 e 71. Sobre o «pleroma», cf. TEILHARD DE CHARDIN, P. *Le Milieu divin,* Paris, 1957, p. 43.
[121] DURKHEIM, E. *Les Formes élémentaires de la vie religieuse,* Paris, Livre de Poche, 1991, pp. 269 e 272,
[122] Para o Antigo Testamento, cf. ABECASSIS, A. *La Pensée juive,* Paris, 1987, tomo l, pp. 54-55. Sobre a Igreja católica, cf. BROWN, P. *La Société et le sacré,* Paris, 1985. Desenvolvi esses exemplos em MAFFESOLI, M. *Le Temps des tribus,* Paris, Livre de Poche, 1991 [*O tempo das tribos,* Rio de Janeiro, Forense-Universitária, 1988].
[123] BENZ. E. *Les Sources mystiques de la philosophie romantique allemande,* Paris, 1987, pp. 30-31. Sobre Lutero, cf. STROHL, H. *Luther jusqu'en 1520,* Paris, 1962, p. 126.
[124] FERRAROTTI, F. *Le Paradoxe du sacré,* Bruxelas, 1987, p. 75. Sobre as «inclinações integrais», cf. DURAND, G., «L'Astrologie, langage de l'Unus Munds», in *L'Astrologie,* Paris, 1988, p. 2.
[125] ABELLIO, R. *Les Militants,* Paris, 1975, pp. 49 e 53.
[126] JACQUES, F. *Différence et subjectivité,* Paris, 1982, pp. 149-152.
[127] DELEUZE, G. *Le Pli, Leibniz et le baroque,* Paris, 1988, p. 113.
[128] GUYAU, J.-M. *L'Art au point de vue sociologique,* Paris, 11ª edição, 1920, p. 70.
[129] Citado por PRADES, J. *Persistance et métamorphoses du sacré,* 1962, pp. 214-217.
[130] MARX, K., «Lettre à Engels», in ENGELS, F. *L'Origine de la famille,* Paris, 1975, pp. 322-329. MARX, K. *Oeuvres complètes,* Pléiade, Paris, 1968, tomo l, p. 1558.
[131] Cf. LÖWY, M. *Rédemption et utopie,* Paris, 1988, p. 73. Sobre a dialética instituinte-instituído, cf. ALBERONI, F. *Le Choc amoureux,* Paris, 1980.
[132] DURKHEIM, E. *Les Formes élémentaires de la vie religieuse,* Paris, 1968, pp. 610 e 303-312.
[133] CF. ANSART. P. *La Gestion des passions politiques,* Paris, 1983, pp. 30, 41, 54. Sobre a superação da intimidade, cf. PENNACHIONI, I. *La Polémologie conjugal,* Paris, 1986, p. 204.
[134] Cf. sobre os «*Wandervogel*», STERN, F. *Politique et désespoir,* Paris, 1990, p. 193. Cf. também a pesquisa de BARREYRE, J.Y. *Le Chasseur noir,* CEAQ, Sorbonne, Paris V, 1990.
[135] Cf. *Cahiers Georges Sorel,* Paris, 1985, n° 3, p. 56. Cf. também SOREL, G. *Réflexions sur la violence,* Paris, 1972.

[136] Sobre o «tipo» grego, cf. JAEGER, W. *Paideia, la formation de l'homme grec*, Paris, 1965, pp. 49 e 481 (nota 15). Sobre o «coletivo de pensamento», cf. DOUGLAS, M. *Ainsi pensent les instituitions*, Paris, 1989, p. 13.
[137] Cf. JACQUES, F. *Différence et subjectivité*, Paris, 1982, pp. 186-187.
[138] Cf. minha análise nesse sentido, MAFFESOLI, M. *Le Temps des tribus*, Paris, 2ª edição, Livre de Poche, 1991 [*O tempo das tribos*, op. cit.]. Sobre uma aplicação à história das ideias, das afinidades eletivas, cf. LÖWY, M. *Rédemption et utopie*, Paris, 1990. Sobre a «adaptação», cf. BECKER, H. *Outsiders*, Paris, 1985, p. 206.
[139] Cf. BECKER, H., op. cit., p. 206. Sobre a «copresença», cf. GIDDENS, A. *La Constitution de la societé*, Paris, 1989.
[140] PONS, Ph. *D'Edo à Tokyo, mémoires et modernités*, Paris, 1988, pp. 307-309. Cf. também SIMMEL, G., «Les grandes villes et la vie de l'esprit», in *Cahiers de l'Herne*, Paris, 1983, p.141.
[141] FERRAROTI, F. *I Grattacieli non hanno foglie*, Bari, 1991, pp. 19 e 171.
[142] RENAN, E. *Les Apôtres*, Paris, 1984, p. 2. Cf. também SCHOLEM, G. *Sabbataï Tsevi*, Verdier, 1983, pp. 667-668.
[143] Sobre Fourier, cf. HOCQUENGHEM, G. e SCHERER, R. *L'Ame atomique, pour une esthétique de l'âge nucléaire*, Paris, 1986, p. 287. Sobre a atração, cf. também TACUSSEL, P. *L'Attraction sociale*, Paris, 1984. Cf. enfim a «recherche sur le tourisme» de URBAIN, J.D., in *L'Idiot du village*, Paris, 1991.
[144] Citado por LUBAC, H. Pic *de la Mirandole*, Paris, 1974, pp. 176-177. Cf. também MAUSS, M. *Sociologie et Anthropologie*, Paris, 1973, p. 126, e MOSCOVICI, S. *La Machine à faire des dieux*, Paris, 1988, p. 69.
[145] GUYAU, J.-M. *Problèmes de l'esthétique contemporaine*, Paris, 1911, pp. 26 e 48.
[146] Cf. a análise e as referências nesse sentido de MALDINEY, H. *Art et existence*, Paris, 1985, pp. 83-85.
[147] Cf. o exemplo dos estetas de Viena, in SCHORSKE, C. *Vienne fin de siècle*, Paris, 1983, pp. 288-289.
[148] GUYAU, J.-M. *Problèmes de l'esthétique contemporaine*, Paris, 1911, p. 23. Cf. também do mesmo autor, *L'Art au point de vue sociologique*, Paris, 1920, pp. 3-4. Sobre o barroco, cf. meu livro, MAFFESOLI, M. *Au Creuw des apparences*, Paris, 1990 [*No fundo das aparências*, Petrópolis, Vozes, 1996].
[149] FOUCAULT, M. *Le Souci de soi*, Paris, 1984, pp. 67 e 89.

Abertura

[150] GUYAU, J.-M. *L'Art au point de vue sociologique,* Paris, 1920, pp. 27-30.
[151] JAEGER, W. *Paideia, la formation de l'homme grec,* Paris, 1964, p. 23.
[152] WEBER, M. *Économie et Société,* Paris, 1971, p. 565. Sobre a sociedade pós-industrial, JACQUES, F. *Différence et subjectivité,* Paris, 1982, p. 10.
[153] AGAMBEN, G. *La Communauté qui vient.* Paris, 1990, p. 88.

Índice Onomástico

ABECASSIS, A., 224.
ABELLIO, R., 60, 174, 175, 217, 221, 224.
ADORNO, T., 90, 149, 219.
AGAMBEN, G., 211, 226.
AKOUN, A., 216
ALBERONI, F., 182, 218, 224.
ALLAIS, A., 145
AMADO, J., 93.
ANDREAS-SALOMÉ, L., 166, 224.
ANSAR, P., 27, 183, 215, 224.
ARIÈS, Ph., 149
ARISTÓTELES, 136, 157
ARON, R., 223
AUCLAIR, G., 221.

BAADER, 172.
BACHOFEN, J., 100
BALACZ, E., 47.
BALANDIER, G., 31, 216.
BARREYRE, J., 225.
BATAILLE, G., 80, 81, 126, 159, 218.
BAUDELAIRE, Ch., 7.
BAUDRILLARD, J., 201, 218.
BAZIN, G., 149, 223
BECKER, H., 188, 225.
BEIGBEDER, M., 217
BENEDICT, R., 220.

BENJAMIN, W., 147, 149, 218.
BENSAÏD, D., 218.
BENZ, E., 224.
BERNINI, G., 109.
BERQUE, A., 124, 146, 155, 220, 221, 222, 223.
BLOCH, E., 81, 143, 217, 218.
BÖHME, J., 168.
BOLLE DE BAL, M., 221.
BORGES, J. L., 65.
BOUDON, R., 218.
BOURDIEU, P., 93.
BRETON, A., 86, 101, 220.
BROWN, P., 224.
BUFALINO, G., 151.
BURCKHARDT, J., 109.
BURNHAM, J., 46, 59, 60, 216, 217.
BUSINO, G., 217.

CANETTI, E., 164, 223.
CASALE, U., 72.
CASTELLION, S., 37.
CATHUS, O., 222.
CLASTRES, P., 27, 215.
COCHIN, A., 75, 217, 218.
COMTE, A., 72
CONDORCET, M., 67, 68.
COTTEREAU, A., 219.
CROCE, B., 27, 54, 216, 217.

227

Da MATTA, R., 88.
DELEUZE, G., 36, 216, 224.
DESCARTES, R., 163, 210.
DETIENNE, M., 218.
DA VINCI, L., 114.
DORFLES, G., 129, 222.
D'ORS, E., 110, 222.
DOUGLAS, M., 225.
DUMAZEDIER, J., 88, 129, 219, 222.
DUMÉZIL, G., 31, 216.
DURAND, G., 70, 110, 146, 155, 162, 174, 217, 220, 222, 223, 224.
DÜRER, A., 158.
DURKHEIM, E., 24, 25, 30, 33, 34, 41, 42, 49, 67, 69, 70, 71, 102, 113, 114, 119, 120, 122, 127, 159, 168, 170, 173, 177, 178, 182, 194, 198, 215, 216, 217, 218, 220, 221, 223, 224.
DUVIGNAUD, J., 87.

ECKHART, J., 172.
ECO, U., 72, 223.
ELIAS, N., 41, 217.
ENGELS, F., 93, 224.
EPICTETO, 202.
EVOLA, J., 216.

FARB, P., 216.
FAURE, E., 141.
FERNANDEZ, D., 223.
FERRAROTTI, F., 174, 190, 224.
FERRY, L., 215.
FLORE, J., 29, 72, 216, 218.
FOUCAULT, M., 41, 70, 98, 202, 208, 216, 220, 226.
FOURIER, Ch., 72, 101, 193, 220, 225.
FRA DOLCINO, 72.
FRANCALANZA, G., 52.
FRANK, J., 85.

FREUD, S., 13, 114, 210, 215, 221.
FREUND, J., 25, 26, 215.

GIDDENS, A., 225.
GILLABERT, E., 216.
GILLABERT, O., 222,
GIRARD, R., 218.
GOETHE, 95, 103, 115, 187.
GRAS, A., 218.
GREEN. J., 114.
GRUZINKY, 216.
GUILLOTIN, 56.
GUYAU, J.-M., 87, 130, 138, 139, 165, 179, 195, 201, 207, 222, 223, 224, 225, 226.

HALBWACHS, M., 123, 221.
HANNERZ, V, 221.
HEGEL, G.W.F, 68, 97, 105, 140, 218.
HEIDEGGER, M., 162, 163, 223.
HÉRCULES, 138.
HITLER, A., 161.
HOCQUENGHEM, G., 220, 225.
HÖLDERLIN, 105, 183.
HUIZINGA, 35, 216.

IANNI, F., 55, 217.
ISAMBERT, F., 219, 222.
ISHAGHPOUR, Y., 223.

JABÈS. E., 205.
JACQUES, F., 186, 209, 223, 224, 225, 226.
JAEGER, W., 47, 136, 209, 217, 222, 225, 226.
JAMOUCH, G., 217.
JONHSTON, V. M., 219.
JUNG, C. G., 198.
KAFKA, F., 52, 90, 217, 219.
KANT, E., 196, 201.

KENJI, T, 124, 221.
KRETSCHMER, 162, 167.
KHRUCHTCHEV, N., 52, 53.
KUHN, T., 70.

LA BOÉTIE, E., 24, 30, 51.
LALAOUNIS, L., 150, 223.
LALO, Ch, 223.
LEIBNIZ, G., 36, 179, 181, 216, 224.
LE RIDER, J., 220, 224.
LE ROY LADURIE, E., 36, 54, 216, 217.
LÉVÊQUE, P., 216.
LÉVI-STRAUSS, C., 29, 96, 216, 220
LEWIS, B., 83, 219.
LUIS XIII, 75.
LUIS XIV, 27, 183.
LÖWY, M., 224.
LUBAC, H., 72, 216, 218, 224, 225.
LUPASCO, S., 57, 195, 217.
LUTERO, M., 54, 73, 74, 75, 173, 210, 224.

MACHADO DE ASSIS, 91.
McLUHAN, M., 144.
MAISTRE, J., 58.
MALDINEY, H., 225.
MAQUIAVEL, N., 28, 37, 56, 74, 216.
MARCO AURÉLIO, 203.
MARIN, L., 217.
MARX, K., 15, 29, 30, 68, 69, 119, 140, 180, 181, 210, 224.
MAUSS, M., 71, 109, 157, 161, 194, 220, 225.
MICHEL, R., 63.
MICHELET, J., 75, 218.
MIRBEAU, O., 79.
MOISÉS, 138.

MONNEROT, J., 218.
MORIN, E., 192.
MOSCOVICI, S., 221, 223, 225.
MOULIN, L., 217.
MOURGUES, J., 131, 222.
MÜNZER, T, 73, 217, 218.
MUSIL, R., 185.

NAMER, G., 221.
NIETZSCHE, F., 13, 15, 38, 123, 138, 215.

OLIEVENSTEIN, C., 222.

PARETO, W, 48, 53, 59, 60, 82, 159, 217.
PATER, W., 222.
PAZ, O., 216, 217.
PÉGUY, Ch., 35, 72.
PENNACHIONI, L, 224.
PÍNDARO, 136.
PLATÃO, 68, 137, 218.
PONS, Ph., 124, 125, 221, 222, 225.
POULOT, D., 219.
PRADES, J., 216, 221.
PRYLUSKI, 162.
PUECH, Ch., 216.

RECLUS, E., 100.
REINACH, S., 29, 45, 216, 217.
REMBRANDT, 158.
RENAN, E., 128, 191, 225.
RETZ, C., 98, 220.
REUMAUX, F., 221.
RIEGL, A., 198.
RILKE, 9.
RIVIÈRE, C, 221.
ROBERTO, F., 52.
ROBESPIERRE, 42, 56, 217.
ROBIN, J., 223.
RORSCHACH, H., 162.

SANTO AGOSTINHO, 39, 73, 74, 199, 216, 218.
SÃO JOÃO, 48.
SÃO PAULO, 48, 169.
SAINT-SIMON, 49, 67, 72.
SANTO TOMÁS DE AQUINO, 29, 109, 123, 219.
SANSÃO, 138.
SARTRE, J. P., 112.
SCHEER, L., 217.
SCHELLING, F., 72, 105, 140, 168, 216.
SCHERER, R., 220, 225.
SCHMITT, C., 101, 184.
SCHOLEM, G., 83, 84, 85, 191, 219, 225.
SCHOPENHAUER, A., 95, 116, 126.
SCHORSKE, L., 225.
SCHÜTZ, A., 18, 97, 139, 179, 200, 220, 222.
SÊNECA, 202.
SERVET, M., 37.
SFEZ, L., 217.
SILESIUS, A., 176.
SIMMEL, G., 23, 84, 86, 106, 111, 127, 144, 145, 155, 159, 160, 169, 192, 215, 219, 220, 221, 222, 223, 224, 225, 230.
SIMONDON, G., 165, 166, 179, 223
SLAMA, A.G., 215, 217, 219, 220
SLOTERDJIK, P., 221.
SMITH, A., 46, 217.
SOREL, G., 101, 184, 225.
SOROKIN, P., 63.
SPENCER, H., 201.
SPENGLER, O., 197.
STERN, F., 225.
STROHL, H., 218, 224.
SZONDI, 164, 198, 223.

TACUSSEL, P.. 161, 221, 225.
TALLEYRAND, 30.
TAPIE, B., 69.
TEILHARD DE CHARDIN, 224.
TORRES, E., 149, 223.
TOURAINE, A., 209.

URBAIN, J. D., 225.

VALÉRY, P., 15, 21, 133.
VANEIGEM, R., 218.
VAN GOGH, V., 162.
WATIER, P., 218.
WEBER, M., 24, 29, 35, 41, 86, 94, 140, 159, 180, 196, 210, 215, 216, 223, 226.
WILLEMER, A., 219.
WITTGENSTEIN, L., 14.
WÖLFFLIN, M., 109, 157, 158, 220, 223.
WOLTON, D., 219.
WORRINGER, W., 198, 202.

YATES, F.A., 216.

ZASSOULICH, V., 180.
ZINOVIEV, G., 52.

Este livro foi confeccionado especialmente para
a Editora Meridional, em Times New Roman, 11/14
e impresso na Gráfica Calábria.